하고 싶은 말을 가장 정확히 알려주는

# 영어회화 표현사전

## PERFECT PHRASES

**저자** Diane Engelhardt

교육학과 영문학 학사 학위를 가지고 있으며, 독일 뉘른베르크의 벌리츠 어학원에서 영어를 가르치기 시작했다. 오랫동안 독일과 캐나다에서 영어 회화, 비즈니스 영어, 수험 영어를 가르쳤다.

**번역** 임나윤

호주 UTS(University Technology of Sydney) 대학원에서 방송제작 과정을 공부했다.
책과 영어를 좋아해서 10년 넘게 다양한 영어책을 편집, 기획, 번역하고 있다.

**Dialogue MP3 파일에 관하여**

본 책의 dialogue는 미국인이 실제 일상생활에서 말하는 속도로 녹음되었습니다. 다소 빠르게 느껴질 수 있지만 실제 그들이 말하는 속도에 익숙해질 수 있도록 하였습니다. 잘 들리지 않는 부분은 반복해서 듣고 소리 내어 읽어 보는 것이 리스닝과 스피킹에 도움됩니다.

**MP3 파일 내려받기**

아래의 홈페이지 또는 블로그에 접속 후 메뉴의 'MP3 파일'에 들어가서 해당 도서를 클릭하면 다운로드가 시작됩니다.

홈페이지 https://www.bilingualpub.com
블로그 https://blog.naver.com/nick0413

하고 싶은 말을 가장 정확히 알려주는

# 영어회화 표현사전
## PERFECT PHRASES

Diane Engelhardt 지음 | 임나윤 옮김

바이링구얼

# CONTENTS

책 활용법 How to use ............................................................ 010

## Part 1 대화를 위한 표현들

### CHAPTER 1 ▶ 간단한 대화

시작하는 말 • 실례합니다 Excuse Me ............................................. 015
자기 자신에 대해 말하기 Talking About Yourself ................................ 016
관심 보이기 Showing Interest ................................................... 018
자기 자신 소개하기 Introducing Yourself ....................................... 018
어색함 깨기 Breaking the Ice ................................................... 020
연락하고 지내기 Staying in Touch ............................................... 023
작별 인사 하기 Saying Good-Bye ................................................ 024
Dialogue 🔊 Small World ......................................................... 026
Topics for Practice ............................................................. 029

### CHAPTER 2 ▶ 과거의 경험

시작하는 말 • 인사 Greetings .................................................... 031
소개하기 Making Introductions .................................................. 033
밀린 이야기 나누기 Catching Up .................................................. 034
과거 경험 Past Experiences ...................................................... 036
전환하기 및 연결하기 Transitions and Connectors ................................ 037
담화 표지 Discourse Markers ..................................................... 040
여흥과 즐거움 Enjoyment and Pleasure ............................................ 042
감정 표현하기 Expressing Emotions ............................................... 042
대화 마치기 Ending the Conversation ............................................. 043
시간 말하기 Time Expressions .................................................... 044
Dialogue 🔊 Long Time No See .................................................... 045
Topics for Practice ............................................................. 047

### CHAPTER 3 ▶ 기호와 흥미

시작하는 말 • 살피기 Feeling Things Out .......................................... 049

| | |
|---|---|
| 좋아하는 것 Likes | 049 |
| 싫어하는 것 Dislikes | 052 |
| 선호하는 것 Preferences | 056 |
| 흥미 Interests | 057 |
| 바람 및 의존 상태 Desires and Dependency | 058 |
| 무관심 Indifference | 059 |
| 제안하기 Making Offers | 060 |
| 데이트 및 초대 Dates and Invitations | 062 |
| 감정 표현하기 Expressing Emotions | 065 |
| 칭찬 Compliments | 065 |
| Dialogue ◉ What's for Dinner? | 067 |
| Topics for Practice | 069 |

## CHAPTER 4 ▶ 물건과 과정

| | |
|---|---|
| 시작하는 말 • 한번 보세요! Take a Look! | 071 |
| 물건 설명하기 Describing Objects | 071 |
| 특성 및 특징 Properties and Features | 075 |
| 가격과 가치 Cost and Estimates | 078 |
| 사용 및 용이성 Use and Availability | 080 |
| 비교하기 Making Comparisons | 082 |
| 대조하기 Making Contrasts | 085 |
| 평가 및 판단 Evaluations and Judgments | 086 |
| 지시하기 Giving Instructions | 087 |
| 감정 표현하기 Expressing Emotions | 091 |
| Dialogue ◉ The New Smartphone | 093 |
| Topics for Practice | 096 |

## CHAPTER 5 ▶ 문제와 조언

| | |
|---|---|
| 시작하는 말 • 무슨 일이야? What's Wrong? | 099 |
| 문제점에 대해 말하기 Stating a Problem | 099 |
| 도움 또는 조언 구하기 Asking for Help or Advice | 102 |
| 문제의 원인 파악하기 Identifying the Cause of a Problem | 103 |
| 공감과 이해 Sympathy and Understanding | 104 |

# CONTENTS

조언과 도움 Advice and Assistance ... 105
감사와 고마움 Appreciation and Gratitude ... 112
누군가에게 문제점 알리기 Making Someone Aware of a Problem ... 113
불평 Complaints ... 114
안심시키는 말 Reassurances ... 115
꺼려함 그리고 회피 Reluctance and Avoidance ... 119
감정 표현하기 Expressing Emotions ... 120
Dialogue ◀ What's the Matter? ... 123
Topics for Practice ... 126

CHAPTER 6 ▶ 결정과 목표

시작하는 말 • 우리 어떻게 할까? What Are We Going to Do? ... 129
선택 사항과 대안 Options and Alternatives ... 129
이유와 목적 Reasons and Purpose ... 131
장단점 Advantages and Disadvantages ... 132
결정하기 Making a Decision ... 134
망설임과 주저함 Indecision and Hesitation ... 139
일정과 기한 정하기 Setting Schedules and Deadlines ... 140
목표와 계획 ... 142
격려, 인정, 그리고 축하 Encouragement, Recognition, and Congratulations ... 144
감정 표현하기 Expressing Emotions ... 146
Dialogue ◀ A Tough Decision ... 149
Topics for Practice ... 152

## Part 2  토론을 위한 표현들

CHAPTER 7 ▶ 의견

시작하는 말 • 의견 묻기 Asking for an Opinion ... 157
의견 말하기 Stating an Opinion ... 157

가치 판단 Value Judgments ... *159*
일반화 Generalizations ... *160*
동의와 반대 Agreeing and Disagreeing ... *160*
의견 뒷받침하기 Supporting an Opinion ... *163*
수치와 통계 Figures and Statistics ... *164*
주장 펼치기 Making an Argument ... *170*
해결책과 제안 Solutions and Recommendations ... *173*
감정 표현하기 Expressing Emotions ... *174*
Dialogue The Best Idea I've Heard So Far ... *177*
Topics for Practice ... *180*

## CHAPTER 8 ▶ 그룹 토론

시작하는 말 • 토론 시작하기 Opening the Floor ... *183*
토론 이끌기 Leading a Discussion ... *183*
그룹 토론에 참여하기 Participating in a Group Discussion ... *186*
끼어들기 Interruptions ... *190*
명확히 하기와 설명 Clarification and Explanations ... *192*
오해 Misunderstandings ... *195*
토론 운영하기 Managing the Discussion ... *197*
마지막으로 In Conclusion ... *200*
Dialogue The Holiday Party ... *204*
Topics for Practice ... *207*

## CHAPTER 9 ▶ 심각한 주제

시작하는 말 • 공통의 관심사 Common Concerns ... *209*
일반적인 문제에 대한 해결책 제시하기 Offering Solutions to General Problems ... *210*
언어 수준 Levels of Language ... *210*
직접적인 언어 vs. 간접적인 언어 Direct vs. Indirect Language ... *211*
반어법, 풍자, 그리고 완곡어법 Irony, Sarcasm, and Euphemism ... *214*
불만과 요구 사항 Complaints and Demands ... *216*
규칙과 조건 Rules and Conditions ... *219*

# CONTENTS

나쁜 소식과 좋은 소식 Bad News and Good News ... 221
원인과 결말 Causes and Consequences ... 223
확실성과 가능성 Certainty and Possibility ... 225
사과와 합의 Apologies and Agreements ... 228
Dialogue ◉ A Hard Bargain ... 233
Topics for Practice ... 236

## Part 3 특별한 행사를 위한 표현들

### CHAPTER 10 ▶ 특별한 행사

시작하는 말 • 환영의 말 Words of Welcome ... 240
수상 Honors and Awards ... 241
특별한 행사 Special Occasions ... 243
방학, 휴가 그리고 여행 Vacations, Holidays, and Trips ... 245
식사 Dining ... 247
개인적인 메모 Personal Notes ... 248
Dialogue ◉ Happy Birthday! ... 250

## Part 4 전화 통화를 위한 표현들

### CHAPTER 11 ▶ 전화 통화에 대한 기본 사항

전화 걸기 Making a Call ... 257
전화 받기 Receiving a Call ... 258
세부 사항 확인하기 Checking Details ... 260
전화 연결하기 Connecting a Call ... 262
정보와 서비스 Information and Services ... 263
전화 예절 Telephone Etiquette ... 264

| 통화 끝내기 Ending a Call | 266 |
| 담소 나누기 Making Small Talk | 267 |
| Dialogue Touching Base | 268 |
| Topics for Practice | 271 |

## CHAPTER 12 ▶ 전화 메시지

| 전화로 세부 사항 알려 주기 Giving Details over the Phone | 272 |
| 메시지 남기기 Leaving a Message | 274 |
| 메시지 받기 Taking a Message | 275 |
| 의사소통 확신시키기 Ensuring Communication | 277 |
| 답신 전화하기 Returning a Call | 278 |
| 자동 응답기, 음성 메일 및 문자 메시지 Answering Machines, Voice Mail, and Text Messages | 279 |
| Dialogue A Message | 281 |
| Practice | 283 |

## CHAPTER 13 ▶ 전화 용무

| 약속 정하기 Making Appointments | 285 |
| 예약하기 Making Bookings and Reservations | 288 |
| 변경 및 취소 Changes and Cancellations | 289 |
| 주문 및 서비스 Orders and Services | 289 |
| 문제점에 대해 이야기하기 Discussing a Problem | 292 |
| Dialogue Making an Appointment | 295 |
| Topics for Practice | 297 |

# How to use

<영어회화 표현사전>은 교실 안팎에서 대화 기술을 향상시키고 싶어 하는 ESL 학생 및 일반 학습자들을 위해 쓰여졌습니다. 내용은 영어 원어민들이 집, 학교와 직장에서 나누는 일상 대화 및 토론에서 자주 사용하는 표현들을 선별하여 담았습니다. 중급 수준의 학습자를 염두에 두고 쓰여진 책이지만, 폭넓은 주제에 대한 대화와 토론에 참여할 수 있는 능력을 키우는 것을 목표로 하는 모든 학습자들에게 도움이 될 것입니다.

### ◢ Objectives 목표
각 챕터의 표현들을 활용함으로써 습득할 수 있는 기술을 제시합니다.

### ◢ Phrases 표현
• Part 1~3

첫 3개 파트는 일상 대화에 쓰이는 표현들을 다루고 있습니다. 각 챕터는 대화를 시작할 때 사용하는 전형적인 표현들로 시작하여, 자연스러운 대화나 토론으로 이끄는 주제와 관련된 표현들을 모아 두었습니다. 주제별로 정리된 표현들이라도 한 가지 주제에만 국한된 것은 아닙니다. 이전에 나와서 다른 주제를 논할 때 편리하게 사용할 수 있는 표현들에는 적절한 곳에 참고하도록 표시했습니다.

• Part 4

파트 4에서 3개의 챕터는 개인적인 통화와 비즈니스 목적의 통화를 할 때 흔히 사용하는 표현들을 제시했습니다. 그리고 그 표현들은 격식을 차린 표현부터 편하게 사용할 수 있는 표현까지 정리되어 있습니다. 전화 통화 내용은 얼굴을 마주하고 나누는 대화와 그리 많이 다르지 않기 때문에 **참고** 표시로 파트 1과 2에 나온 유용한 표현들을 소개했습니다. 그 표현들은 단원의 제목과 페이지 번호로 찾을 수 있습니다.

언어는 그 나라의 문화 및 관습과 밀접한 관계가 있기 때문에, 각기 다른 상황에 알맞은 표현을 골라 사용할 수 있도록 격식을 차린 표현부터 편하게 사용할 수 있는 표현, 간접적인 표현부터 직접적인 표현, 강한 표현에서 부드러운 표현, 그리고 정중함의 정도에 따라 정리해 두었습니다. ❶ 기호로 표시된 정보는 언어나 문화 정보에 대해 알려 줍니다.

### ▲ 굵은 글씨체, 슬래시(/)

- 굵은 글씨체 : 추가적인 정보를 필요로 하는 표현들임을 나타냅니다.
▶ **Let me introduce** my fiancée, Alice.
▶ **Why don't you try** doing volunteer work?

- 슬래시 : 굵게 표시된 표현이 다양한 정보들로 완성될 수 있음을 보여 줍니다.
▶ **Don't you look** charming / pretty / handsome today!
▶ **Please accept my apologies** for the mistake / oversight / inconvenience / trouble.

또한 슬래시는 하나의 표현이 전치사, 동명사나 부정사, 동의어 등과 다양하게 활용될 수 있음을 나타내기도 합니다.
▶ I **plan to** sail / **plan on** sailing around the world some day
▶ **What's your view / take / stand / position** on the changes to our curriculum?

굵게 표시되지 않은 표현들은 관용어로, 그 자체로 활용 가능합니다.
▶ What a pity!
▶ I couldn't agree with you more!

### ▲ Dialogue 대화문

각 챕터의 대화는 영어 원어민들이 대화에서 특정 표현들을 어떻게 사용하는지를 보여 줍니다. 만약 교실에서 영어를 배우는 상황이라면, 촌극을 하듯 대화를 실제로 해 보거나 역할극을 해 볼 수도 있습니다.

### ▲ Topics for Practice 연습 주제

각 챕터의 맨 마지막에는 대화를 유도할 만한 주제 목록을 담았습니다. 친구와 연습해 보세요.

**영어회화 표현사전**

# 대화를 위한 표현들

"Conversation is the laboratory and workshop of the student."
"대화는 학생의 실험실이자 작업장이다."
- Ralph Waldo Emerson

PERFECT PHRASES

PART

1

# CHAPTER 1

## Small Talk
### 간단한 대화

## Objectives 목표

▲ 자기 자신 소개하기
▲ 자기 자신과 다른 사람들에 대해 기본적인 대화하기

찬원은 시애틀로 가는 경유 항공편connect flight을 기다리는 중이다. 그는 한국에서 전자 공학 학위his degree in electronic engineering를 마치기 전에 미국에서 1년간 영어 공부를 하러 가게 되었다. 예전에 가족들과 해외로 짧은 휴가short holidays를 다녀온 적은 있지만 원어민 가족English-speaking family과 영어권 환경English-speaking environment에서 지내게 되는 건 이번이 처음이다. 학교에서만 배운 언어로 과연 의사소통을 잘할 수 있을지 걱정이 많이 된다. 찬원은 비행기를 기다리는 동안 누군가와 얘기를 나누고 싶지만 어떻게 말을 걸지, 무슨 말을 해야 할지 확신이 서질 않는다. 만약 잘못된 단어wrong words를 사용하면 어쩌지, 사람들이 자신이 하는 말을 알아듣지 못하면 어떡하지, 자신이 대답할 수 없는 질문을 하면 어떡한다지? 좀 더 어휘 실력이 있다면 좋을 텐데! 주변에 있는 사람들처럼 자연스럽게 영어로 말할 수만 있다면 좋으련만!

당신도 장기 여행을 앞두고 찬원처럼 공항에서 비행기를 기다릴 때가 있을 것이다. 카페에서 커피를 마시거나, 음식점에서 식사를 할 수도 있고, 어딘가에서 줄을 서서 기다리거나 파티에서 사람들과 어울릴 수도 있고, 방금 만난 사람들과 이야기를 나누게 될 수도 있다. 외국에서 여행을 할 때면 호기심에든 서로 공통 관심사가 있거나 아니면 그냥 사교상, 사람들이 자신을 소개해 오는 상황이 생긴다.

- 당신이 누군가를 처음 만났거나 옛 친구나 아는 사람과 만나게 되면 대부분의 대화는 개인적인 것에서 시작된다. 처음에는 다음과 같은 것들에 대해 말할 가능성이 높다.
  - 당신의 국적 및 사는 곳
  - 직업
  - 이곳에 온 이유

- 대화가 계속된다면, 당신은 다음과 같은 친숙한 일상적인 주제로 대화를 이어 갈 것이다.
  - 개인적인 관심, 취미
  - 날씨
  - 주변 환경(공항, 음식점, 호텔, 공원, 해변 등)
  - 위치(도시, 나라, 학교나 직장)
  - 스포츠와 문화 행사나 뉴스거리 같이 현재 이슈가 되는 것들

- 영어권 사람들은 낯선 사람들과 쉽게 대화를 하는 편이지만 이때 가까운 사이에서만 질문할 수 있는 특정 주제들이 있다. 결혼 여부, 나이, 수입, 종교, 정치와 같은 주제들은 되도록 피하는 게 좋다.

## Phrases 표현

### 시작하는 말 ▸ 실례합니다 Excuse Me

대부분의 대화는 정보를 묻거나 날씨나 주변에 대한 언급을 하는 등 간단한 질문으로 시작된다. 상대방이 당신과 나이가 비슷한지, 격식을 차려서 말해야 하는 상황인지 아닌지에 따라 다르겠지만 말을 거는 방법에는 '간접적인 접근법'과 '직접적인 접근법'이 있다.

- '간접적인 접근법'은 상대방이 길게 얘기를 나누는 데 관심이 없을 수도 있기 때문에 상황을 살피기 위해 공손하고 조심스럽게 접근하는 방법이다.

▸ May / could I borrow your newspaper / magazine / the salt and pepper?
  제가 신문 / 잡지 / 소금과 후추를 빌릴 수 있을까요?

영어회화 표현사전 PERFECT PHRASES

- Could you tell me if this is where the plane leaves for Houston?
  여기가 휴스턴으로 가는 비행기를 타는 곳이 맞나요?
- Would you happen to know a good restaurant / a nice hotel?
  혹시 맛있는 음식점 / 좋은 호텔을 아시나요?
- I was wondering if you're from around here. This is my first visit to London.
  혹시 이 부근(근처/동네)에 사시나요? 저는 런던은 처음이거든요.
- Sorry to bother you, but is this seat taken / is anyone sitting here?
  죄송하지만, 여기 자리 있나요?
- Would you mind telling me where you got that book?
  그 책을 어디서 구했는지 혹시 알려 주실 수 있으세요?
- Could I trouble / bother you for change? I don't seem to have any quarters.
  죄송하지만 혹시 잔돈 있으세요? 제가 25센트짜리 동전이 없어서요.
- You wouldn't happen to know if there's a café / a bank / a grocery store near here?
  혹시 이 근처에 카페 / 은행 / 식료품점이 있는지 아시나요?

• '직접적인 접근법'은 다정하고 솔직한 태도로 행동하면 된다.

- Excuse me, do you have the time?
  실례지만, 몇 시죠?
- This is a great hotel, isn't it?
  좋은 호텔이네요, 그렇죠?
- I can't believe how busy the airport is today.
  오늘 공항이 정말 많이 붐비네요.
- Nice day, isn't it / eh?
  날씨가 좋네요, 그렇죠?
- So, what brings you here?
  여기에는 어떻게 오게 됐어요?
- Do you come here often?
  이곳에 자주 오세요?
- Are you from here?
  여기에 사세요?

## 자기 자신에 대해 말하기 Talking About Yourself

당신이 말을 건넨 사람이 계속 대화를 하고 싶어 하는 것 같다면, 그 사람은 당신에 대해 더 알고 싶어 할 가능성이 크다.

###  국적 Nationality

▶ I'm Korean / Japanese / German / Mexican.
저는 한국인 / 일본인 / 독일인 / 멕시코인이에요.

###  거주지 Residence

▶ I'm from Seoul / Kyoto / Hamburg / Guadalajara.
저는 서울 / 교토 / 함부르크 / 과달라하라에서 왔어요.
▶ I come from Korea / Japan / Germany / Mexico.
저는 한국 / 일본 / 독일 / 멕시코에서 왔어요.

###  나이 Age*

▶ I'm twenty-five / thirty-two / in my forties.
저는 25살 / 32살이에요. / 저는 40대예요.

###  결혼 여부 Marital status**

▶ I'm single / married / divorced / widowed.
저는 미혼이에요. / 저는 결혼 / 이혼 / 사별했어요.

###  직업 Job

▶ I'm an engineer / a teacher / a student / a systems analyst.
저는 엔지니어 / 선생님 / 학생 / 시스템 분석가예요.
▶ I'm in advertising / in electronics / in insurance.
저는 광고 / 전자 공학 / 보험 분야에서 일해요.

---

* 영어권 나라에서는 자신의 나이를 말하거나 처음 보는 사람에게 나이를 묻는 일은 흔치 않다. 사실 무례하다고 여겨지는데, 특히 상대방이 당신보다 나이가 많거나 훨씬 어린 경우에는 더욱 그렇다.
** 결혼 여부는 개인적인 정보이기 때문에 결혼을 했는지 안 했는지 묻는다면 상대방은 불쾌하게 생각할 수 있다. 어떤 사람들은 이혼했거나 사별한 것에 대해 말하고 싶지 않을 수도 있다.

- I'm self-employed / retired.
  저는 사업을 해요 / 은퇴했어요.
- I'm with McGraw-Hill / AT&T / Siemens.
  저는 맥그로힐 / AT&T(미국 전화 전신 회사) / 시멘스에서 일해요.

## 관심 보이기 | Showing Interest

상대방이 하는 말에 관심을 보이는 것은 중요하고 예의 바른 행동이다. 그렇지 않을 거라면 굳이 누군가에게 말을 건넬 필요가 있을까? 당신이 만난 사람에게 적절하게 반응하는 것이 예의에 맞는 행동이긴 하지만, 이때 더 중요한 것은 편안하고 자연스럽게 진심으로 대하는 것이다.

**정중한**

That must be very exciting / challenging / interesting!
정말 신나겠네요 / 힘들겠어요 / 재밌겠어요!

That sounds very interesting, indeed!
정말 재밌겠는데요!

Now, isn't that interesting!
정말 재밌겠는데요!

You don't say / don't mean it!
설마요!

You're kidding!
농담이시죠!

How interesting!
정말 흥미롭네요!

Is that so!
진짜로요!

Really!
정말요!

Wow!
와우!

**편한**

## 자기 자신 소개하기 | Introducing Yourself

상대방과 대화가 시작됐다면, 당신은 당신 자신을 소개하고 싶을 것이다. 자기소개를 할 때 다음과 같은 사항을 참고하도록 하자.

- 영어권 문화에서는 대개 성보다는 이름을 말하면서 자신을 소개한다. 미국인이나 캐나다 사람이 자신을 **Mr.** Brown 또는 **Mrs.** Brown으로 소개하는 일은 드물다. 예를 들어, "I'm Judy Smith."처럼 성과 이름을 함께 말한다면 대개 자신의 이름을 불러 달라는 뜻이다. 그리고 영어에서는 다른 언어에서처럼 격식을 차려야 하는 사이와 가까운 사이에서 쓰이는 호칭이 따로 없다. 나이, 사회적 지위나 친한 정도와 상관없이 그냥 "you(당신, 너)"를 쓴다.

- "How are you?"와 "How do you do?"를 혼동하지 않도록 조심하라. **How are you?**는 **I'm fine, thanks.** 또는 **Not too bad.**와 같은 대답이 예상되는 물음이다.(**참고** 상대방의 안부 묻기, 32-33쪽) **How do you do?**는 질문처럼 보이지만 인사말이다. 대답은 **How do you do?** 또는 다음에 소개될 표현 중 하나로 답하는 것이 좋다. 상대방의 건강이 궁금하다면, **How are you feeling?** 또는 **How are you?**라고 묻는 게 좋다.

- 특히 사업이나 격식을 차려야 하는 상황에서는 자기소개를 할 때 악수를 하는 것이 관례다. 대부분의 남자들이 악수를 하는 반면, 여자들은 할 때도 있고 안 할 때도 있다. 처음 만난 여성의 경우에는 그 사람이 손을 내밀 때까지 기다리는 게 좋다. 격식을 차리지 않아도 되는 상황이나 평상시에는 꼭 악수를 관행처럼 하지 않아도 된다. 젊은 사람들은 손을 흔든다거나 상대방을 아는 척하는 몸짓으로 대신하기도 한다. 특정 상황에 어떻게 해야 할지 잘 모르겠다면 다른 사람이 하는 대로 따라 하자.

- 상대방과 안면을 익힌다는 것을 말할 때 동사 **to meet**를 쓸 수 있다. 누군가가 당신에게 **How did you meet your husband/wife?**라고 물으면 당신들이 처음에 어떻게 알게 됐는지를 묻는 말이지, 언제 남편/아내를 마지막으로 봤는가를 묻는 것이 아니다.

How did you meet your husband?
남편을 어떻게 만나셨어요?
Actually he was a friend of my brother's from his college days, and at first I didn't even like him.
실은 제 남편이 우리 오빠의 대학교 친구들 중 한 명이었는데요. 처음 봤을 때는 별로 마음에 안 들었어요.

정중한

**May I introduce myself?** My name's Mary Sutherland.
제 소개를 해도 될까요? 제 이름은 메리 서덜랜드입니다.

**Let me introduce myself.** I'm Jun-Hwi Kim.
제 소개를 하겠습니다. 저는 김준희입니다.

By the way, I'm Jutta Hofmann.
참, 저는 유타 호프만이에요.

편한

## 대답 Responses

**정중한**

How do you do?
처음 뵙겠습니다.

My pleasure.
만나서 반갑습니다.

Nice / pleased to meet you.
만나서 반가워요.

**편한**

## 어색함 깨기 Breaking the Ice

처음 만난 사람과 얘기를 나누는 건 어색할 수 있다. 특히 당신이 무엇을 말할지, 무엇을 물을지 잘 모른다면 더욱 그럴 것이다. 그냥 가 버리거나 대화를 짧게 끝내 버리는 것은 무례하고 불친절해 보일 수 있다. 그럼 어색함을 깨기 위해 어떤 얘기를 하면 좋을까?
단도직입적으로 질문하는 것에 자신 없다면 Yes/No 질문으로 상대방에게 관심을 표현해 보자. 그리고 상대방이 원한다면 더 길게 말하게 두자. 영어 원어민들은 대개 적극적인 편이라 잘 모르는 사람에게도 어디서 왔는지, 직업은 무엇인지 묻기도 한다.

### 이곳에 처음 방문하는 건지 묻기 Questions to Ask if the Person Is New to the City

▶ Is this your first time to New York?
뉴욕에는 처음이세요?

▶ Have you been to Victoria before?
빅토리아에 가 본 적 있으세요?

▶ Are you new to the company?
신입 사원이세요?

▶ Are you familiar with this area?
이곳을 잘 아세요?

▶ How long have you been here?
여기에서 얼마나 사셨어요?

### 상대방이 이곳에 온 이유 묻기 Questions to Ask Why the Person's Here

▶ Are you here on business / a holiday?
사업차 / 휴가로 이곳에 오셨어요?

- Did you come here to study English / to travel around?
  영어 공부하러 / 여행하러 왔어요?
- Do you plan to stay here long?
  여기서 오래 머물 계획이세요?
- Which school / university are you studying at?
  어느 학교 / 대학교에 다니세요?
- How long are you staying / visiting?
  얼마나 오래 머물 / 방문할 예정이에요?

### 상대방의 지금까지의 경험에 대해 묻기
Questions About the Person's Experiences So Far

- Have you seen much of the city / country?
  이 도시 / 나라를 많이 구경했어요?
- So how do you like it here so far?
  지금까지 이곳이 마음에 드세요?
- How was your flight / trip / first lesson?
  비행기 여행 / 여행 / 첫 수업은 어땠어요?
- The weather's been great / nice / very cold, hasn't it?
  날씨가 계속 좋네요 / 화창하네요 / 아주 춥네요, 그렇죠?
- Are you used to / have you gotten used to the food yet?
  음식에 좀 익숙해졌어요?

### 상대방의 개인적인 것에 대해 묻기
Questions About the Person's Personal Information

- Where are you from?
  어디에서 오셨어요?
- Where do you call home?
  어디에서 사세요?
- What part of Brazil / Rio de Janeiro do you live in?
  브라질 / 리오 데 자네이로의 어느 곳에서 사세요?
- Are you traveling alone or with family / friends?
  혼자 아니면 가족 / 친구와 여행하세요?
- Do you like music / theater / sports / skiing / swimming?
  음악 / 영화 / 스포츠 / 스키 / 수영을 좋아하세요?
- What do you do for a living?
  직업이 뭐예요?

▶ What kind of business are you in?
　어떤 사업을 하시나요?

- 당신이 소개를 받는 입장이라면, 당신도 상대방에 대한 관심을 표현하고 싶을 것이다. 질문에 대한 당신의 대답이 부정적이라면, 상대방의 말을 끊지 않으면서 대화를 계속할 수 있게 질문으로 답하는 것도 좋은 방법이다.

▶ Have you been here long?
　여기에서 오래 계셨어요?

**No, I've just arrived. And you?**
아니요, 온 지 얼마 안 됐어요. 당신은요?

▶ Have you been to the museum?
　박물관에 가 보셨어요?

**No, not yet. Have you?**
아니요, 아직요. 당신은요?

▶ Are you staying very long?
　여기에 오래 머무르실 건가요?

**No, only a few days. How long are you here for?**
아니요, 며칠 정도만요. 여기에서 얼마나 오래 머무르실 거예요?

- 앵무새처럼 들리지 않게 같은 말이라도 다른 식으로 물어보면서 질문에 답해 보자.

▶ Where are you from?
　어디에서 왔어요?

**From Osaka. And where do you call home?**
오사카에서요. 어디에서 사세요?

▶ Are you here on business?
　사업차 여기에 오셨어요?

**Yes, I am. What / how about you?**
네, 맞아요. 그쪽은요?

▶ How long are you staying here?
　여기에서 얼마나 오래 머물 예정이세요?

**Two weeks. Are you here very long?**
2주 동안요. 당신은 이곳에 오래 계실 건가요?

▶ What do you do for a living?
　직업이 뭐예요?

**I'm an architect. And where do you work?**
건축가예요. 어디에서 일하세요?

• 가벼운 대화를 나눌 수 있는 다른 주제로는 날씨, 지역 명소, 당신이 참여하고 있는 행사, 그리고 당신이 머무르고 있는 호텔에서 제공하는 서비스나 시설 등이 있다.

## 연락하고 지내기 Staying in Touch

▶ It's been great seeing you / talking to you.
당신을 만나서 정말 반가웠어요. / 당신과 애기를 나눌 수 있어 정말 좋았어요.

▶ We'll have to stay in touch.
계속 연락하면서 지내요.

▶ We should get together again / sometime / soon.
다시 / 언젠가 / 곧 다시 만나요.

▶ Look me up next time you're in town.
다음에 여기에 오시면 연락 주세요.

▶ Don't forget to give me a call / send me an e-mail.
저한테 전화하는 거 / 이메일 보내는 것 잊지 마세요.

▶ Drop in sometime.
언제 한번 들러 주세요.

## 대답 Responses

▶ Give me a call / a ring / a buzz.
전화 주세요.

▶ That's a deal.
좋아요. / 알았어요.

▶ I'll do that.
그렇게 할게요.

▶ I'll sure try.
꼭 그러도록 노력할게요.

▶ You can count on it!
꼭 그렇게 할게요!

▶ For sure.
알겠어요.

▶ You bet!
물론이죠!

## 작별 인사 하기 Saying Good-Bye

**정중한**

It was a pleasure meeting you / talking to you.
만나서 반가웠습니다. / 얘기 나눠서 즐거웠습니다.

Nice / great to have met you.
만나서 반가웠어요.

I'm glad we met.
만나서 반가웠어요.

I enjoyed our conversation / talking to you.
당신과 얘기 나눠서 즐거웠어요.

I hope we meet again soon.
곧 다시 만나면 좋겠네요.

Maybe we'll see each other around.
또 만날 것 같네요.

Till tomorrow / next time.
내일 / 다음에 또 만나.

Good-bye.
안녕.

Bye / bye now / bye-bye.
안녕.

See you around / later / then.
또 / 나중에 / 그때 봐.

See you.
또 만나.

So long.
안녕.

**편한**

## 대답 Responses

**정중한**

The pleasure was all mine.
만나 뵙게 되어 정말 기뻤어요.

My pleasure.
저도 기뻤어요.

Same here.
저도 마찬가지예요.

Likewise.
마찬가지야. / 동감이야.

Ditto.
나도 그래.

Me, too.
나도.

I hope so.
나도 그랬으면 좋겠어.

Sure thing.
물론이지.

편한

## 상대방의 안녕을 빌어 주기 Wishing Someone Well

▶ Have a nice day / a pleasant evening / a safe trip / an enjoyable flight back.
좋은 하루 / 즐거운 저녁 / 안전한 여행 / 집으로 가는 즐거운 비행 되세요.

▶ Enjoy your flight / stay / tour.
즐거운 비행 / 머무는 동안 즐거운 시간 / 즐거운 관광 되세요.

▶ Good luck to you!
행운을 빌어요!

▶ All the best.
행운을 빌어요.

▶ Take care now.
몸 건강해. / 잘 지내.

▶ Take it easy.
잘 가. / 또 만나.

## 대답 Responses

▶ You have a nice day, too.
당신도 좋은 하루 보내세요.

▶ I wish you the same.
당신도 그러시길 바랍니다.

▶ Same to you.
당신도요.

▶ Likewise.
너도.

▶ You, too.
너도.

 **Small World**

공항 카페에서 이뤄지는 대화입니다. 이번 챕터에서 배운 표현에 밑줄을 그어 보세요.

| | |
|---|---|
| JENNY | Excuse me. Do you have the time? |
| BRETT | Uh, sure. Let me take a look. It's ten to 10. |
| JENNY | Thanks. I'm sorry to bother you, but my watch seems to have stopped. |
| BRETT | No problem. |
| JENNY | I'm always a little nervous about the time when I have to fly somewhere. |
| BRETT | I understand. You wouldn't want to miss your flight. |
| JENNY | No, that's for sure. I'm flying to Las Vegas to see a friend and I'm really excited. |
| BRETT | Yeah, Vegas is quite the place. |
| JENNY | Have you been there before? |
| BRETT | Actually, I live there. |
| JENNY | You're kidding! Have you lived there long? |
| BRETT | About five and a half years now. |
| JENNY | Wow, then you must know the city pretty well. |
| BRETT | Well, I'm away on business a lot, but I get around. |
| JENNY | I'm kind of the opposite. |
| BRETT | And where do you call home? |
| JENNY | I work in Vancouver, but I'm originally from Salt Spring Island. I bet you've never heard of it. |
| BRETT | As a matter of fact, I was there on a sailing trip last summer. |
| JENNY | Really? That's interesting. |
| BRETT | It's a beautiful place. |
| JENNY | One of the best. Wow, this is a small world! |
| BRETT | So how long are you staying in Vegas? |
| JENNY | Just a week. Unfortunately, that's all the time I could get off from work. |
| BRETT | Look, here's my card with my cell phone number and e-mail. By the way, my name's Brett. |

| | |
|---|---|
| JENNY | I'm Jenny. |
| BRETT | Nice to meet you, Jenny. |
| JENNY | Nice to meet you, too. |
| BRETT | I'll be back in three days. Maybe we can get together for a night out. |
| JENNY | That's a deal. Hey, I'd better get going. |
| BRETT | Yeah, you don't want to miss that plane. |
| JENNY | It was great talking to you, Brett. |
| BRETT | Same here. |
| JENNY | And thanks for your card. |
| BRETT | My pleasure. Have a good flight, and don't gamble away your money. |
| JENNY | I won't. Bye-bye. |
| BRETT | See ya! |

## 좁은 세상

| | |
|---|---|
| 제니 | 실례하지만, 시간 좀 알 수 있을까요? |
| 브렛 | 아, 네. 잠깐 볼게요. 9시 50분이네요. |
| 제니 | 감사합니다. 귀찮게 해서 죄송해요. 제 손목시계가 멈춘 것 같아요. |
| 브렛 | 괜찮습니다. |
| 제니 | 어딘가로 비행기를 타고 갈 때면 항상 긴장이 돼요. |
| 브렛 | 알 것 같아요. 비행기를 놓치고 싶지 않아서 그렇죠. |
| 제니 | 네, 정말 그래요. 저는 친구를 만나러 라스베이거스에 가는데 정말 신나요. |
| 브렛 | 그러시군요. 라스베이거스는 멋진 곳이죠. |
| 제니 | 가 보신 적 있으세요? |
| 브렛 | 사실, 그곳에 살아요. |
| 제니 | 정말요! 거기서 오래 사셨어요? |
| 브렛 | 이제 5년 반 정도 됐어요. |
| 제니 | 와, 그럼 그 도시에 대해서 정말 잘 아시겠어요. |
| 브렛 | 글쎄요, 항상 출장을 많이 다니지만, 그래도 그럭저럭 알아요. |
| 제니 | 저랑은 좀 반대시네요. |

브렛 그런데 어디에 사세요?
제니 저는 밴쿠버에서 일하고 있는데요. 원래는 솔트스프링 섬 출신이에요. 한 번도 들어본 적 없으실 거예요.
브렛 사실, 작년 여름에 항해 여행으로 그곳에 갔었어요.
제니 그래요? 어쩜 그럴 수가.
브렛 정말 아름다운 곳이에요.
제니 가장 아름다운 곳 중 하나죠. 와우, 정말 세상 좁네요!
브렛 라스베이거스에서는 얼마나 오래 머무실 거예요?
제니 1주일이요. 안타깝게도, 직장에서 휴가를 낼 수 있는 시간이 그게 다네요.
브렛 저기요, 여기 제 휴대폰 번호와 이메일이 적힌 명함이에요. 참, 제 이름은 브렛이에요.
제니 저는 제니예요.
브렛 만나서 반가워요, 제니.
제니 저도 만나서 반가워요.
브렛 3일 후에 돌아가게 되는데 만나서 저녁 식사라도 하면 좋겠네요.
제니 좋아요. 아, 저는 그만 가 봐야 겠어요.
브렛 네, 그래요. 비행기를 놓치지 않으려면 그래야 겠네요.
제니 얘기 나눠서 즐거웠어요, 브렛.
브렛 저도요.
제니 그리고 명함도 고마워요.
브렛 천만에요. 즐거운 비행 되세요. 그리고 도박으로 돈을 다 날리진 마세요.
제니 안 그럴게요. 안녕히 가세요.
브렛 나중에 또 봐요.

## Topics for Practice

What can you say…?

1. your job or studies
2. your family
3. the city / town or country you come from
4. the city / town or country you're visiting
5. the flight or journey you've been on
6. the reason you're at your location (hotel, airport, restaurant, city, school)
7. the weather or climate
8. something you've seen or done on your trip
9. a recent sports, social, or cultural event
10. a very different custom or habit that you've noticed

영어회화 표현사전 PERFECT PHRASES

# Past Experiences
## 과거의 경험

## Objectives 목표

▲ 가족, 친구, 지인 소개하기
▲ 과거의 경험에 대해 묻고 답하기

주타는 휴가 때on a holiday 방문한 브리티시 컬럼비아 주의 빅토리아 시내를 남편 프란츠에게 구경시켜 주고 있다. 3년 전 그녀는 독일 뉘른베르크에 있는 무역 잡지사 a publisher of trade journals의 보조 편집자editorial assistant 일자리를 제안받았을 때 고등학교 때 배운 영어를 다시 공부하고자 빅토리아에 있는 어학원의 중급 영어과정intermediate English course에 다녔다. 공부하는 3개월 동안 많은 외국인 친구들foreign students을 만났고 일본, 한국, 멕시코에서 온 친구들을 사귀었다.

주타는 유코, 려원, 그리고 패트리샤와 연락이 끊기긴lost touch 했지만 그 친구들한테 무슨 일들이 있는지, 어떤 변한 모습으로 살아 가고 있는지 종종 궁금할 때가 있다. 부차트 가든을 방문한 주타와 프란츠는 한 무리의 한국인 관광객들을 보게 된다. 가이드가 려원과 정말 비슷해 보이지만 이런 우연이 있을 수 있을까 too much of a coincidence! 그 무리가 점점 가까이 다가오자 주타는 려원의 이름을 부른다. 가이드는 놀란 표정으로with a look of surprise on her face 돌아보는데turn around….

당신이 해외에서 여행을 하거나 공부를 한 적이 있다면 같은 반 친구, 동료, 선생님이나 친구의 친구를 휴가 때나 학회에서, 결혼식에서, 혹은 길거리에서도 예기치 않게 만날 수 있을 것이다. 시간이 많이 흘렀으니 당연히 밀린 얘깃거리가 많을 것이다. 나누고 싶은 경험들, 하고 싶은 이야기들, 그리고 물어보고 싶은 질문들도 아주 많을 것이다.

# Phrases 표현

## 시작하는 말 ▸ 인사 Greetings

당신이 오랫동안 누군가를 만나지 못했을 때는 상대방의 안부를 묻거나 상대방의 변화에 대해 긍정적으로 언급하면서 대화를 시작하는 것이 관례다.

**정중한**

Hello, Isaak! Remember me?
안녕, 아이작! 나 기억해?

Say, Paolo. I don't believe it! Is that really you?
안녕, 파울로. 믿기지가 않아! 정말로 너 맞아?

Hi! Aren't you So-Hee?
안녕! 너 소희 아니야?

What a pleasant surprise!
정말 반갑다!

Fancy meeting you here.
여기서 널 만나다니.

Hey, long time no see.
안녕, 오랜만이야.

Speak of the devil.
호랑이도 제 말 하면 온다더니.

Hi there!
안녕!

Hey!
안녕!

**편한**

### 이름이 기억나지 않는 사람에게 말을 걸 때
Addressing Someone Whose Name You Can't Remember

▸ **I don't mean to be forward, but** don't I know you from somewhere?
실례지만, 우리 어디서 만난 적 있지 않아요?

- **Could it be that** we've met before?
  우리 전에 만난 적 있지 않나요?
- You remind me of someone. **You wouldn't happen to be Margarete?**
  제가 아는 분과 닮으셨네요. 혹시 마가레트 아니신가요?
- **Don't I know you from** last year's book fair in Frankfurt?
  작년 프랑크푸르트 도서전에서 봤던 분 아니신가요?
- Haven't we met before?
  우리 전에 만난 적 있지 않나요?
- You look **familiar**.
  당신 낯이 익은데요.

## 상대방의 안부 묻기 Asking About Someone's Well-Being

- How are you?
  어떻게 지내?
- How are things?
  잘 지냈어?
- How have you been?
  어떻게 지내?
- How's it / everything going?
  잘 지냈어?
- So, how's life been treating you?
  어떻게 지내고 있었어?
- How've you been getting along / making out?
  어떻게 지내고 있었어?

## 대답 Responses

- Just fine. And you?
  잘 지내. 너는?
- Great. And yourself?
  잘 지내. 넌 어때?
- Couldn't be better. How about you?
  아주 잘 지내. 너는 어떻게 지내?
- Pretty good.
  잘 지내.

- Can't complain.
  잘 지내고 있어.
- Not too bad.
  나쁘지 않아.

## 일반적으로 하는 말 General Comments

- It's good / great / to see you again / to run into you like this.
  다시 만나게 돼서 반가웠어. / 이렇게 우연히 만나게 돼서 정말 좋았어.
- You're looking great / good / well.
  너 정말 좋아 보여.
- You haven't changed much / at all.
  너 정말 하나도 안 변했네.
- You've hardly changed.
  너 거의 변한 게 없네.
- It's been ages / so long / such a long time.
  정말 오랜만이야.
- I can't believe it's you.
  너라니 정말 믿기질 않아.
- Is that really you?
  정말 너 맞아?
- Small world, isn't it?
  세상 좁다, 그렇지?

## 소개하기 Making Introductions

출장이나 여행을 갈 때 당신은 아마도 다른 사람과 함께일 가능성이 높다. 친구와 가족을 소개할 때는 친근한 언어를 선택하고(참고 1장) 그 사람의 이름을 소개해야 한다. 제3자를 소개할 때는 그 사람에 대한 다음 정보를 알려 주는 것도 좋은 방법이다.

- 그 사람과 당신과의 관계(남편/아내, 약혼자/약혼녀, 아들/딸, 조카)
- 친구나 지인의 출신 및 직업

정중한

**I would like you to meet** my coworker, Steve.
제 동료 스티브를 소개할게요.

**Let me introduce** my fiancée, Alice.
제 약혼녀 앨리스를 소개할게요.

영어회화 표현사전 PERFECT PHRASES

**This is** my husband, Bob. Bob, this is Carol.
이 사람은 제 남편, 밥이에요. 밥, 이 분은 캐롤이야.

Steve, **this is** Sergei.
스티브, 이쪽은 세르게이야.

**Hey, Masa. Meet** Jorge. We're old friends from school.
안녕, 마사. 얘는 조르제야. 우린 오랜 학교 친구야.

편한

## 대답 Responses

정중한

**My pleasure to make your acquaintance**, Steve.
스티브, 만나 뵙게 되어 정말 반갑습니다.

**How do you do**, Alice.
앨리스, 만나서 반가워요.

**Nice to meet you**, Bob. Carol's told me a lot about you.
밥, 만나서 반가워요. 캐롤에게서 얘기 많이 들었어요.

Masa, **how's it going**?
마사, 안녕하세요?

편한

# 밀린 이야기 나누기 Catching Up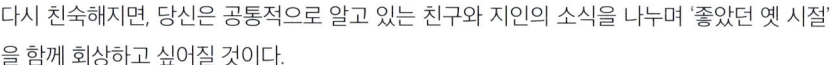

다시 친숙해지면, 당신은 공통적으로 알고 있는 친구와 지인의 소식을 나누며 '좋았던 옛 시절'을 함께 회상하고 싶어질 것이다.

## 최근 근황에 대해 묻기 Asking About Recent Events

▶ What have you been doing with yourself all this time?
지금까지 뭐 하며 지냈어?

▶ Where've you been hiding / keeping yourself?
지금까지 어떻게 지냈어?

▶ What's cooking / up / new / the scoop?
잘 지냈어?

▶ What have you been up to?
뭐 하면서 지냈어?

▶ So, what's the story?
그래, 요즘은 어떻게 지내?

- Anything new?
  요즘 어때?

## 친구와 지인에 대해 묻기 | Asking About Friends and Acquaintances

- I wonder what ever happened to / became of Guido.
  귀도는 어떻게 지내는지 궁금해.
- Have you heard anything from Tomoko?
  토모코에 대해서 들은 거 있어?
- Have you seen Maria-Teresa lately?
  최근에 마리아 테레사 만난 적 있어?
- Do you know anything about our teacher?
  우리 선생님에 대해 아는 거 있어?
- Did you know that Andre got married / promoted?
  안드레가 결혼한 / 승진한 거 알아?

## 친구와 지인에 대해 말하기 | Talking About Friends and Acquaintances

- The last I heard, Guido had changed jobs.
  마지막으로 들은 건, 귀도가 직업을 바꿨대.
- It's hard to keep up with Anastasia. She's always on the go.
  아나스타샤와는 연락하기 힘들어. 걔가 항상 바빠서.
- I haven't heard from her for ages.
  그 애 소식은 오랫동안 못 들었어.
- We used to e-mail, but lately we seem to have lost touch.
  예전엔 이메일을 주고받았는데, 최근에 연락이 끊겼어.
- That's great news. I'm really glad / happy for him.
  정말 잘됐다. 나도 기분이 좋은걸.

## 함께한 경험 나누기 | Shared Experiences

- Remember when we held a mock election in our afternoon class?
  우리 오후반에서 모의 선거했던 거 기억나?
- Didn't we have fun / a good time on that camping trip?
  캠핑 여행 갔을 때 정말 재미있지 않았어?
- Wasn't the food in the cafeteria delicious / awful?
  구내 식당 음식 정말 맛있지 않았어? / 맛없지 않았어?

- Don't you miss the beach / scenery / going out to the disco?
  그 해변이 / 그 풍경이 / 디스코텍에 갔던 거 그립지 않니?
- Those were the good old days / good old times!
  좋았던 옛 시절이었지! / 그때가 좋았지!

## 과거 경험 Past Experiences

옛 친구나 지인과 다시 만나게 되는 것은 당신의 경험에 대한 이야기를 나눌 수 있는 기회다. 서로 마지막으로 본 이후로 많은 시간이 흘렀고, 당신은 그동안 무슨 일이 있었는지 알고 싶을 것이다.

### 과거 경험에 대해 묻기 | Asking About Past Experiences

- What have you been doing with yourself all this time?
  지금까지 뭐 하면서 지냈어?
- Have you been up to anything exciting / interesting?
  뭐 재미있는 / 흥미로운 일 없었어?
- What happened after you went back to Japan?
  일본으로 돌아간 후에 어떤 일들이 있었어?
- I'm dying / anxious to hear about your new job / what you've been doing.
  너의 새 직장에 대해 / 네가 무엇을 하며 지냈는지 정말 궁금해.
- So, what have you been up to?
  그래, 그동안 뭐 하면서 지냈어?
- So, fill me in.
  자, 나한테 얘기 좀 해 줘.

### 경험 소개하기 | Introducing an Experience

- You'll never guess what happened to me in Phoenix.
  피닉스에서 나한테 무슨 일이 있었는지 넌 상상도 못 할 거야.
- The most interesting thing happened to me the other day.
  지난번에 나한테 정말 재미있는 일이 있었어.
- Let me tell you about what happened while I was in Toronto.
  내가 토론토에 있을 때 무슨 일이 있었는지 얘기해 줄게.
- Know / guess what happened?
  무슨 일이 있었는지 알아?

- Guess what?
  있잖아!

## 전환하기 및 연결하기 Transitions and Connectors

모든 사람에게는 말하고 싶은 이야기가 있다. 농담이나 짧은 일화, 모험, 경기 또는 행사에 관한 긴 이야기, 사고나 재난에 대한 보고, 혹은 흥미로운 대화를 추린 것 등등 이런 말들은 당신의 일상 대화의 많은 부분을 차지한다.

좋은 이야기를 들려주기 위해 당신이 꼭 전문 엔터테이너가 될 필요는 없다. 그냥 당신의 생각들을 연결하고 적절한 순간에 약간의 극적인 내용을 더하면 된다.

### 경험에 대해 묻기 Asking About Experiences

- **What happened** on your vacation / trip / when you went to France?
  프랑스로 휴가를 / 여행을 갔을 때 어떤 일이 있었니?
- **How did you make out** while you were in London?
  런던에 있는 동안 어떻게 지냈어?
- **So how did your visit** to New York **go / turn out / work out**?
  뉴욕을 방문한 건 어땠어?
- **Whatever became of** your plans to take part in the Tour de France?
  투르드프랑스*에 참여했던 일은 어떻게 됐어?
- **What did you experience** on your cruise to Alaska?
  알래스카행 유람선 여행에서 어떤 걸 경험했어?
- **Did anything interesting / unusual / exciting happen** to you on your holiday?
  휴가 갔을 때 재미있는 / 특이한 / 신나는 일 없었어?
- **I've always wondered / wanted to ask you about** your year in California.
  네가 캘리포니아에서 지낸 1년에 대해 항상 궁금했어 / 물어보고 싶었어.
- **We'd love to hear** the latest news.
  우리는 최근 소식을 정말 듣고 싶어.

---

* 프랑스와 주변국을 주파하는 장거리 자전거 경주

영어회화 표현사전 PERFECT PHRASES

## 시작하기 Beginnings

▸ **One morning / afternoon / day** on our holiday in France we decided to go for a short walk in the countryside.
프랑스에서 휴가를 보내던 어느 아침에 / 오후에 / 날에 우리는 교외로 잠시 산책을 가기로 했어.

▸ **To start / to begin with / first off / it all started when** we had breakfast and got ready for our walk.
우선 / 이 모든 것은 우리가 아침을 먹고 산책을 나갈 준비를 하면서 시작됐어.

## 이어가기 Sequence

▸ **Next / the next thing**, we followed a set of red and white trail markers from our hotel to the Lot river.
그다음에 우리는 호텔에서부터 로트 강까지 빨간색과 하얀색으로 된 산책길 표시들을 따라 갔어.

▸ **Along the way** we saw a sign pointing to a historical village on a hill overlooking the river.
가는 길에 우리는 강이 내려다보이는 언덕 위에서 전통 마을로 가는 표지판을 봤어.

▸ **Then / so then** we climbed up and spent some time checking out the village.
그러고 나서 우리는 올라가서 마을을 둘러보며 시간을 보냈어.

▸ **In the meantime** it had started to rain, so we went into some shops.
그러는 사이에 비가 오기 시작해서 우리는 몇몇 가게 안으로 들어갔어.

▸ **While** we were looking around, the rain stopped and we continued on our walk.
우리가 둘러보는 동안, 비가 그쳤고 우리는 계속해서 산책을 했지.

▸ **On the way** we passed through another small village.
가는 도중에 우리는 또 다른 작은 마을을 지나치게 되었어.

▸ We kept on walking but **after a while** we noticed that there were no more red and white trail markers.
우리는 계속해서 걸었는데, 잠시 후 더 이상 빨간색과 하얀색의 산책로 표시가 없는 것을 알아챘어.

▸ **A few miles / kilometers later** we asked for directions at a farmhouse, but the woman said she didn't know of any trail leading back to our hotel.
몇 마일 / 킬로미터를 더 가서 우리는 한 농가에서 길을 물었어. 하지만 여인은 우리가 호텔로 돌아가는 길을 모른다고 했어.

▸ **After that / afterward** we decided to turn around and go back to the village.
그 후에 우리는 돌아서서 마을로 되돌아가기로 결정했어.

## 극적인 요소와 정보 더하기 | Adding Drama and Information

- **All of a sudden / suddenly** it started to rain again, **only this time** it started raining cats and dogs.
  갑자기 비가 다시 내리기 시작했어. 이번에는 비가 억수같이 쏟아졌어.
- **By the time** we got to the village we were wet, hungry, and tired.
  마을에 도착했을 때 우리는 비에 흠뻑 젖어 있었고, 배고프고 피곤했어.
- **To top it off / to make matters worse**, when we got to the village café, they had finished serving lunch, and all we could have was a cup of coffee.
  설상가상으로 우리가 마을의 카페에 도착했을 때는 점심 식사 시간이 끝나서 우리가 먹을 수 있는 거라곤 커피밖에 없었어.
- **Unfortunately** that day was a national holiday, and there was no bus service.
  안타깝게도 그날은 국경일이어서 버스가 운행하지 않았어.
- **In fact / as a matter of fact** there was no taxi in the area, either.
  사실 그 지역에는 택시도 없었어.
- **Luckily / fortunately / as luck would have it**, the rain soon stopped and we continued on.
  다행히 비가 곧 그쳐서 우리는 계속 갈 수 있었어.
- **Lucky for us** we came to a sign pointing to the village where our hotel was located.
  운 좋게도 우리는 우리 호텔이 있는 마을을 가리키는 표지판에 이르게 되었어.
- **However**, it was seven kilometers away and **before we knew it**, it was already late afternoon.
  하지만 7킬로미터나 떨어져 있었고, 어느덧 이미 늦은 오후가 되었어.
- **Frankly / actually / truthfully / to tell you the truth** we thought we were never going to find our way back before dark.
  솔직히 우리는 어두워지기 전에 돌아가는 길을 찾지 못할 거라고 생각했어.
- **As it turned out** we came to the river where at last we saw the red and white trail markers.
  결국 우리는 강에 이르렀는데 거기에서 마침내 우리는 빨간색과 하얀색 산책길 표시들을 보았어.

## 결론 짓기 | Concluding

- **Finally** we made our way along the muddy riverbank.
  마침내 우리는 진흙투성이의 강둑을 헤치며 나아갔어.
- **In the end** we got back to our hotel **just before dark** and **in time for** dinner.
  마침내 우리는 어두워지기 전에 저녁 식사 시간에 맞춰 호텔로 돌아왔어.

- **To make a long story short / long story short** we cleaned up, had dinner, and went to bed!
  간단히 말하자면 먼저 씻은 후 저녁을 먹고, 잠자리에 들었어!
- **The moral / lesson of the story is** when you go on a walk in a foreign country, never leave your hotel without a map.
  우리가 얻은 교훈은 외국에서 산책을 갈 때는 지도 없이 절대로 호텔을 나서지 말라는 거야.
- **It just goes to show you that** you should never leave your hotel without a map.
  그 일은 지도 없이는 절대로 호텔을 나서면 안 된다는 것을 알려 주지.

## 담화 표지 Discourse Markers

사람들은 대화를 할 때 순간적으로 빨리 생각해야 하기 때문에 적절한 말을 찾으면서 그 틈을 메우려고 '담화 표지'라는 말을 사용한다. 담화 표지는 문장의 의미에 영향을 주지는 않는다. 사실 그 말들은 문자 그대로의 의미가 없기 때문에 말할 때 like나 you know와 같은 말을 습관적으로 많이 쓰는 것은 좋지 않다. 영어에서 일반적으로 쓰이는 담화 표지에는 다음과 같은 것들이 있다.

### 시작하는 말 Starters

- As you know / you see / see
  너도 알다시피
- Now / then / okay / all right
  자 / 그럼 / 좋아
- I mean / well / so / oh
  내 말은 / 글쎄 / 그럼 / 음, 저
- Say / why
  저 / 아니

**예 Examples**

**Well**, I'd love to hear about your trip.
자, 너의 여행에 대해 듣고 싶어.

**Now**, what have you been up to?
그래, 뭐 하면서 지냈어?

**So**, after we got to the airport, we had to wait five hours.
그게, 우리는 공항에 도착한 후에 다섯 시간을 기다려야만 했어.

##  채우는 말 Fillers

▶ Uh / er / em
   어 / 저 / 음

▶ Like / you know
   있잖아

> **예** We stayed at this great hotel, **you know**, right on the beach.
> 우리는 아주 훌륭한 호텔에 머물렀어, 있잖아, 바로 해변에 있는.
> It was, **like**, the best place we ever stayed.
> 그건, 있잖아, 지금껏 우리가 머물렀던 곳 중에서 최고였어.

## 부가의문문 Question Tails and Tags

 프랑스어로는 n'est-ce pas, 독일어로는 nicht wahr나 gell처럼 많은 언어들에서 고정된 부가의문문이 쓰인다. 반면, 영어에서 부가의문문은 앞 문장과 같은 조동사를 사용하고 동사의 시제도 앞 문장에 맞춰서 달라진다. 일반적인 예로, **It's a nice day, isn't it?** 또는 **You haven't met my fiancée, have you?** 처럼 말이다.

▶ Know what I mean?
   내가 무슨 말 하는지 알지?

▶ Don't you think?
   그렇게 생각하지 않아?

▶ Or not?
   안 그래?

▶ Right?
   그렇지?

▶ Eh?*
   응?, 안 그래?

> **예** Traveling is one of the best ways to gain experience, **don't you think**?
> 여행은 경험을 쌓을 수 있는 가장 좋은 방법 중 하나야, 그렇게 생각하지 않아?
> Terrific game, **eh**?
> 정말 재미있는 경기네, 안 그래?

---

* Eh는 대개 캐나다 사람들이 자주 쓰는 부가의문문으로, 영국과 과거 영국의 식민지에서도 사용되며 발음은 국가마다 조금씩 다르다.

## 여흥과 즐거움 Enjoyment and Pleasure

정중한

I really enjoyed myself on my vacation / at Disney World.
휴가 갔을 때 / 디즈니 월드에서 정말 즐거웠어.

We had a great / good / nice / grand / splendid / super time.
우리는 정말 좋은 시간을 보냈어.

Everyone had a lot of fun.
모두 다 즐거운 시간을 보냈어.

It was the best time I've ever had.
난 그렇게 즐거웠던 적이 없어.

The trip was really worthwhile / worth it.
그 여행은 정말 그만한 가치가 있었어.

I'll never forget it.
나는 그것을 결코 잊지 못할 거야.

We got a lot out of it.
우리는 그것을 통해 정말 많은 걸 얻었어.

I really got a kick / bang out of it.
나는 그걸 하면서 큰 쾌감 / 스릴을 느꼈어.

It was a ball / a gas / a blast!
정말 끝내줬어!

편한

## 감정 표현하기 Expressing Emotions

모국어가 아닌 언어로 감정을 표현하는 것은 어려울 수 있다. 당신의 감정을 다른 사람들에게 확실하게 전달하기 위해 때로는 특정 어구나 관용적인 표현들을 사용할 필요가 있다.

### 놀라움 및 놀람 Astonishment and Surprise

- That's incredible / fantastic / amazing / far out / unreal / awesome.
  정말 믿을 수가 없어 / 환상적이야 / 멋져 / 최고야.
- That's hard / difficult to imagine.
  상상하기 어려워.
- I don't believe that for a minute!
  정말 믿기지가 않아!
- You've gotta be kidding / joking!

농담하는 거지!

▶ You're putting me on / pulling my leg.
너 날 놀리는 거지.

▶ What a coincidence!
이런 우연이!

▶ No way!
말도 안 돼!

## 믿음 Belief

▶ I believe you / it.
난 널 / 그걸 믿어.

▶ I can imagine.
상상이 가.

▶ That's true / for sure.
그건 사실이야 / 확실해.

▶ Isn't that the truth!
정말 그래!

▶ I bet!
왜 안 그랬겠어! / 분명히 그럴 거야!

## 대화 마치기 Ending the Conversation

▶ We'll have to get together / do this again sometime soon.
조만간 또 만나자.

▶ It was great to see you again.
다시 만나서 정말 반가웠어.

▶ I'm so glad we ran into each other.
이렇게 만나게 돼서 정말 좋았어.

▶ I really enjoyed seeing you again.
널 다시 만나서 정말 즐거웠어.

▶ Let's keep in touch / get together again.
계속 연락하고 지내자. / 또 만나자.

▶ Take care / take it easy.
잘 지내.

▶ Catch you later / another time.
다음에 또 만나.

영어회화 표현사전 PERFECT PHRASES

## 시간 말하기 Time Expressions

> 영어권 나라에서는 시간을 언급할 때 대개 a.m.과 p.m.을 사용해서 낮과 밤을 구분한다. 예를 들어, 아침 식사 시간은 at 7 a.m. 저녁 식사 시간은 (at 19보다는) at 7 p.m.으로 나타낸다. 밤낮을 명확하게 구분하기 위해 **seven in the morning/evening** 또는 **seven in the evening**이라고 하기도 한다. 원어민들은 ten to twelve나 a quarter after twelve 대신 **ten to**나 **quarter after**라고 짧게 말하기도 한다.

▶ **Time** **at** 5:00 ▶ **Month** **in** June
시간 5시에 달 7월에

▶ **Day** **on** Monday / Friday ▶ **Year** **in** 2005
요일 월요일 / 금요일에 년 2005년에

▶ **Date** **on** the 2nd of March / March the 2nd
날짜 3월 2일에

▶ **Deadline** **by** 7:30 / tomorrow / Saturday / the end of the month
마감일 7시 30분 / 내일 / 토요일 / 이달 말까지

▶ **Other** **in** the morning / afternoon / evening
기타 아침에 / 오후에 / 저녁에

**at** night / the beginning / the end
밤 / 처음 / 끝에

**on** the weekend
주말에

**from** 9:00 **to** / **until** 12:00
9시부터 12시까지

**since** 8:00 / Friday / January / 1995 / last week
8시 / 금요일 / 1월 / 1995년 / 지난주 이후로

**for** two hours / three days / six months / ten years / a long time
2시간 / 3일 / 6개월 / 10년 동안 / 오랫동안

**during** lunch / the flight / my holiday / the week
점심 식사 시간 / 비행하는 / 내 휴가 / 그 주 동안

 **Long Time No See**

골프 클럽에서 이뤄지는 대화입니다. 이번 챕터에서 배운 표현에 밑줄을 그어 보세요.

SUSAN    Mark, I don't believe it. There's someone I know over there. Linda!
LINDA    Oh, my gosh. Susan. Susan Macrae, is that you?
SUSAN    Susan Edison now, but yeah, it's me.
LINDA    No way! Nice to see you, Susan. Like, it's been ages!
SUSAN    I know. Gee, you haven't changed a bit.
LINDA    I don't know about that. What have you been doing all this time?
SUSAN    Oh, the usual. You know, life, work, family. And yourself?
LINDA    Well, that's a long story.
SUSAN    I'd love to hear it, but first let me introduce my husband. Mark, meet Linda Franzen. Or at least it was.
LINDA    Still is. Hi, Mark. Nice to meet you.
MARK    How do you do, Linda.
SUSAN    Linda and I lived in the same dorm at college.
MARK    So this is the Linda . . . ?
LINDA    I hope you haven't told any stories.
SUSAN    Nothing that isn't true.
LINDA    Now I'm really in trouble! Anyway, how come I haven't seen you two here before?
MARK    Well, we only joined the golf club this summer.
SUSAN    Mark got transferred to Portland last summer, and since then we've been busy getting settled into our new house and then there are the kids and all their activities.
LINDA    You always were a go-getter, Susan. Are you still into acting?
MARK    Acting? Is there something I should know?
SUSAN    Oh, it was just amateur stuff. But that wasn't all we did for kicks, was it?
LINDA    Don't remind me.
SUSAN    The good old college days, huh? But didn't you go to Europe for a while?
LINDA    Yeah, I traveled around and then I ended up living in Italy for ten years.

**영어회화 표현사전 PERFECT PHRASES**

SUSAN    Wow! What were you doing in Italy?
LINDA    Well, first I had a ball just touring around and then I got a job teaching English. That's how I met Giorgio. You'll have to meet him. Look, let's get together for dinner.
SUSAN    We'd love to. There must be a million things to catch up on. Like whatever happened to Brenda.
LINDA    You'll never guess, but she ended up in New Zealand.
SUSAN    What do you know! We used to have a riot together!
LINDA    Didn't we! Anyway, sorry I have to run, but give me a ring. I'm in the book.
SUSAN    So are we. Edison on Cormorant Drive.
LINDA    Got it! Well, it was great meeting you, Mark.
MARK    Same here.
LINDA    Susan always had good taste. Hope to see you soon.
SUSAN    You can count on it!

**오랜만이야.**

수잔    마크, 세상에나. 저기 내가 아는 사람이 있어. 린다!
린다    어머나. 수잔 마크래, 너 맞아?
수잔    지금은 수잔 에디슨이지만, 맞아, 나야.
린다    말도 안 돼! 정말 반가워, 수잔. 있잖아, 정말 오랜만이다!
수잔    그러게 말이야. 맙소사, 넌 하나도 안 변했어.
린다    아니야. 그동안 어떻게 지냈어?
수잔    어, 똑같지 뭐. 그냥, 일상, 일, 가족. 그런 너는?
린다    음, 말하자면 얘기가 길어.
수잔    궁금해. 그런데 우선 내 남편부터 소개할게. 마크, 린다 프란첸이야. 아니, 전에는 그랬어.
린다    지금도 같아. 안녕하세요, 마크. 만나서 반가워요.
마크    안녕하세요, 린다.
수잔    린다와 난 대학 때 같은 기숙사에서 지냈어.
마크    그럼 이분이 바로 그 린다…?
린다    네가 아무 얘기도 안 했기를 바란다.
수잔    사실만 얘기했어.

린다 나 이제 큰일 났네! 그나저나 어쩜 여기서 전에 한 번도 못 본 거지?
마크 아, 저희는 이번 여름에서야 골프 클럽에 가입했어요.
수잔 마크가 작년 여름에 포틀랜드로 전근 오게 되면서 새 집에 정착하느라 바빴고, 아이들과 애들 일도 많았어.
린다 수잔, 넌 항상 활달했잖아. 지금도 연기해?
마크 연기라고? 내가 뭔가 모르는 게 있는 거야?
수잔 아, 그냥 아마추어적인 거였어. 그런데 우리가 즐겼던 게 그게 전부가 아니잖아, 그렇지?
린다 생각나게 하지 마.
수잔 대학 시절이 좋았는데, 그렇지? 그런데 너 한동안 유럽에 가 있지 않았어?
린다 맞아, 여행 다니다가 10년간 이탈리아에서 살았어.
수잔 와! 이탈리아에서 뭐 했어?
린다 음, 처음에는 그냥 여행 다니다가 영어 가르치는 일을 했어. 그러다 조지아를 만났지. 너도 그 사람을 만나 봐야 하는데. 야, 같이 저녁 식사 하자.
수잔 좋아. 밀린 얘깃거리가 무척 많을 것 같아. 브렌다에게 무슨 일이 있었는지 같은 거.
린다 넌 짐작도 못 할걸. 그 애 결국 뉴질랜드에서 살게 됐어.
수잔 정말! 우리 같이 정말 재미있었는데!
린다 맞아! 어쩌지, 미안한데 난 그만 가 봐야 할 것 같아. 전화해. 내 번호 전화번호부에 있어.
수잔 우리도 그래. 코모란트 드라이브에 있는 에디슨이야.
린다 알겠어! 음, 만나서 반가웠어요, 마크.
마크 저도요.
린다 수잔은 항상 안목이 높아요. 또 보자.
수잔 꼭 그러자!

## Topics for Practice

Tell a story about…

① your last holiday
② your last business trip
③ one of the happiest moments in your life
④ the luckiest or funniest thing that's ever happened to you
⑤ an unforgettable travel experience
⑥ an accomplishment at work or school
⑦ the history of your company / town or city
⑧ a disaster or accident that you have experienced
⑨ how you met your best friend / wife / husband / girlfriend / boyfriend
⑩ how you got your job

# Likes, Dislikes, and Interests
## 기호와 흥미

## Objectives 목표

▲ 좋아하는 것, 싫어하는 것과 기호 표현하기
▲ 취미, 관심, 여가 활동에 대해 말하기

　　미호와 랜신은 북아메리카에 있는 고등학교에서 유학을 하게 되었다. 그들은 새 학교의 시스템과 영어만 사용하는 교육English-only instruction에도 익숙해져야 할 뿐만 아니라 함께 지내 온 가족과 친구들이 없는 새로운 문화 환경cultural environment에서 지내게 될 것이다. 두 소녀 모두 미국이나 캐나다에 있는 고등학교에 다니는 것이 아주 좋은 기회great opportunity라는 건 알지만, 어떻게 하면 잘 적응할 수 있을지how well they will fit in, 그리고 어떻게 하면 친구들을 쉽게 사귈 수 있을지how easily they will be able to make friends 걱정이 된다. 반 친구들과 자신들은 어떤 공통점이 있을까have in common? 그들의 관심사interests는 얼마나 비슷할까? 미국과 캐나다의 십대들이 관심 있어 하는 활동, 운동과 게임에 자신들도 참여할 수 있을까? 그리고 만약 반 친구들이 자신들이 어떻게 답해야 할지 모르는 질문들을 하면 어떻게 할까?

공통으로 좋아하는 것과 공통의 관심사는 친구를 사귀고 오랜 관계로 발전시켜 나가는 기초가 된다. 그것들은 또한 당신이 가장 자주 대화를 나누는 주제들이기도 하다.

## Phrases 표현

### 시작하는 말 ▸ 살피기 Feeling Things Out

- Do you have any hobbies?
  취미가 있니?
- Are you interested in sports / music / computers?
  운동 / 음악 / 컴퓨터에 관심 있어?
- Do you have a favorite kind of food / music / sport?
  가장 좋아하는 음식 / 음악 / 운동은 뭐야?
- How do you spend your spare / free / leisure time?
  여가 시간은 뭘 하면서 보내?
- What do you do / like to do in your spare / free / leisure time?
  여가 시간에는 뭐 해 / 어떤 일을 즐겨 해?

### 좋아하는 것 Likes

#### I like vs. I'd like

- I like ice cream.은 아이스크림이 나에게 기쁨이나 즐거움을 준다는 의미다. 즉, '나는 그것이 맛있다'는 뜻이다.
- I'd like(would like) ice cream.은 지금 아이스크림을 가지고 있지 않은데 아이스크림을 먹었으면 좋겠다고 바라는 것이다.

**예 Examples**
I'd like a big bowl of ice cream right now, wouldn't you?
나는 지금 아이스크림 큰 거 한 통을 먹고 싶어, 너는?
I'd really like to see the Grand Canyon some day.
나는 언젠가 그랜드 캐니언을 꼭 보고 싶어.

- I'd like는 무언가를 요구하거나 주문할 때 또는 누군가에게 무언가를 제안할 때도 사용한다.

영어회화 표현사전 PERFECT PHRASES

I'd like a coffee to go, please.
커피 한 잔 테이크아웃이요.

I'd like two tickets to the 8:00 show.
8시 공연 표 2장 주세요.

Would you like a soda or a glass of juice?
탄산음료나 주스를 드릴까요?

## 동사 Verbs

정도가 강한

Jane **loves / adores** music / going to live concerts.
제인은 음악을 / 라이브 콘서트에 가는 것을 정말 좋아해.

**I can't get enough of** this sunshine.
나는 이 햇살이 질리지가 않아.

**I fancy** gourmet food / cooking for friends.
나는 맛있는 음식을 먹고 / 친구들을 위해 요리해 주고 싶어.

**Silvio enjoys** tennis / working out at the gym.
실비오는 테니스 치는 것을 / 헬스장에서 운동하는 것을 좋아해.

**We like** historical films / cross-country skiing.
우리는 사극 영화를 / 크로스컨트리 스키를 좋아해.

정도가 약한

## 명사 Nouns

정도가 강한

Glen has **a passion for** orchids / gardening.
글렌은 난초를 / 원예를 굉장히 좋아해.

**You're an** animal **lover / lover of** animals.
너는 동물을 아주 좋아하는구나.

**I'm an admirer / a big fan of** Martin Scorsese.
나는 마틴 스콜세지의 팬이야.

정도가 약한

## 전치사를 동반하는 동사 / 형용사 Verbs / Adjectives with Prepositions

정도가 강한

**I'm crazy / mad / wild / thrilled about** San Francisco / sightseeing.
나는 샌프란시스코에 / 관광에 푹 빠져 있어.

Suzette's **passionate about** children / teaching.
수제트는 어린이들을 / 가르치는 일을 무척 좋아해.

Aron's **big on** football / working out at the gym.
아론은 축구를 / 헬스장에서 운동하는 것을 무척 좋아해.

I'm **fond of** / **keen on** / **partial to** mystery novels / rollerblading.
나는 추리 소설을 / 롤러블레이드 타는 것을 좋아해.

정도가 약한

## 비인칭 주어 Impersonal Subjects

정도가 강한

Community work is Abdul's **passion**.
지역사회 사업은 압둘이 열정적으로 하는 취미 활동이야.

Stefan's job **is everything to** him.
스테판의 일은 그에게 있어 전부야.

The sunset last night was **awesome**.
지난밤 노을은 정말 멋졌어.

How does a trip to the Greek islands **tickle your fancy**?
그리스 섬으로 간 여행은 얼마나 재미있었어?

Luigi's is **my kind of** restaurant.
루이지는 내 마음에 쏙 드는 레스토랑이야.

Modern design **appeals to** me.
나는 모던한 디자인을 좋아해.

정도가 약한

## 사람에 대한 감정 Feelings for People

정도가 강한

I **love** / **adore** you.
나는 당신을 사랑해.

My children **mean a lot** / **the world** to me.
내 아이들은 나에게 정말 소중해.

Tom **thinks the world of** Marie.
톰에게는 마리가 전부야.

Sarah's **crazy** / **mad** / **nuts** / **gaga about** Sean.
사라는 션에게 빠져 있어 / 션이라면 정신을 못 차려.

You **send** me.
넌 나를 정말 행복하게 해.

I **care a lot** / **very much for** my grandparents.
나는 나의 조부모님을 정말 사랑해.

I **like** / **really like** my new roommate **a lot**.
나는 새 룸메이트가 정말 좋아.

정도가 약한

영어회화 표현사전 PERFECT PHRASES

## 속어 표현 Slang Expressions

- I'm really / heavily into modern art / painting.
  나는 현대 미술 / 그림에 완전히 빠져 있어.
- Sun-Woo gets off on football / playing tennis.
  선우는 축구를 하는 / 테니스 치는 것을 좋아해.
- Claudia really digs your new outfit / John Mayer.
  클라우디아는 너의 새 옷을 / 존 메이어를 정말 좋아해.
- This CD really turns me on.
  이 CD는 내 맘에 쏙 들어.
- Hiking is right up my alley.
  등산이 내 적성에 딱 맞아.
- That leather jacket is hot / so hot / totally hot.
  가죽 재킷이 인기야 / 정말 인기가 많아.
- Alfonso's a really cool / neat guy.
  알폰소는 정말 멋진 / 근사한 남자야.

## 맞장구치는 말 Rejoinders

- I like pizza.
  나는 피자를 좋아해.
  **So do I / I do, too.**
  나도 그래.
- Satoko's crazy about sushi.
  사토코는 초밥을 정말 좋아해.
  **Me, too.**
  나도 그래.
- Kate couldn't live without her dishwasher.
  케이트는 식기세척기 없이는 못 살 거야.
  **Same here.**
  나도 그런데.
- Andrea really gets off on reggae.
  안드레아는 레게 음악에 완전히 빠져 있어.
  **Same goes for me.**
  나도 마찬가지야.
- This music's hot.
  이 음악 정말 좋다.
  **You bet!**
  정말 그러네!

싫어하는 것 Dislikes

싫어하는 것을 표현하는 가장 간단한 방법은 긍정문을 부정문으로 만드는 것이다. 앞서 소개한 표현들 중 몇 가지는 명확하게 싫음을 나타내는 표현으로 바꿀 수 있다.

CHAPTER 3 기호와 흥미

I **like** dancing, but I **don't like** square dancing.
나는 춤추는 걸 좋아하지만, 스퀘어 댄스는 싫어.

You**'re fond of** comedies, but **you're not fond of** romantic comedies.
너는 코미디를 좋아하지만, 로맨틱 코미디는 좋아하지 않잖아.

Sascha's **really into** jazz, but his sister **isn't into** music at all.
사샤는 재즈에 푹 빠져 있지만, 그의 여동생은 음악에 전혀 관심이 없어.

당신이 좋아하는 것과 싫어하는 것을 표현할 때 적절한 어구를 선택하는 것은 개인적인 문제다. 무언가 혹은 누군가를 얼마나 많이 좋아하는지, 싫어하는지도 중요하다.

## 동사 Verbs

정도가 강한

I **hate** / **can't stand** / **can't stomach** greasy food / waiting in long lines.
나는 기름진 음식은 질색이야 / 줄 서서 오래 기다리는 걸 참을 수가 없어.

My sister **detests** snakes / getting up early.
내 여동생은 뱀을 / 아침 일찍 일어나는 것을 몹시 싫어해.

Mami **can't put up with** cigarette smoke / other people smoking.
마미는 담배 연기를 / 다른 사람들이 담배 피우는 것을 못 견뎌 해.

Jürgen **minds** the rainy weather / taking the bus.
위르겐은 비 오는 날을 / 버스 타는 것을 꺼려해.

Noura **dislikes** housework / going shopping on Saturday.
누라는 집안일 하는 것을 / 토요일에 쇼핑하러 가는 것을 싫어해.

정도가 약한

We **could live without** winter / having to shovel snow.
우리가 겨울 없이 / 삽으로 눈을 치우지 않고 살 수 있다면 좋으련만.

## 형용사 + 전치사 Adjectives + Prepositions

정도가 강한

I'm **sick of** / **tired of** / **sick and tired of** sandwiches / doing the dishes.
나는 샌드위치가 / 설거지하는 거 정말 지긋지긋해.

Pierre's **fed up with** his old car / working overtime.
피에르는 그의 오래된 차를 / 야근하는 것을 지겨워해.

We**'re averse to** crowded places / taking the subway.
우리는 붐비는 장소에 가는 것을 / 지하철 타는 것을 싫어해.

정도가 약한

Rinaldo's **not fussy about** airports / flying.
리날도는 공항을 / 비행기 타는 것을 별로 좋아하지 않아.

영어회화 표현사전 PERFECT PHRASES

## 비인칭 주어들 Impersonal Subject

정도가 강한

The traffic in this city **makes me sick**.
이 도시의 교통 때문에 피곤해.

Politicians **get on my nerves**.
정치인들 때문에 짜증 나.

Barking dog**s bug / annoy** me.
짖는 개 때문에 괴로워.

Milan's cooking **doesn't do** it / **doesn't cut it** / **doesn't do anything for me**.
밀란의 요리는 별로야.

Plastic furniture **is not my taste**.
플라스틱 가구는 내 취향이 아니야.

Abstract art **leaves me cold**.
난 추상 미술에는 관심 없어.

The service here **isn't anything to write home about**.
여기 서비스는 특별히 내세울 게 없어.

Living in a basement suite **is not my cup of tea**.
지하실에 사는 것은 내게 안 맞아.

정도가 약한

## 사람에 대한 감정 Feelings for People

정도가 강한

Camille **hates / can't stand / detests** gossips.
카밀은 남 얘기하는 것을 몹시 싫어해.

I d**on't want anything to do with** Marco.
나는 마르코와는 아무것도 하고 싶지 않아.

The Smiths **won't have anything to do with** the Joneses.
스미스 가족은 존스 가족과는 그 어떤 관계도 맺고 싶어 하지 않아.

정도가 약한

## 속어 Slang

stronger

This movie **sucks / sucks big time**!
이 영화는 진짜 최악이야!

Getting stuck in traffic really **stinks**!
차가 막히는 건 정말 싫어!

Our last test was **the pits**!
우리의 마지막 시험을 망쳤어!

This painting is **god-awful!**
이 그림은 정말 엉망이야!

The traffic **drives me crazy / up the wall / around the bend**.
차가 막혀서 미칠 것 같아.

Loud people **really turn me off**.
시끄럽게 떠드는 사람들 때문에 정말 화가 나.

Working on Saturdays **isn't my first** choice.
토요일마다 일하는 건 절대 내 취향이 아니야.

François**'s not into** sports/jogging.
프랑수아는 운동에 / 조깅에 관심이 없어.

I **don't get off on** football / watching sad movies.
나는 축구를 즐겨 하진 않아 / 나는 슬픈 영화를 즐겨 보진 않아.

That idea **is totally out there / off the wall**.
그 생각은 진짜 특이해.

정도가 약한

## 맞장구치는 말 Rejoinders

1장과 앞서 살펴본 예문에서처럼 긍정문에 too를 붙여서 I do, too. 또는 Me, too.와 같이 동의를 나타낼 수 있다. 부정문에 동의하는 경우라면, either나 neither를 대신 사용할 수 있다. 기억해야 할 규칙은 다음과 같이 간단하다.

▶ **긍정문에 대한 동의를 나타낼 때는 too**

| 예 Examples | | |
|---|---|---|
| I really love an espresso after a meal.<br>나는 식사 후에 에스프레소 마시는 걸 정말 좋아해. | **I do, too.**<br>나도 그래. |
| We get off on jazz.<br>우리는 재즈 음악을 즐겨 들어. | **Me, too.**<br>나도 그런데. |

▶ **부정문에 대한 동의를 나타낼 때는 either나 neither**

| 예 Examples | | |
|---|---|---|
| I can't stand this rain.<br>이 비는 정말 싫어. | **I can't, either.**<br>나도 그래. |
| I don't care much for junk food.<br>나는 정크 푸드를 별로 좋아하지 않아. | **Neither do I / I don't, either.**<br>나도 마찬가지야. |

## 좋고 싫음에 대해 묻기 | Asking About Likes and Dislikes

▸ **How / how much do you like** rap music / my new camera / playing video games?
랩 음악을 / 내 새 카메라를 / 비디오 게임 하는 걸 얼마나 좋아해?

▸ **What's your favorite** color / music / game?
네가 가장 좋아하는 색 / 음악 / 게임은 뭐야?

▸ What kind of sports / movies / food **do** you **prefer** / **favor**?
어떤 운동 / 영화 / 음식을 좋아해?

▸ What / which fashions / TV shows **are** you **into**?
어떤 패션 / TV 프로그램에 관심 있어?

▸ **What do you think of** tennis / the weather / Beyoncé's new song?
테니스 (치는 거) / 날씨 / 비욘세의 신곡 어때?

## 선호하는 것 Preferences

정도가 강한

We**'d rather / much rather / sooner** read **than** watch television.
우리는 텔레비전을 보는 것보다 독서하는 것을 훨씬 더 좋아해.

I **prefer** coffee **to** tea / walking **to** biking.
나는 차보다 커피를 / 자전거 타는 것보다 걷는 걸 더 좋아해.

A compact car would be / is **my preference over** a sedan.
세단보다는 소형차가 내 취향이야.

Buying a house is **preferable** to renting an apartment.
아파트를 렌트하는 것보다 집을 사는 게 더 나아.

Most foreign language students **favor** English **over** other languages.
외국 학생들 대부분은 다른 언어보다 영어를 선호해.

**I tend to** avoid crowded places / studying at night / reading nonfiction.
나는 붐비는 장소를 / 밤에 공부하는 것을 / 논픽션 읽는 것을 꺼리는 편이야.

**I'd choose** going to the beach **over** sightseeing in the city.
나는 도시로 관광을 가는 것보다 해변에 가는 게 더 좋아.

**My first choice** would be to pay cash.
나는 현금으로 지불하는 걸 선호해.

**I'll take** summer **over** winter **any day**.
나는 어떤 경우에도 겨울보다 여름을 택할 거야.

**I'd go for** eating out **instead of** cooking.
나는 요리하는 대신 외식을 하고 싶어.

Blue is **my favorite** color.
파란색은 내가 가장 좋아하는 색이야.

정도가 약한

## 흥미 Interests

### 인칭 주어 Personal Subject

- **I'm interested in** tennis / video games / painting / cooking.
  나는 테니스 / 비디오 게임 / 그림 / 요리에 관심이 있어.

- Chia **finds** yoga / traveling **fascinating / interesting / stimulating**.
  치아는 요가가 / 여행이 매력적이라고 / 흥미롭다고 / 자극적이라고 생각해.

- Norbert**'s involved in** local politics / recycling / helping kids with cancer.
  노버트는 지방 정치에 / 재활용하기에 / 소아 암 환자 돕기에 참여하고 있어.

- Lourdes **helps out / volunteers** at the library / at the SPCA / at the hospital.
  루르드는 도서관에서 / 동물보호협회(SPCA)에서 / 병원에서 자원봉사 활동을 해.

- Tomo**'s a member of** a conversation club / the Red Cross / the YMCA.
  토모는 회화 동아리 / 적십자 / YMCA 회원이야.

- Yi-Ting **belongs to** a book club / Amnesty International / Greenpeace.
  이-팅은 북클럽 / 국제 사면 위원회 / 그린피스 소속이야.

### 비인칭 주어 Impersonal Subject

- Tennis / painting / cooking **interests** me.
  나는 테니스 / 그림 / 요리에 관심 있어.

- Documentary movies **are of great interest** to me.
  나는 다큐멘터리 영화에 관심이 많아.

- Modern art **intrigues / fascinates** me.
  나는 현대 미술에 흥미가 있어.

### 공통 관심사 Common Interests

- We **have** a lot **in common**.
  우리는 공통점이 정말 많아.

- We **share** the same interests.
  우리는 공통의 관심사를 가지고 있어.
- We'**re both interested** in the same things.
  우리 둘 다 같은 것에 관심이 있어.
- Europeans and Americans **share common ground** in their values.
  유럽인들과 미국인들은 가치관에 공통점이 있어.

## 바람 및 의존 상태 Desires and Dependency

때로는 무언가 또는 누군가에 대한 감정이 단순히 좋아하거나 선호하는 것을 넘어 간절히 바라거나 지나치게 의존하게 되기도 한다. 어떤 경우에는 당신의 진심을 표현하기도 하겠지만 어떤 경우에는 효과적으로 말하기 위해 과장할 수도 있을 것이다.

### 바람 Desires

정도가 강한

**I'm dying for** a cup of coffee.
나는 커피가 마시고 싶어 죽겠어.

**I've got a craving for** a hot fudge sundae*.
나는 핫퍼지 선데가 너무 먹고 싶어.

**I could really go for** a day at the beach.
나는 해변에서 하루를 보낼 수 있음 좋겠어.

Yoko **longs / yearns** to see her family in Japan.
요코는 일본에 있는 가족을 간절히 보고 싶어 해.

Our class **feels like** a party / having a party.
우리 반은 파티를 하고 싶어 해.

We'**re in the mood for** a trip to the mountains / taking a trip.
우리는 산으로 여행을 가고 싶어.

Amani **wants** to learn Spanish.
아마니는 스페인어를 배우고 싶어 해.

Sanjay'**d like / love** to live overseas for a couple of years.
산제이는 몇 년간 해외에서 지내고 싶어 해.

정도가 약한

### 의존 Dependency

---

*버터, 우유, 설탕, 초콜릿 등으로 만든 뜨거운 시럽을 얹은 아이스크림

정도가 강한

Sam **couldn't live / exist / get along / make it without** his cell phone.
샘은 그의 휴대 전화 없이는 못 살 거야.

**I'd die without** my car / my iPad.
나는 내 자동차 / 아이패드 없이는 죽을 것 같아.

Carlo**'s addicted to** chocolate / hockey / shopping / jogging.
카를로는 초콜릿 / 하키 / 쇼핑 / 조깅에 중독됐어.

Julie**'s stuck on** tennis.
줄리는 테니스에 빠졌어.

Min-Jung **can't think about anything** but fashion.
민정은 온통 패션 생각뿐이야.

We **don't know what we'd do without** our car.
우리는 차가 없으면 아무것도 못할 거야.

Pavel really **depends on / relies on** his laptop.
파벨은 그의 노트북 컴퓨터에 많이 의존해.

정도가 약한

## 무관심 Indifference

▸ We **kind of / sort of like** this painting.
  우리는 이 그림이 약간 마음에 들어.

▸ I **don't mind** our new office.
  나는 우리의 새 사무실에 관심이 없어.

▸ The performance was **rather interesting**.
  그 공연은 꽤 흥미로웠어.

▸ The movie was **not bad / so-so**.
  그 영화는 나쁘지 않았어 / 그냥 그랬어.

▸ The weather **doesn't matter** to me.
  날씨가 어떻든 나는 괜찮아.

▸ **It makes no difference to me if** we go out or stay home.
  우리가 외출하든 집에 있든 난 상관없어.

▸ **It's all the same to me** if it snows or rains.
  눈이 오든 비가 오든 난 상관없어.

▸ I can take it or leave it.
  난 해도 되고 안 해도 돼.

▸ It's six of one and half a dozen of the other.
  이거나 저거나 (비슷비슷해).

영어회화 표현사전 PERFECT PHRASES

## 제안하기 Making Offers

누군가에게 무언가를 제안할 때는 상황에 맞는 단어와 어조를 선택해야 한다. 당신이 모르는 사람이나 고객들을 대하고 있다면 want보다 would like를 쓰는 것이 좀 더 정중하다. 누군가의 제안을 거절하고자 할 때는 간결하게 답하는 것이 최선이다. 너무 자세하게 또는 장황하게 이유를 설명하게 되면 진실되지 않게 들리거나 제안하는 사람의 기분을 상하게 할 수 있다.

### 제안 Offers

정중한

**Would you like** a cup of coffee?
커피 한 잔 드시겠어요?

**May I offer / can I get** you something to read?
읽을 거리를 좀 가져다 드릴까요?

**Would / do you care** for another drink?
한 잔 더 드시겠어요?

**Shall I** call you a taxi?
택시를 불러 드릴까요?

**Is there anything** I can get / bring / offer you?
뭐 좀 가져다 드릴까요?

Will there be anything else?
더 필요한 건 없으세요?

**How about if** I pick you up at 8:00?
8시에 태우러 가면 어떨까요?

**How about** another dance?
춤 한 번 더 출까요?

**Have another** cookie, **why don't you**?
쿠키 하나 더 드실래요?

**Want** more pie?
파이 더 먹을래요?

**Cigarette**?
담배 (피울래)?

편한

### 긍정적인 대답 Positive Responses

Q. *Would you like a cup of coffee?*
커피 한 잔 드시겠어요?

정중한

Yes, please. That would be nice / fine / lovely / great.
네, 주세요. 그거 좋겠네요.

That's nice of you to offer.
물어봐 주셔서 감사합니다.

I'd love one. Thank you.
좋아요. 감사합니다.

Yes, I'd appreciate that.
네, 그럼 감사하죠.

That's kind of you to offer.
물어봐 줘서 고마워요.

Sure thing!
좋아요!

Why not!
좋죠!

편한

## 부정적인 대답 Negative Responses

Q. Can I get you something to drink?
마실 것 좀 드릴까요?

정중한

No, thank you. I'm fine for now.
아니에요, 지금은 괜찮습니다.

Thanks, but I'd rather not.
감사하지만, 괜찮습니다.

I've had enough / my share, thank you.
충분히 마셨어요. 감사합니다.

No, I don't drink / don't need anything.
아니요, 더 마시지 않아도 돼요.

I'll pass, but thanks.
괜찮습니다. 감사합니다.

I'm good, thanks.
괜찮아요, 고맙습니다.

Maybe later.
나중에요.

Not now / at the moment.
지금은 괜찮아요.

편한

영어회화 표현사전 PERFECT PHRASES

## 데이트 및 초대 Dates and Invitations

당신이 좋아하거나 친하게 지내는 누군가를 만날 때 그 사람을 다시 만나고 싶은 것은 자연스러운 일이다. 당신은 누군가를 집으로 저녁 식사 초대를 하거나, 골프 시합을 하자고 클럽에 초대하거나 결혼식, 생일 파티나 축하 파티 같이 특별한 자리에 초대할 수도 있을 것이다.

 데이트는 보통 서로 관심 있는 남녀 간의 만남을 의미하긴 하지만, 친구들끼리 점심을 먹거나 영화를 보러 가는 것과 같은 만남에도 일반적으로 쓰인다.

### 데이트 Dates

**정중한**

**I'd like to ask you out to** dinner / a movie / the game on Friday.
금요일에 당신과 저녁 식사를 하러 / 영화를 보러 / 경기를 보러 가고 싶어요.

**Would you like to** go out on a date / with me to a movie?
저와 데이트하실래요 / 영화 보러 가실래요?

**Do you fancy** going out with me on a date?
저와 데이트하시겠어요?

**Care to** go out with me for a drink?
저와 한잔하실래요?

**How about** going out together sometime?
언제 한번 나랑 데이트하는 거 어때?

**편한**

### 초대 Invitations

**정중한**

**We'd like to invite you to** our grand opening.
저희 개업식에 당신을 초대하고 싶어요.

**Would you like / care to** join us for a drink after work?
일 끝나고 저희랑 같이 한잔하러 가실래요?

**I was wondering if you'd care to** attend our luncheon.
저희 점심 식사에 참석하실 건지 궁금해요.

**Do you feel like** a game of golf?
골프 한 게임 할래요?

**How about** going to dinner on Friday?
금요일에 같이 저녁 식사 할래요?

편한

**Want to** hang out at the mall after class?
수업 끝나고 같이 쇼핑몰 돌아다닐래?

## 긍정적인 대답 Positive Responses

정중한

I'd be happy / more than happy to come / to join you.
좋아요.

That'd be nice / fine / good / great.
좋아요.

That sounds nice / good / great / like fun.
재미있겠네요.

Of course. I'll look forward to it.
물론이죠. 기대할게요.

Thank you. We'll be there.
고마워요. 저희 갈게요.

We'd love to.
우리는 좋아요.

I wouldn't want to miss it.
꼭 가고 싶어요.

Sounds great / good.
좋아요.

Sure, why not!
그래, 좋아!

편한

## 부정적인 대답 Negative Responses

정중한

**I'd like / love to, but unfortunately** I've got other commitments / plans.
그러고 싶지만, 안타깝게도 다른 약속이 있어요.

**I appreciate the invitation, but** I've made other plans.
초대해 주셔서 감사하지만, 다른 약속이 있어요.

**Thanks for the invitation, but** I have other plans.
초대해 주셔서 고맙지만, 다른 약속이 있어요.

**I'm sorry, but** I won't be able to.
죄송하지만, 못 갈 것 같아요.

**That's nice of you, but** I'm afraid I can't.
고맙지만, 못 갈 것 같아요.

**Sorry**, we**'re not into** golf.
미안한데, 우리는 골프에 별로 관심이 없어요.

Parties are **not our thing**.
우리는 파티를 별로 좋아하지 않아요.

I'll pass, **but thanks anyway**.
다음에, 어쨌든 고마워.

편한

## 기약하기 Another Time

정중한

Why don't we save it for another time / later?
다음 번에 가면 어때요?

Can we make that another time?
다음에 가도 될까요?

How about a rain check?
다음에 가도 될까요?

Maybe another time / later.
다음에.

편한

## 계산한다고 제안하기 Offering to Pay

▶ Let me get that.
제가 낼게요.

▶ Lunch is on me.
점심은 제가 살게요.

▶ My treat.
제가 낼게요.

▶ It's on the house.*
서비스예요.

*이 표현은 음식점이나 술집에서 주인이 손님에게 공짜로 무언가를 줄 때 쓰인다.

## 감정 표현하기 Expressing Emotions

### 흥분 Excitement

- **I'm looking forward to** the reunion / seeing my classmates.
  나는 동창회가 / 반 친구들을 만날 게 정말 기대돼.
- **I can't wait to** start school / can hardly wait to start school.
  나는 빨리 개학하면 좋겠어.
- **I'm really excited / thrilled / stoked / fired up / wound up about** the game / going to the game.
  그 경기 / 경기를 보러 가는 것 때문에 정말 신나.
- **I'm raring to go / chomping at the bit**.
  나 정말 설레.
- **I'm all gung ho**.
  나 정말 신나.

### 열광 Enthusiasm

- Hurrah / hurray / hooray!
  만세!
- Good move / good show!
  잘했어!
- Far out / cool / sweet / brilliant / excellent!
  독특해 / 멋져 / 좋아 / 아주 좋아 / 훌륭해!
- Wow / yippee / yeah!
  와우 / 야호!

### 칭찬 Compliments

- **I'd like to compliment you on** the delicious meal / on the great party.
  정말 맛있는 식사 / 멋진 파티였어요.
- Bright colors really **suit / become you**.
  너는 밝은 색이 정말 잘 어울려.

- **You look great / fantastic** in that dress / shirt.
  그 드레스 / 셔츠 너한테 정말 잘 어울려.
- Those earrings **look good on you / go well with** your hair.
  그 귀걸이 네 머리랑 잘 어울려.
- **I really like** your T-shirt.
  네 티셔츠 정말 맘에 들어.
- **Don't you look** charming / pretty / handsome today!
  너 오늘 정말 매력적이야 / 예뻐 / 멋져!

 **대답** Responses

- I appreciate the compliment.
  칭찬해 주셔서 감사합니다.
- That's nice of you to notice / to say that.
  그렇게 말씀해 주시니 정말 감사합니다.
- Thanks for the compliment.
  칭찬해 줘서 고마워.
- Really? Do you think so?
  정말? 그렇게 생각해?
- Why, thanks!
  어머, 고마워!

 **What's for Dinner?**

이번 챕터에서 배운 표현에 밑줄을 그어 보세요.

MIKE    Hey Sarah, what's for dinner?
SARAH   Gee, I've been so wound up about my job interview tomorrow that I haven't given dinner a single thought.
MIKE    I could really go for something spicy like chili.
SARAH   Spicy? I'm not into spicy food right now, and actually I don't feel much like cooking.
MIKE    Well, don't look at me. I hate cooking. And besides you're the expert. That spaghetti you made the other night was awesome.
SARAH   Flattery will get you nowhere. What do you say to ordering a pizza?
MIKE    Good idea. I'm crazy about pizza. In fact, my favorite is Hawaiian.
SARAH   I can't stand pineapple on pizza.
MIKE    I didn't realize you were so fussy.
SARAH   I'm not. It's just that I prefer to eat fruit for dessert, not with the main course.
MIKE    How about if I order Hawaiian and you order something else?
SARAH   But a whole pizza is too much, and I don't care for leftover pizza.
MIKE    Well, there's always Chinese food. Don't we have a menu somewhere?
SARAH   The last time we ordered from that place the food was greasy and it took them forever to deliver. But you know what? There's a new Greek restaurant downtown. It'll be my treat.
MIKE    But doesn't Greek food have lots of garlic? Just the thought of garlic turns me off.
SARAH   Garlic's good for you. I can't get enough of it myself.
MIKE    At this rate we'll never get anything to eat. I'm starving.
SARAH   Can't you think about anything but your stomach?
MIKE    Not when it's getting close to dinnertime.
        (The phone rings and Sarah answers.)
ALLY    Hi, Sarah. Sorry for the late notice, but would you and Mike care

to come over for dinner tonight?
SARAH   Yeah, sure. Is there anything I can bring, like a salad?
ALLY    No, just bring yourselves. Is six-thirty all right?
SARAH   That's fine. See you then. Mike, guess what? Ally's invited us over for dinner.
MIKE    Sweet! Did she say what she was having?
SARAH   Really, Mike! Hey, we should pick up some wine on the way. What do you think, red or white?
MIKE    Actually, I'd rather get some beer.
SARAH   Oh no, here we go again.

 **저녁 식사로 뭐 먹어?**

마이크   사라, 우리 저녁 뭐 먹어?
사라    어머나, 내일 있을 면접에 신경 쓰느라 저녁 식사 생각을 전혀 못했어.
마이크   고추 같이 뭔가 매운 게 정말 먹고 싶은데.
사라    매운 거? 난 지금은 매운 음식 별로인데. 그리고 솔직히 요리할 기분도 아니야.
마이크   어, 나 쳐다보지 마. 나 요리하는 거 싫어해. 그리고 당신이 전문가잖아. 지난번 저녁에 만들어 준 스파게티 진짜 맛있었어.
사라    아부해도 소용없어. 피자 시켜 먹는 거 어때?
마이크   좋아. 피자도 정말 먹고 싶어. 사실 내가 제일 좋아하는 건 하와이안 피자야.
사라    피자에 파인애플 있는 건 정말 싫어.
마이크   난 당신이 그렇게 까다로운지 몰랐네.
사라    난 까다롭지 않아. 그냥 과일을 메인 요리랑 먹는 게 아니라 디저트로 먹고 싶은 것뿐이야.
마이크   그럼 난 하와이안 피자를 주문하고 당신은 다른 걸 시키면 어때?
사라    하지만 한 판은 너무 많아. 그리고 난 남은 피자는 싫거든.
마이크   그럼, 중국 요리도 있어. 메뉴가 어딘가에 있지 않아?
사라    지난번에 시켰던 곳은 너무 음식이 기름지고 배달도 한참 걸렸어. 근데 그거 알아? 시내에 새 그리스 레스토랑이 생겼어. 그건 내가 살게.
마이크   그런데 그리스 음식에는 마늘이 많이 들어가지 않아? 마늘 때문에 난 별로인데.
사라    마늘이 몸에 좋아. 난 절대 질리지 않던데.
마이크   이러다간 우리 아무것도 못 먹겠다. 나 배고파 죽을 것 같아.

| | |
|---|---|
| 사라 | 넌 배고픈 거 말고는 다른 건 생각 못해? |
| 마이크 | 저녁 식사 시간에 가까울 때만 아니면. |
| | (전화벨이 울리자 사라가 받는다.) |
| 앨리 | 안녕, 사라. 늦게 연락해서 미안한데, 너랑 마이크랑 오늘 저녁에 식사 하러 오지 않을래? |
| 사라 | 그래, 좋아. 뭐 가져갈까, 샐러드 같은 거? |
| 앨리 | 아니야, 그냥 와. 6시 30분, 괜찮아? |
| 사라 | 좋아. 그때 보자. 마이크, 있잖아! 앨리가 우리를 저녁 식사에 초대했어. |
| 마이크 | 진짜 좋다! 뭘 먹을 거란 얘긴 안 했어? |
| 사라 | 마이크, 정말! 우리 가는 길에 와인 좀 사 가자. 레드 아님 화이트 중에 어느 게 좋아? |
| 마이크 | 솔직히, 난 맥주가 더 먹고 싶은데. |
| 사라 | 세상에, 우리 또 시작이다. |

## Topics for Practice

How much do you like . . . ?

1. walking in the rain
2. music
3. getting up early
4. spending the day at the beach
5. horror movies
6. the colors red or blue
7. violence on television
8. Mozart
9. apple pie and ice cream
10. going to parties
11. traveling to foreign countries
12. going to the dentist
13. gambling
14. Christmas
15. cats or dogs
16. your boss or teacher
17. video games
18. snowboarding
19. shopping
20. team sports

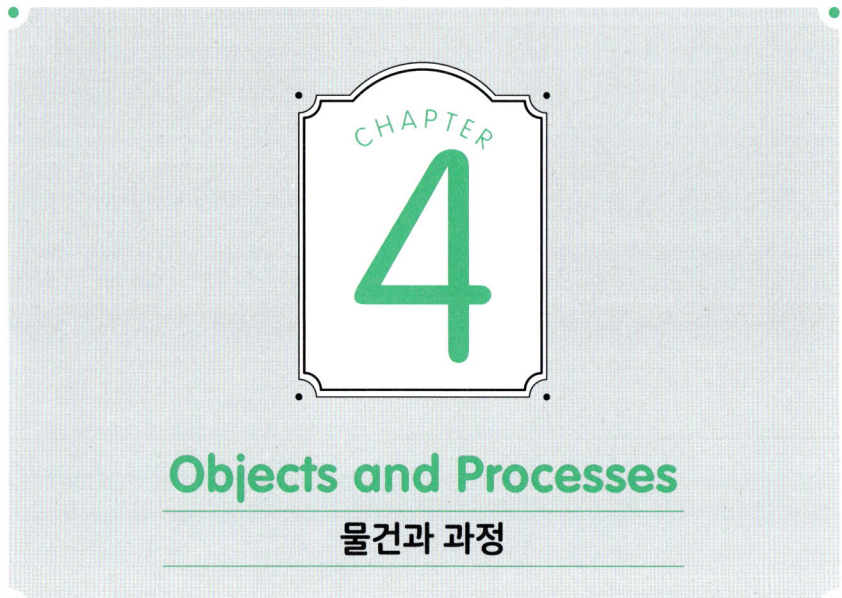

# CHAPTER 4
## Objects and Processes
### 물건과 과정

## Objectives 목표

▲ 물건, 제품과 과정을 설명하기
▲ 물건, 제품과 과정을 비교하고 평가하기

　안드레아는 주로 이탈리아에서 신발footwear과 가죽제 액세서리leather accessories를 판매하는 견실한 회사well-established company의 중견 바이어senior buyer로 승진했다. 최근 회사가 오스트리아, 스위스 그리고 독일에 있는 신발 소매 체인점들a chain of shoe retailers을 아울렛과 함께 인수했다. 새 직위에서 안드레아는 회사의 납품업체들company's suppliers과 제품에 대해 상의하기 위해 자주 아시아에 가게 될 것이다. 또한 새로운 제품을 구매할 국제신발박람회international shoe fairs에도 참석하게 될 것이다.
　안드레아는 신발 패션 산업과 관련된 전문 용어technical terms는 잘 알고 있지만, 이제 회사 제품에 대해 좀 더 상세히 논의할 필요가 있다. 해외 납품업체들을 상대할 때 회사에 시간적·금전적으로 손해를 끼칠 만한 실수나 오해를 피하려면avoid mistakes and misunderstandings 그는 정확하게 묻고 답해야만 한다.

매일 당신이 하는 대화의 대부분은 회사, 학교, 집 또는 가게에서 사용하고, 생산하고, 사고파는 물건, 기기 및 기계에 대한 것이다. 물건과 절차를 설명할 뿐만 아니라, 기기나 기계의 사용법 또는 작동법을 설명하고 다른 사람들에게 지시하거나 설명할 필요가 있다.

# Phrases 표현

## 시작하는 말 ▸ 한번 보세요! Take a Look!

- How'd you like to see / take a look at my new iPad?
  저희 새 아이패드를 한번 보실래요?
- I've got this tool I'd like to show you.
  당신에게 보여 드리고 싶은 공구가 있는데요.
- How about I show you my flat-screen TV?
  저희 평면 스크린 TV를 보여 드릴까요?
- Want to see what I've got?
  내가 뭘 가져왔는지 한번 볼래?
- Take a look at what I just bought.
  내가 방금 뭘 샀는지 좀 봐 봐.
- Check this out!
  이것 좀 봐!

## 물건 설명하기 Describing Objects

물건, 기계 및 과정에 대해 말하는 것은 복잡한 일이다. 이 일을 하기 위해서는 공학 기술, IT, 텔레커뮤니케이션, 의약, 제조, 음식 준비 등과 관련된 전문 용어와 어휘를 알아야 한다. 당신은 아마도 전문 용어는 이미 잘 알고 있을 것이기에, 쉽게 사용할 수 있는 간단하고 유용한 표현들만 알면 될 것이다.

- What's this for?
  이건 어디에 쓰는 건가요?
- What's it called?
  이걸 뭐라고 부르죠?
- What have you got there?
  (너 들고 있는 거) 그거 뭐니?

# 영어회화 표현사전 PERFECT PHRASES

- What's this supposed to be / to do?
  이건 뭐 하는 물건이야?
- What kind of machine / object / tool / device / gadget is it?
  그건 어떤 기계 / 물건 / 공구 / 기기 / 도구인가요?
- What's the make / brand name / model / serial number?
  어느 회사 제품 / 브랜드 / 모델이에요? / 일련 번호가 어떻게 돼요?

 영어 원어민은 어떤 물건이나 기기의 특정 이름을 모를 때 **device**, **gadget**, **widget**, **contraption**과 같은 평범한 단어를 사용하거나 **doodad**, **dooie**, **doohickey**, **thingamabob**, **thingamajig**, **whatchamacallit**과 같은 속어 표현을 쓴다.

### Examples

What am I supposed to do with this doodad on the top?
맨 위에 있는 이 물건으로 뭘 해야 하는 거죠?

The Dollar Store sells all kinds of gadgets and contraptions.
달러스토어(할인 판매점)에서는 온갖 종류의 기기와 장비를 팔아요.

Please hand me that thingamabob over there.
저기 있는 그것 좀 제게 건네주세요.

## 치수 및 크기 Measurements and Dimensions

- What size is it?
  크기가 어떻게 되나요?
- How big is it?
  얼마나 큰가요?
- How long / wide / high / deep / big around is it / does it measure?
  길이 / 폭 / 높이 / 깊이 / 크기가 어떻게 돼요?
- What's the length / height / depth / circumference?
  길이 / 높이 / 깊이 / 둘레가 어떻게 돼요?
- How much does it weigh / carry / hold?
  얼마나 무거운가요 / 실어 나를 수 있나요 / 넣을 수 있나요?
- What's the maximum load / capacity?
  최대 용량이 어떻게 되죠?
- It's 10 inches / 22.5 centimetres **long / wide / high / deep / around**.
  길이 / 너비 / 높이 / 깊이 / 둘레가 10인치 / 22.5센티미터예요.
- **The length / width / height / depth / circumference** is 10 inches / 22.5 centimetres.
  길이 / 너비 / 높이 / 깊이 / 둘레가 10인치 / 22.5센티미터예요.

▶ **It measures** 10 inches / 22.5 centimetres **in length / width / height / depth / circumference**.
길이 / 너비 / 높이 / 둘레가 10인치 / 22.5센티미터예요.

▶ **It's a 5-metre-long** vehicle / **a ½-inch-wide** band / **an 80-foot-high** building / **a 20-ounce** bottle.
5미터 길이의 탈것 / 1/2인치 너비의 밴드 / 80피트 높이의 건물 / 20온스의 병이에요.

▶ **It weighs** 10 pounds / 4.5 kilograms.
무게가 10파운드 / 4.5킬로그램이에요.

▶ **It's** 10 pounds / 4.5 kilograms **heavy**.
무게가 10파운드 / 4.5킬로그램이에요.

▶ **It's the size of** a baseball / a book / a giant sail.
그건 야구공 / 책 / 큰 돛단배 크기예요.

▶ **It fits** into your pocket / glove compartment / closet.
그건 주머니 / 자동차 도구함 / 옷장 안에 들어가요.

▶ It's 10 **by** 5 **by** 2 inches / 22.5 **by** 12.5 **by** 5 centimetres.
높이 10, 가로 5, 세로 2인치예요 / 높이 22.5, 가로 12.5, 세로 5센티미터예요.

▶ It's **flat / two-dimensional / three-dimensional**.
그건 평면이에요 / 입체예요.

▶ **It holds** 1 gallon / 4 litres.
그건 1갤런이 / 4리터가 들어가요.

##  모양 Shape

▶ What does it look like?
어떻게 생겼나요?

▶ What shape is it?
어떤 모양이에요?

▶ It's the shape of a cigar / balloon / walnut.
시가(여송연) / 풍선 / 호두 모양이에요.

▶ It's cigar-shaped / balloon-shaped / walnut-shaped.
시가(여송연) 모양 / 풍선 모양 / 호두 모양이에요.

▶ It looks like / resembles a balloon in shape / size.
그건 모양이 / 크기가 풍선과 비슷해요.

##  자주 쓰이는 기하학적 모양 Common Geometrical Shapes

▶ circle / circular
원형 / 원형의

영어회화 표현사전 PERFECT PHRASES

- **cone / conical**
  원뿔 / 원뿔형의

- **cube / cubic**
  정육면체 / 정육면체의

- **cylinder / cylindrical**
  원통, 원기둥 / 원통형의

- **hexagon / hexagonal**
  6각형 / 6각형의

- **octagon / octagonal**
  8각형 / 8각형의

- **oval**
  타원형(계란형)의

- **rectangle / rectangular**
  직사각형 / 직사각형의

- **semicircle / semicircular**
  반원 / 반원의

- **sphere / spherical**
  구 / 구 모양의

- **square**
  정사각형

- **triangle / triangular**
  삼각형 / 삼각형의

- **tube / tubular**
  튜브(관) / 튜브(관)로 된

## 특성 및 특징 Properties and Features

물건의 크기와 모양을 일반적으로 설명하는 것은 비교적 쉽다. 그러나 좀 더 자세히 물건에 대해 논의하려면 좀 더 다양한 표현들을 알아야 한다.

###  재료 Material

- What's it made of?
  그것은 무엇으로 만들어졌나요?
- What materials did they use to make it?
  어떤 재료들을 이용해서 만들었나요?
- **It's made / constructed of** glass / plastic / wood / metal / leather.
  그건 유리 / 플라스틱 / 나무 / 금속 / 가죽으로 만들어졌어요.
- **It consists of** glass / plastic / wood / metal / leather.
  그건 유리 / 플라스틱 / 나무 / 금속 / 가죽으로 되어 있어요.
- It's a steel rod / a gold ring / a stone wall / a brick house.
  그건 철골 / 금반지 / 돌담 / 벽돌집이에요.

###  색상 Color

- What color is it?
  무슨 색이에요?
- What color / colors does it come in?
  어떤 색들이 있나요?
- It's white / red / blue / yellow and beige.
  흰색 / 빨간색 / 파란색 / 노란색과 베이지색이에요.
- It's dark / medium / light / pale / bright green.
  진한 / 중간의 / 연한 / 옅은 / 밝은 연두색이에요.
- It's a yellowish / reddish color.
  노란색 / 빨간색이에요.

###  원산지 Origin

- **It was made / produced / manufactured / assembled** in China / the USA / Germany.
  그건 중국 / 미국 / 독일에서 만들어졌어요 / 생산됐어요 / 제조됐어요 / 조립됐어요.

영어회화 표현사전 PERFECT PHRASES

▶ **It is / was made / produced / manufactured** by Sony / Philips.
그건 소니 / 필립스 사가 만들었어요 / 생산했어요 / 제조했어요.

▶ **It was designed / built / constructed** by an architect.
그건 건축가가 설계했어요 / 지었어요.

▶ The telephone **was invented** by Alexander Graham Bell.
전화는 알렉산더 그레이엄 벨이 발명했다.

**생산 방법** Method of Production

▶ It was made by hand / machine.
그것은 수제품이에요 / 기계로 만들어졌어요.

▶ It's handmade / machine-made / man-made / mass-produced.
그것은 수제품이에요 / 기계로 만들어졌어요 / 인조예요 / 대량 생산되었어요.

▶ It was prefabricated / pre-assembled / extruded / molded / mixed / packaged / wrapped.
그것은 조립식의 / 미리 조립된 / (금속, 플라스틱을) 압출 성형한 / 틀에 넣어 만든 / 혼합된 / 포장된 제품이에요.

▶ It was made to order / custom-made.
그것은 주문 제작된 거예요.

**특성** Properties

▶ It's waterproof / ovenproof / fireproof / childproof.
그건 방수가 돼요 / 오븐에 사용할 수 있어요 / 불연성 제품이에요 / 아이들이 열 수 없게 만들어졌어요.

▶ It's heat resistant / water-resistant / stain resistant.
그건 열에 강해요 / 물이 잘 스며들지 않아요 / 얼룩이 잘 안 생겨요.

▶ It's dishwasher safe.
식기세척기로 세척할 수 있어요.

▶ It's dense / solid / liquid / gaseous.
그건 밀도가 높아요 / 고체 / 액체 / 기체예요.

**특징 및 기능** Features and Functions

▶ What can it do?
어떤 기능이 있죠?

- What functions / features does it have?
  어떤 기능 / 특징을 가지고 있나요?
- It comes in four colors / ten sizes / six patterns.
  그건 4가지 색상이 / 10가지 사이즈가 / 6가지 무늬가 있어요.
- It's multipurpose.
  다용도로 사용할 수 있어요.
- It operates / runs on electricity / battery / solar power / fuel cells.
  전기 / 건전지 / 태양 에너지 / 연료 전지로 작동해요.
- It's easy to use / cheap to operate / efficient to run.
  사용하기 쉬워요 / 운영비가 적게 들어요 / 에너지 효율이 높아요.
- It performs efficiently / in all weather conditions.
  그것은 효율적으로 / 날씨와 상관없이 가동해요.
- It has all the frills / bells and whistles.
  그것은 모든 부가적인 기능을 갖추고 있어요.

## 품질 Quality

**품질이 좋은**

It's good / high / top / superior / excellent / premium quality.
그것은 질이 좋아요 / 고품질이에요 / 최고 품질이에요 / 우수품이에요 / 훌륭한 / 최고급 품질이에요.

It's high-tech / state-of-the art / up-to-the-minute / advanced technology.
그것은 첨단 / 최첨단 / 최신 유행 / 선진 기술이에요.

It's the newest / the latest / most sophisticated of its kind on the market.
그것은 시중에 나와 있는 것 중 가장 최신이에요 / 가장 정교해요.

It's top of the line / a leading brand.
그것은 저희의 최고 상품이에요 / 최고 브랜드예요.

It's high performance.
그것은 성능이 좋아요.

It's government approved / Consumer Reports rated / safety tested.
그것은 정부 승인을 받았어요 / 컨슈머 리포트지 평가를 받았어요 / 안전성 시험을 거쳤어요.

It's mediocre / so-so / average / overrated.
그것은 보통 / 그저 그런 / 평범한 / 과대 평가된 수준이에요.

It's poor / inferior / substandard quality.
그것은 품질이 나빠요 / 질이 낮아요 / 품질이 수준 이하예요.

**품질이 나쁜**

영어회화 표현사전 PERFECT PHRASES

## 가격과 가치 Cost and Estimates

- How much is it?
  얼마예요?
- How much does it come to?
  이거 다 해서 얼마죠?
- What's the price?
  가격이 얼마인가요?
- What's the daily rate?
  하루 요금이 얼마인가요?
- What's the damage?
  얼마를 내야 하죠?
- How much do you pay / what do they charge?
  얼마를 내시나요? / 얼마를 청구하던가요?

### 미국과 캐나다 화폐 American and Canadian Currency*

- **$1.29**   one dollar and twenty-nine cents / a dollar twenty-nine
  1달러 29센트

- **$15.99**   fifteen dollars and ninety-nine cents / fifteen ninety-nine
  15달러 99센트

- **$5.00**   five dollars / bucks
  5달러

- **25 cents**   a quarter
  쿼터, 25센트(짜리 동전)

- **10 cents**   a dime
  다임, 10센트(짜리 동전)

- **5 cents**   a nickel
  니켈, 5센트(짜리 동전)

- **1 cent**   penny
  페니, 1센트(짜리 동전)

*호주와 뉴질랜드에서도 달러를 사용하지만 동전이 다르다.

- It was / cost $50.
  50달러였어요.
- They charged me $50.
  50달러를 냈어요.
- The price was $50.
  가격이 50달러였어요.
- It's / was worth $50.
  50달러였어요.
- It's valued / appraised at $50.
  50달러였어요.
- It came to $50.
  총 50달러가 됐어요.

비싼

It's priceless / valuable.
그것은 값을 매길 수 없어요 / 값비싸요.

It cost me an arm and a leg.
그건 정말 비쌌어요.

It was reasonable / affordable.
그건 가격이 적당했어요.

It was on sale / reduced / half-price.
그건 세일 중이었어요 / 할인된 가격이었어요 / 반값이었어요.

I bought it at a discount.
나는 그걸 할인된 가격에 샀어요.

It was 25 percent / a third off.
그건 25퍼센트 / 1/3 할인된 거였어요.

It was a real deal / bargain / steal / dirt cheap.
그건 정말 저렴했어요.

I got it for next to nothing.
나는 그걸 거의 공짜로 얻었어요.

It was free / complimentary / a giveaway.
그건 공짜 / 무료였어요 / 무료로 나눠 주는 거였어요.

싼

만약 물건의 가치보다 더 많은 돈을 냈다면, 이렇게 말할 수 있다.

- I paid through the nose.
  나 바가지 썼어.
- They ripped me off.
  그들이 나한테 바가지를 씌웠어.

- It was a real rip-off.
  그건 완전히 바가지였어.

물건의 정확한 가격이나 가치를 모를 때는 대략의 추정치를 제시해야 할 것이다.

- It's worth **about** / **around** / **approximately** / **circa** / **nearly** $1,000.
  그것은 대략 천 달러 정도 돼요.
- It's **in the neighborhood** / **in the region of** $1,000.
  그것은 약 천 달러 정도예요.
- It's $1,000 **give or take** / **plus or minus** / **more or less**.
  그것은 천 달러 전후예요.
- **A ball-park figure** is $1,000.
  어림잡아 천 달러 정도예요.
- It has **an estimated** / **approximate value of** $1,000.
  추정치가 / 근삿값이 천 달러예요.
- An **estimate** / **guesstimate** would be $1,000.
  대충 짐작에 천 달러 정도 돼요.
- We **estimate** its value at around $1,000.
  우리는 그것을 천 달러 정도로 평가해요.

## 사용 및 용이성 Use and Availability

### 목적과 쓰임새 Purpose and Use

- What does this do?
  이것은 어디에 쓰는 거죠?
- What's this used for?
  이것은 어디에 사용하는 건가요?
- How can I use / operate / utilize this?
  이걸 어떻게 사용해야 하나요?
- What's its purpose / use / function?
  그건 어떤 용도로 쓰이죠?
- How does it work / go / operate?
  어떻게 작동하나요?
- **It's for** cutting material / hammering nails / storing data.
  물건을 자를 때 / 못을 박을 때 / 데이터를 저장할 때 사용해요.

- A refrigerator **is used for** keeping food cold / to keep food cold.
  냉장고는 음식을 차게 보관하는 데 사용해요.
- This product **is designed to** save time.
  이 제품은 시간을 절약하도록 만들어졌어요.
- **It serves** / **acts as** a water heater / an answering machine / a calculator.
  온수기 / 자동응답기 / 계산기로 쓰여요.
- It has **a bunch of useless gimmicks**.
  그건 불필요한 기능이 많아요.

## 용이성 Availability

- Where / how did you get / buy it?
  그걸 어디에서 샀어요?
- Where's it sold?
  그건 어디에서 파나요?
- Where is it available?
  어디에 가면 그걸 살 수 있나요?
- Who / which store carries it?
  어느 가게에서 그걸 팔아요?
- It's sold at Walmart / Best Buy / Home Depot.
  그것은 월마트 / 베스트 바이 / 홈디포에서 팔아요.
- You can get / buy / order it online.
  온라인에서도 살 수 / 주문할 수 있어요.
- Future Shop carries it.
  전기전자 전문 매장에서 그걸 취급해요.

## 인기 Popularity

- Espresso machines are really "in."
  에스프레소 기계가 정말 인기가 많아요.
- An iPhone is the latest thing / fashion / rage.
  아이폰은 최신품 / 최신 유행이에요.
- X is the leading brand.
  X는 인기 있는 브랜드예요.
- Everybody's buying it.
  모든 사람들이 그걸 사요.
- You've got to have it.
  당신도 그건 꼭 있어야 해요.

- It's in high demand.
  그것을 사려는 사람들이 많아요.
- The stores can't keep it in stock / on the shelves.
  그 가게에서 그 물건은 품절이에요.

## 비교하기 Making Comparisons

### 긍정적인 동사로 차이점 표현하기 Expressing a Difference with a Positive Verb

- A is **unlike** / **different from** / **different than** / **distinct from** / **dissimilar to** B.
  A는 B와 달라요.
- A **differs from** B.
  A는 B와 달라요.
- A is **better** / bigg**er** / cheap**er** / eas**ier to use** / hand**ier** to carry **than** B.
  A가 B보다 더 나아요 / 더 커요 / 더 싸요 / 더 사용하기 쉬워요 / 휴대하기 편해요.
- A is **more** advanced / expensive / efficient / innovative **than** B.
  A가 B보다 더 최신이에요 / 더 비싸요 / 더 효율적이에요 / 더 혁신적이에요.
- B is **less** advanced / expensive / efficient / innovative **than** A.
  B는 A보다 최신이 아니에요 / 덜 비싸요 / 덜 효율적이에요 / 덜 혁신적이에요.
- A has **more** features / functions / uses / advantages **than** B.
  A가 B보다 특징 / 기능 / 쓰임 / 장점이 더 많아요.
- B has **fewer** features / functions / uses / advantages **than** B.
  B는 A보다 특징 / 기능 / 쓰임 / 장점이 더 적어요.
- A has **more** capacity / power / storage space / value **than** B.
  A가 B보다 용량이 커요 / 전력이 세요 / 저장 공간이 많아요 / 더 유용해요.
- B has **less** capacity / power / storage space / value **than** A.
  B는 A보다 용량이 적어요 / 전력이 약해요 / 저장 공간이 적어요 / 유용하지 않아요.
- A costs / weighs / sells / is worth **more than** B.
  A가 B보다 더 비싸요 / 더 무거워요 / 더 많이 팔려요 / 더 가치가 있어요.
- B costs / weighs / sells / is worth **less than** A.
  B는 A보다 덜 비싸요 / 덜 무거워요 / 덜 팔려요 / 가치가 덜해요.
- A smells **better** / runs fast**er** / operates **more** efficiently **than** B.
  A가 B보다 냄새가 더 좋아요 / 더 빨리 작동해요 / 더 효율적으로 작동해요.
- B smells **worse** / runs slow**er** / operates **less** efficiently **than** A.
  B는 A보다 냄새가 더 나빠요 / 더 느리게 작동해요 / 덜 효율적으로 작동해요.

## 부정적인 동사로 차이점 표현하기 | Expressing a Difference with a Negative Verb

- B is not **as** big / durable / useful / efficient **as** A.
  B는 A만큼 크지 / 내구성이 좋지 / 유용하지 / 효율적이지 않아요.
- B doesn't have **as many** features / functions / uses / advantages **as** A.
  B는 A만큼 특징 / 기능 / 쓰임 / 장점이 많지 않아요.
- B doesn't have **as much** capacity / power / storage / value **as** A.
  B는 A만큼 용량이 크지 않아요 / 전력이 세지 않아요 / 저장 공간이 많지 않아요 / 유용하지 않아요.
- B doesn't cost / weigh / sell **as much as** A.
  B는 A만큼 비싸지 / 무겁지 / 많이 팔리지 않아요.

## 유사성 표현하기 | Expressing Similarity

- A is **like** / **similar to** / **equal to** / **comparable to** / **the same as** / **much the same as** B.
  A는 B와 비슷해요 / 같아요 / 견줄 만해요 / 같아요.
- A and B are **alike**.
  A와 B는 비슷해요.
- A functions / acts / works **in the same way as** B.
  A는 B와 같은 방식으로 작동해요.
- A is **as** big / good / easy to use / advanced / expensive **as** B.
  A는 B만큼 커요 / 좋아요 / 사용하기 쉬워요 / 최신이에요 / 비싸요.
- A has **as many** features / functions / uses / advantages **as** B.
  A는 B만큼 특징이 / 기능이 / 쓰임새가 / 장점이 많아요.
- A has **as much** capacity / power / storage space / value **as** B.
  A는 B만큼 용량이 커요 / 전력이 세요 / 저장 공간이 많아요 / 유용해요.
- A costs / weighs / sells / is worth **as much as** B.
  A는 B와 가격이 / 무게가 / 가격이 비슷해요.

다른 점이 거의 없다는 것을 강조하기 위해 just, exactly, precisely와 같은 부사들을 사용할 수 있다.

예 | Examples

This coffee is **just as tasty as** the leading brand.
이 커피는 인기 있는 브랜드와 맛이 정말 비슷하다.

A has **exactly as many built-in functions as** B.
A는 B만큼이나 탑재된 기능이 많다.

## 약간의 차이점 표현하기 Expressing a Small Difference

▸ A **is almost as** / **nearly as** / **isn't quite as** / big / good / easy to use / advanced / expensive **as** B.
A는 B만큼이나 커요 / 좋아요 / 사용하기 쉬워요 / 최신이에요 / 비싸요.

▸ A **has almost as many** / **nearly as many** / **doesn't have quite as many** features / functions / uses / advantages as B.
A는 B만큼이나 특징이 / 기능이 / 쓰임새가 / 장점이 많아요.

▸ A **has almost as much** / **nearly as much** / **doesn't have quite as much** capacity / power / storage space as B.
A는 거의 B만큼 용량이 커요 / 전력이 세요 / 저장 공간이 많아요.

▸ A **costs almost as much as** / **nearly as much as** / **doesn't cost quite as much as** B.
A는 거의 B만큼 비싸요 / 비싸진 않아요.

## 큰 차이점 표현하기 Expressing a Large Difference

▸ A isn't **nearly as big** / good / easy to use / advanced / expensive as B.
A는 B만큼 거의 크지 / 좋지 / 사용하기 쉽지 않아요 / 최신은 아니에요 / 비싸지 않아요.

▸ A is **a lot** / **way** / **much** / **far** bigger / better / easier to use / more advanced **than** B.
A는 B보다 훨씬 더 커요 / 더 좋아요 / 더 사용하기 쉬워요 / 더 최신이에요.

▸ A has **a lot more** / **many more** / **way more** features / functions / uses **than** B.
A는 B보다 특징이 / 기능이 / 쓰임새가 훨씬 더 많아요.

## 최상급 Superlatives

▸ C is **the best** / **the worst** / bigg**est** / **the** easi**est** to use / **the** hand**iest** to carry.
C가 가장 좋아요 / 안 좋아요 / 커요 / 사용하기 쉬워요 / 휴대하기 편해요.

▸ C is **the most** advanced / expensive / efficient / innovative.
C가 가장 최신이에요 / 비싸요 / 효율적이에요 / 혁신적이에요.

▸ D is **the least** advanced / expensive / efficient / innovative.
D가 가장 덜 최신이에요 / 비싸요 / 효율적이에요 / 혁신적이에요.

▸ C has **the fewest** features / functions / uses / advantages.
C가 특징이 / 기능이 / 쓰임새가 / 장점이 가장 적어요.

- C has **the least** capacity / power / storage space / value.
  C가 용량 / 전력 / 저장 공간 / 가치 면에서 제일 별로예요.
- C costs / weighs / sells / is worth **the least**.
  C가 가장 싸요 / 무게가 적게 나가요 / 적게 팔려요 / 가치가 없어요.

## 부사 Adverbs

강조하기 위해 **considerably, definitely, really, by far**와 같은 한정 부사를 쓸 수 있다.

Running shoes A are **considerably cheaper than** Running shoes B.
운동화 A는 운동화 B보다 훨씬 싸다.

Printer A is **definitely more compact than** Printer B.
프린터 A는 프린터 B보다 확실히 더 작다.

Camera A takes **by far the best** quality pictures.
카메라 A는 사진이 최상의 화질로 잘 나온다.

Machine A is **really the fastest**.
기계 A가 가장 빠르다.

## 대조하기 Making Contrasts

비교하면서 차이점을 표현할 때는 다양한 연결어를 사용해서 할 수 있다.

- 등위 접속사: **but, yet** (하지만, 그러나)
- 부사: **nevertheless, nonetheless**(그렇기는 하지만), **however**(그러나), **regardless**(~에도 불구하고)
- 종속 접속사: **whereas, while**(반면에), **although, even though, though**(~에도 불구하고)
- 전치사: **despite, in spite of**(~에도 불구하고), **unlike**(~와 달리)
- 관용구: **on the one hand, on the other hand**(한편으로는, 반면에), **in contrast**(그에 반해서), **at the same time**(동시에), **for all that**(~에도 불구하고)

- Printer A has many useful functions, **but** / **yet** it takes up a lot of space.
  프린터 A는 유용한 기능이 많지만, 자리를 많이 차지해요.
- Printer A has many useful functions; **however** / **nevertheless** / **nonetheless** / **regardless** it takes up a lot of space.
  프린터 A는 유용한 기능이 많아요. 하지만 자리를 많이 차지해요.
- **Whereas** / **While** Printer A has many useful functions, it takes up a lot of

space.
프린터 A는 유용한 기능이 많은 반면에 자리를 많이 차지해요.

▶ **Although** / **Even though** Printer A has many useful functions, it takes up a lot of space.
프린터 A는 유용한 기능이 많긴 하지만, 자리를 많이 차지해요.

▶ **Despite** / **In spite of** its size, Printer A has many useful functions.
크기가 크지만, 프린터 A는 유용한 기능이 많아요.

▶ **Unlike** other printers in its price range, Printer A takes up a lot of space.
비슷한 가격대의 다른 프린터들과 달리, 프린터 A는 자리를 많이 차지해요.

▶ **On the one hand** Printer A has many useful functions; **on the other** it takes up a lot of space.
프린터 A가 유용한 기능이 많은 반면, 한편으로는 자리를 많이 차지해요.

▶ Printer A has many useful functions. **At the same time** it takes up a lot of space.
프린터 A는 유용한 기능이 많아요. 그와 동시에 자리를 많이 차지하기도 해요.

## 평가 및 판단 Evaluations and Judgments

### 칭찬 Praise

▶ Camera A is **a good bargain** / **a good deal** / **good value for your money**.
카메라 A는 가격이 괜찮아요.

▶ Camera A **lives up to its name** / **promise** / **advertising** / **reputation**.
카메라 A는 이름값을 해요 / 약속에 부응해요 / 광고대로예요 / 듣던 대로 좋아요.

▶ I've had only **good experiences with** Camera A.
카메라 A를 사용하는데 정말 좋아요.

▶ Camera A is **worth the money** / **buying** / **having**.
카메라 A는 그만한 / 살 만한 / 소장할 만한 가치가 있어요.

▶ There's **nothing like** Camera A.
카메라 A만한 것은 없어요.

▶ You **can't beat** Camera A.
카메라 A보다 괜찮은 건 없을 거예요.

▶ Camera A is **beyond comparison**.
카메라 A는 비할 수 없을 만큼 좋아요.

▶ Camera A is **the best money can buy**.
카메라 A는 단연 최고의 물건이에요.

▶ Lotion B **works wonders**.
로션 B는 놀라울 만큼 효과가 좋아요.

▶ I **couldn't live / do / manage without** my laptop.
나는 내 노트북 컴퓨터 없이는 살 수 / 아무것도 할 수 / 지낼 수 없어요.

## 비평 Criticism

▶ This toaster is a **real piece of junk / garbage / trash**.
이 토스터는 완전 고물이에요 / 형편없어요.

▶ My DVD player is a **lemon / complete waste of money**.
내 DVD 플레이어는 불량품이에요 / 돈 낭비예요.

▶ This gadget serves **no useful purpose**.
이 기기는 전혀 쓸모가 없어요.

▶ Any product of Company A's **the last thing I'd buy / want**.
A 회사의 제품은 어떤 것도 사고 싶지 않아요.

▶ I've had **nothing but trouble with** this scanner.
이 스캐너는 골칫거리만 됐어요.

▶ My battery charger **doesn't work worth a darn / damn / hoot**.
내 배터리 충전기는 전혀 작동하지 않아요.

▶ These cheap knives **belong in the trash / dump**.
이 싸구려 칼들은 쓰레기나 마찬가지예요.

▶ It's like **throwing your money out the window**.
이건 돈을 버리는 거나 다름없어요.

▶ You can have it!
너나 가져!

## 지시하기 Giving Instructions

과정을 설명하는 가장 쉬운 방법은 조작 지침서, 사용 설명서, 제조업체의 설명서, 또는 음식일 경우에는 조리법을 참고하는 것이다. 그러나 문서로 된 설명서가 항상 가까이에 있는 것은 아니다. 그리고 있다 하더라도 때로는 안내서가 이해하기 어려운 말로 쓰여 있기도 하다. 지시문과 표들이 헷갈리거나 모호하게 되어 있을 때 당신은 누군가를 돕거나 과정을 좀 더 자세히 설명해 달라는 요청을 받을 수 있다. 과정을 설명하거나 지시할 때 다음과 같은 두 가지 방법을 쓸 수 있다.

- press, select, turn the machine on 등과 같은 명령어 사용하기
  **Press ENTER to** start a new line.
  행을 바꾸려면 ENTER를 누르세요.
- have to, need to, to be supposed to와 같은 조동사 사용하기
  You **have to** / **need to** / **are supposed to** press Enter to start a new line.
  행을 바꾸려면 ENTER를 눌러야 합니다.

과정을 설명하거나 방법을 알려 줄 때 당신은 그 사람이 하고 있는 것을 바로잡아 주거나 확인해 줘야 할 것이다. 그리고 만약 더 큰 문제를 일으킬 위험이 있다면, 경고의 말이 필요할지도 모른다.

 **질문** Questions

▶ What do I do first / next / then / after that?
  처음에 / 다음에 / 그러고 나서 / 그다음에 무엇을 해야 하나요?

▶ What am I doing wrong?
  제가 뭘 잘못하고 있는 거죠?

▶ Why doesn't this work?
  이게 왜 작동하지 않죠?

▶ How come this doesn't work / nothing happens?
  왜 이게 작동하지 않는 거예요?

▶ I can't figure this out / understand this.
  이게 잘 이해가 안 돼요.

▶ I can't seem to get this to work.
  이걸 작동하지 못하겠어요.

▶ This doesn't seem to work.
  이게 작동하지 않는 것 같아요.

다음 예에서는 음성 메시지 인사말을 녹음하는 방법을 알려 줄 때 사용할 수 있는 표현들을 제시하고 있다.

 **시작하기** How to Begin

▶ Firstly / first of all / to start off / tap the Greeting button.
  우선 Greeting 버튼을 누르세요.

▶ The first / initial step / thing is to tap the Greeting button.
  첫 번째로 해야 할 것은 Greeting 버튼을 누르는 거예요.

## 다음에 할 것 What to Do Next

- **The next step / thing** is to tap Custom.
  다음 단계로 / 다음은 Custom을 누르세요.
- **After / following that** tap Record and dictate your greeting.
  Record를 누른 후 인사말을 말하세요.
- **Then** tap Record and dictate your greeting.
  그다음에 Record를 누르고 인사말을 말하세요.
- **Next** tap Record and dictate your greeting. **When** you've finished recording, tap Stop and review by pressing Play.
  다음으로 Record를 누르고 인사말을 말하세요. 녹음이 끝나면 Stop을 누르고 Play를 눌러서 확인해 보세요.

## 끝마치기 How to Finish

- **Finally / lastly / at the end** tap Save.
  마지막으로 Save를 누르세요.
- **The final step / thing** is to tap Save.
  마지막 단계로 Save를 누르세요.

## 수정하기 Making Corrections

누군가에게 방법을 알려 줄 때는 종종 실수를 바로잡아 주거나 주의를 줄 필요가 있다. 그 사람이 올바르게 하고 있을 때 확인시켜 주는 것 또한 중요하다.

- You have to back up a step / to go back to the first / last step.
  이전 단계로 / 처음으로 / 마지막 단계로 돌아가세요
- Go back and start again / over.
  처음으로 가서 다시 시작하세요.
- Give it one more / another try / go.
  한 번 더 해 보세요.
- Erase / delete / cancel that and try again / start over.
  지우고 / 삭제하고 / 취소하고 다시 한 번 해 보세요.
- Let's try it another time.
  다시 한 번 해 보죠.
- You seem to be doing something wrong.
  뭔가 잘못하고 있는 것 같은데요.

영어회화 표현사전 PERFECT PHRASES

## 주의 Caution

- Wait / hold it a second before you go on.
  계속하기 전에 잠시만 기다리세요.
- Slow down and take it easy / take your time.
  속도를 늦추고 천천히 하세요.
- Make / be sure to press SELECT first.
  처음에 꼭 SELECT를 누르세요.
- Be careful to adjust the setting / not to press down too hard on the foot feed.
  설정을 조정할 때는 조심하세요 / 가속 페달을 너무 세게 밟지 않도록 조심하세요.
- Take care to turn the knob gently.
  주의해서 손잡이를 부드럽게 돌리세요.
- Remember / don't forget to press OK.
  OK를 누르는 걸 기억하세요 / 잊지 마세요.

## 확인 Confirmation

- Good, now go onto the next / following step.
  좋아요, 이제 다음 단계로 넘어가죠.
- That's right / correct / the way to go!
  좋아요 / 맞아요 / 잘했어요!
- That's it / the way to do it!
  바로 그렇게 하는 거예요!
- Now you're cooking with gas!
  지금 정말 잘하고 있어요!
- Now you're on to it.
  이제 잘하시는데요!
- You've got it!
  바로 그거예요!

## 감정 표현하기 Expressing Emotions

### 혼란 Confusion

- I can't figure these instructions out for the life of me.
  이 설명을 도무지 이해할 수가 없어요.
- I don't know if / whether I'm coming or going.
  어떻게 해야 하는 건지 모르겠어요.
- I can't make heads or tails of this.
  이게 도무지 이해가 안 돼요.
- I'm completely / totally lost / at sea.
  저는 전혀 모르겠어요.
- This is over my head / beyond me.
  이건 제가 잘 모르겠어요.
- This has got me confounded / bamboozled.
  이건 정말 모르겠어요.

### 좌절 Frustration

- This is driving me crazy / up the wall / around the bend.
  이것 때문에 정말 미치겠어요.
- I'm at my wit's end / at the end of my rope.
  어찌할 바를 모르겠어요 / 정말 너무 답답해요.
- I don't have a clue / the faintest idea what to do.
  뭘 해야 할지 전혀 모르겠어요.
- I can't figure out how to get this to work.
  이걸 어떻게 작동해야 할지 모르겠어요.
- I just can't get a handle on this.
  이건 도무지 이해 못 하겠어요.
- This has really got me stumped / stymied.
  이건 정말 어려워요.
- I've had it up to here.
  더 이상 못 참겠어요.
- I'm fed up / sick and tired.
  정말 지긋지긋해요.

## 놀라움 Wonder

- I'm impressed with the quality.
  품질에 정말 놀랐어요.
- I'm amazed / astonished / flabbergasted / blown away.
  정말 깜짝 놀랐어요.
- The sound quality blows me away / boggles my mind!
  음질 때문에 정말 놀랐어요!
- The design knocks my socks off!
  디자인이 정말 놀라워요!
- Wonders will never cease.
  놀라운 일의 연속이네요.
- Holy cow / smokes!
  이런 / 어쩜 / 어머나!

## The New Smartphone

이번 챕터에서 배운 표현에 밑줄을 그어 보세요.

SEAN   Hey, Paul, check this out!

PAUL   What've you got now?

SEAN   Get a load of my new Mango smartphone.

PAUL   Wow! Is that the Mango 3000z? Man, everybody's talking about it. That must have cost you an arm and a leg.

SEAN   Well, it wasn't exactly cheap, but it's worth every penny.

PAUL   I suppose it has all the bells and whistles.

SEAN   Besides all the regular cell-phone features, this baby's got assisted GPS, plus WiFi and mobile broadband access that's much faster than other phones. And I can send and receive e-mails, plus edit messages.

PAUL   How many applications can you run?

SEAN   Besides the standard built-in apps that come with it, there are literally thousands more to download. And whereas most phones can only do one thing at a time, with the Mango you can run third-party apps and multi-task at the same time.

PAUL   I'm impressed big time! By comparison my mobile looks like it came out of the Stone Ages.

SEAN   Take a look at the smudge-resistant interface. All you have to do is touch an application like this and there it is!

PAUL   The sleek design's pretty cool, too.

SEAN   Yeah, and it's light as a feather. It weighs less than five ounces, and is about a fourth of an inch thick so it's definitely pocket-size. And look at this feature. If you want to type a message, it has a QWERTY* keyboard so you don't have to fiddle around with numbers like you do on a normal cell phone.

PAUL   Since when are you into typing messages?

SEAN   I text all the time, but of course I don't have to now 'cause—and

*QWERTY keyboard: 미국의 일반적인 키보드는 키의 왼쪽 윗줄에 QWERTY로 글자가 정렬되어 있다.

| | |
|---|---|
| | this will knock your socks off, buddy—now I can make video calls right from my Mango. |
| PAUL | How can you do that? |
| SEAN | See, it has two cameras. One on the front here and the other on the back. So what you do is go into your contacts list and find a number. Then you touch video call and bingo. It's easy as pie. |
| PAUL | Get out of here! You're sure it's not just some gimmick? |
| SEAN | No way, man. Mango really lives up to its name. And get this, I can record my own videos and edit them into movies right here on my phone. YouTube, here I come. |
| PAUL | So how are you going to do that? |
| SEAN | Well, I haven't figured it out yet. |
| PAUL | Looks like this smartphone's smarter than you are. |
| SEAN | Says the guy with the fossil phone. |

## 새 스마트폰

| | |
|---|---|
| 션 | 야, 폴, 이것 좀 봐! |
| 폴 | 뭘 가지고 있는데 그래? |
| 션 | 내 새 망고 스마트폰 좀 봐. |
| 폴 | 와우! 그게 바로 망고 3000z야? 맙소사, 모두들 그 얘기 하던데. 엄청 비쌌겠는걸. |
| 션 | 글쎄, 싸진 않지만, 살 만한 가치가 있어. |
| 폴 | 부가 기능이 많을 것 같은데. |
| 션 | 보통 휴대 전화의 기본 기능뿐만 아니라 이건 GPS 지원도 되고 다른 전화기보다 훨씬 빠른 와이파이랑 이동 광대역 접속도 돼. 그리고 이메일을 보내고 받을 수도 있고 메시지 편집도 돼. |
| 폴 | 앱을 몇 개나 작동할 수 있어? |
| 션 | 기본적으로 내장된 앱 말고 다운로드 받을 수 있는 게 그야말로 수천 가지 이상은 돼. 대부분의 전화기들이 한 번에 한 가지만 되는데 망고는 동시에 3가지 앱을 쓰면서 여러 가지 일을 처리할 수 있어. |
| 폴 | 진짜 멋지다! 그에 비해 내 휴대 전화는 아주 구식 같아 보이는걸. |
| 션 | 얼룩 방지가 되는 인터페이스 좀 봐 봐. 이런 앱을 터치하기만 하면 바로 나와! |
| 폴 | 얇은 디자인도 꽤 멋진걸. |

| | |
|---|---|
| 션 | 맞아, 깃털처럼 가벼워. 무게가 5온스도 안 나고 1/4인치 두께여서 주머니에 쏙 들어가는 크기야. 그리고 이 기능 좀 봐. 문자를 작성하고 싶으면 쿼티 키보드가 있어서 보통 휴대전화에서 하는 것처럼 숫자를 여러 번 누르지 않아도 돼. |
| 폴 | 너 언제부터 문자 쓰는 데 관심이 있었냐? |
| 션 | 나 항상 문자 보내는데. 물론 이제는 그럴 필요가 없지만 말이야. 너무 놀라지 마, 친구. 이제 난 내 망고 전화기로 영상 통화를 바로 할 수 있어. |
| 폴 | 어떻게? |
| 션 | 봐, 카메라가 두 개 있잖아. 하나는 여기 앞에, 그리고 다른 하나는 뒤에. 그럼 이제 연락처 목록으로 가서 번호를 찾아. 그다음에 영상 통화를 누르면 끝. 아주 쉬워. |
| 폴 | 설마! 이거 그냥 관심 끌기 위한 술책 같은 거 아니야? |
| 션 | 야, 절대 아냐. 망고는 정말 이름값을 해. 그리고 이런 것도 있어. 내 영상을 찍고 내 전화기에서 바로 영화로 편집할 수 있어. 유튜브, 내가 나가신다! |
| 폴 | 그걸 어떻게 할 건데? |
| 션 | 글쎄, 그건 아직 알아보지 못했네. |
| 폴 | 이 스마트폰이 너보다 더 똑똑한 것 같다. |
| 션 | 구시대 전화기를 가진 사람이 할 얘기는 아닌 것 같은데. |

영어회화 표현사전 PERFECT PHRASES

## Topics for Practice

Describe the following…

1. a surround-sound system
2. a microwave oven
3. an MP3 player
4. a camera
5. a sailboat
6. a dishwasher
7. a car
8. a blender or kitchen machine
9. a pair of running shoes
10. your dream house or apartment

Describe how to…

1. send an e-mail
2. change a car tire
3. tie a necktie
4. make coffee
5. parallel park a car
6. use an ATM machine
7. make a pizza
8. record a movie or television show
9. download images from a digital camera
10. burn a CD

Compare the following...

1. a minivan and an SUV
2. a laptop and a desktop computer
3. a walking shoe and a hiking boot
4. a bicycle and a motorcycle
5. a house and an apartment
6. a paperback and an e-book
7. a television and a radio
8. a screwdriver and a hammer
9. an apple and an orange
10. wine and beer

영어회화 표현사전 PERFECT PHRASES

## Problems and Advice
### 문제와 조언

# Objectives 목표

▲ 문제 설명하기 및 조언하기
▲ 공감과 이해 표현하기

패트리샤는 올 여름this summer 결혼하고 약혼자fiancé 매튜와 샌프란시스코에서 살 예정이다. 패트리샤의 예비 시댁 식구들future in-laws 은 그녀가 가족이 되는 것을 환영한다. 그런데 패트리샤에게 시댁 식구들은 감정과 의견을 솔직하고 편하게loudly and openly 표현하는 멕시코에 있는 그녀의 가족에 비해 꽤 보수적으로reserved 보인다.

모두들 그녀의 영어 실력이 좋다고 말한다. 그리고 그녀는 자신의 스페인어 어투 Spanish accent를 없애려고 열심히 노력해 오기도 했다. 하지만 그녀는 적절한 단어들right words을 좀 더 자연스럽게 떠올릴 수 있었으면 한다. 만약 그녀가 혼자 해결해야 하는 문제나 오해problems or misunderstandings가 생긴다면 어떻게 해야 할까? 그리고 상대방의 감정을 상하게 하지 않으면서 문제점을 얘기할 수bring up a concern 있을까? 만약 누군가가 그녀에게 조언을 구하거나 의지하고 싶어 할 때needs a shoulder to cry on 그녀는 도울 수 있을까? 다른 사람이 필요로 할 때 곁에 있어 주는 것은 그녀의 문화에서는 익숙한 일이다. 그래서 그녀는 예비 가족과 친구들에게도 똑같이 해 주고 싶다.

기계가 작동하지 않는 불편함에서부터 날씨, 회사, 학교에 대한 불만, 가족, 친구나 동료와의 관계에 있어서의 어려움, 심각한 신체적, 감정적 혹은 정신적 상태에 이르기까지 문제는 다양할 수 있다. 어떤 사람들은 습관적으로 불평하는 반면, 어떤 이들은 마음을 열고 슬픔을 나타내는 것을 어려워한다. 어떤 경우든 문제를 해결하는 가장 좋은 방법은 그것에 대해 터놓고 말하는 것이다. 그리고 조언을 구하려면 남에게 자신을 이해시키는 방법을 알아야만 한다.

# Phrases 표현

## 시작하는 말 ▸ 무슨 일이야? What's Wrong?

▶ You don't seem to be yourself. Is anything wrong / the matter?
너 좀 이상해 보여. 무슨 일 있어?

▶ Is there anything you'd like to tell me / talk about?
나한테 얘기하고 싶은 거라도 있어?

▶ What seems to be wrong / the matter / the trouble?
무슨 문제 있어?

▶ What's bothering / troubling / eating you?
걱정이 뭐야?

▶ What's wrong / the matter / the problem?
무슨 일이야?

▶ What's on your mind?
무슨 생각해?

▶ What's the story with you?
무슨 일 있어?

▶ Why so glum / down in the mouth?
왜 우울해 하고 있어 / 왜 풀이 죽어 있어?

▶ Anything bothering / troubling you?
뭐 신경 쓰이는 일 있어?

## 문제점에 대해 말하기 Stating a Problem

한 유명한 속담은 인생이 당신에게 레몬을 건넨다면, 당신은 레모네이드를 만들어야 한다고 충고한다. 즉 모든 문제에는 해결책이 있고 당신은 그 상황에서 최선을 다해야 한다는 뜻이다. 문제는 이런저런 다양한 모습으로 생겨나지만, 해결책에 도착하려면 먼저 마음부터 열어야 한다.

예를 들어, 누군가가 그들을 쳐다보거나, 특별한 이유 없이 그들한테 화내고 짜증 낼 때 영어 원어민들은 그 사람의 행동에 항의하려고 "What's your problem?"(너 왜 그러는 거야?)라고 묻는 것을 간혹 볼 수 있다. 그 말은 사실 질문이 아니다.

## 개인적인 문제 Personal Problems

- I haven't been feeling well / like myself lately.
  나는 요즘 몸이 별로 좋지 않아.
- I've been feeling down / blue / out of sorts / out of it / under the weather.
  나는 요즘 우울해 / 몸이 안 좋아.
- I'm just not myself these days.
  나 요즘 몸이 별로 좋지 않아.
- I'm just not up to things.
  나 기분이 별로 좋지 않아.
- I'm on edge.
  나 초조하고 불안해.

## 스트레스 Stress

- I've been feeling really **stressed out / under pressure** lately.
  나 요즘 정말 스트레스를 많이 받고 있어.
- **I'm up to my neck / my ears / my eyeballs** in work.
  나 일에 시달리고 있어 / 바빠서 꼼짝 못해 / 할 일이 너무 많아.
- **I can't handle / take / deal with all** this pressure anymore.
  나 더 이상은 이 스트레스를 감당하지 / 참지 못하겠어.
- I'm feeling **overworked / overtaxed / overwhelmed / burned out**.
  나 혹사당하는 기분이야 / 무리하는 것 같아 / 힘들어 / 지쳤어.
- The wedding plans **are all getting to be too much**.
  결혼 준비가 너무 힘들어지고 있어.
- **I can't seem to manage / handle / deal with / cope with** things anymore.
  나 이거 더 이상은 못할 것 같아.
- **I'm having a bad / hard time** with my assignments.
  나는 과제 때문에 힘들어.
- This new program **is causing me a lot of trouble / nothing but** headaches.
  이 새 프로그램 때문에 머리가 / 골치가 아파.

- **I'm not getting anywhere with** my computer course.
  내 컴퓨터 수업에 전혀 진전이 없어.
- I need some **downtime / personal time**.
  난 휴식할 / 개인적인 시간이 필요해.

### 물건과 관련된 문제 | Problems with Things

- The remote control do**esn't work / won't work / doesn't seem to work**.
  리모컨이 작동하질 않아 / 작동하지 않는 것 같아.
- **I can't figure out** this answering machine.
  이 자동 응답기를 어떻게 사용하는지 잘 모르겠어.
- **I can't get** this switch **to work / to do anything**.
  이 스위치가 작동하질 않아.
- The microwave **is on the fritz / kaput / a piece of trash**.
  그 전자레인지 고장 났어 / 그 전자레인지는 고물이야.
- My laptop **just bit the dust** / My laptop **had the biscuit**.
  내 노트북은 완전히 고장 났어 / 더 이상 쓸 수가 없어.

### 금전 문제 | Money Matters

- I'm a little hard up / short on finances / short of money / out of cash at the moment.
  나는 지금 돈이 부족해.
- I'm having trouble making ends meet.
  나는 생활하기가 빠듯해.
- I'm broke.
  나 돈이 하나도 없어.

### 문제에 대해 불평하기 | Complaining About a Problem

- I'**m really bothered / annoyed / irritated about** the construction in the building.
  이 건물의 공사 때문에 정말 짜증 나.
- I have a lot on my plate right now.
  나 지금 할 일이 너무 많아.
- I'm **having a hard / rough time with** my studies.
  내가 하고 있는 공부 때문에 힘들어.

- **I'm not having any luck / success with** my investments.
  내가 투자한 게 잘 안 됐어.
- Our new work schedule is **a real nuisance / bother / pain in the neck**.
  우리의 새 업무 일정 때문에 정말 골치 아파 / 성가셔.
- My biology class **is a killer / is killing me**.
  생물학 수업 때문에 죽을 것 같아.
- The traffic **is getting on my nerves**.
  차가 막혀서 신경질 나.
- Getting an extension on my visa is **one big hassle**.
  비자를 연장하는 건 아주 귀찮은 일이야.
- There's something I need to talk about / deal with.
  말하고 싶은 게 있어.
- I need to get something off my chest.
  난 솔직히 털어놓고 마음의 짐을 덜 필요가 있어.

## 도움 또는 조언 구하기 Asking for Help or Advice

**간접적인**

**Do you think you could** help me out / give me a hand with my speech?
혹시 제 발표를 좀 도와주실 수 있으세요?

**I'd like to hear your advice on** how to save for my retirement.
은퇴를 대비해 어떻게 저축해야 하는지 당신의 조언을 듣고 싶어요.

**What do you think I should do about** my visa?
제 비자를 어떻게 해야 할까요?

**I've got this problem with** my car.
제 차에 문제가 있어요.

**I wish I knew how to** fix this mess.
이 엉망인 상황을 바로잡을 방법을 알면 좋겠어요.

**Can / Could you take a look at** my essay?
제 에세이 좀 살펴봐 주시겠어요?

I need some help / some advice.
저는 도움 / 조언이 필요해요.

**직접적인**

## 비밀 보장 부탁하기 Asking for Confidentiality

- I hope you'll keep quiet about this / keep it to yourself.
  이건 당신만 알고 계셨으면 해요.
- Please don't breathe / say a word to anyone.
  다른 사람한테는 절대 말하지 말아 주세요.
- This is just between you and me.
  이건 당신과 저만 아는 일이에요.
- Don't tell a soul.
  다른 사람한테 말하지 마.

### 대답 Response

- I promise not to tell a soul / to breathe a word.
  아무에게도 말하지 않을게요.
- My lips are sealed.
  저 입 무거워요 / 비밀로 할게요.
- You can trust me.
  절 믿으셔도 돼요.
- You can confide in me.
  절 믿으세요.
- Mum's the word.*
  아무한테도 말 안 해.*

## 문제의 원인 파악하기 Identifying the Cause of a Problem

###  원인에 대해 묻기 Asking About the Cause

- How long has this been going on / happening?
  이런 일이 있은 지 얼마나 된 거야?
- When / how did this start / happen?
  언제부터 그랬는데? / 어쩌다가 그런 거야?
- What happened / set things off?
  무슨 일이 있었던 거야 / 뭣 때문에 그런 거야?
- What's behind / at the bottom of this?
  주요 원인이 뭐야?

---

* '아무 말도 하지 마' 또는 '비밀 지켜'라는 뜻의 영국 속어 표현이다.

- How did this all come about?
  어떻게 이런 일이 생긴 거야?
- What's the story?
  자세히 얘기해 봐.
- What / who caused the problem / was the cause?
  뭐가 문제인 거야? / 누가 문제를 일으킨 거야?
- Whose fault / responsibility was it?
  누가 잘못한 거야?

## 비난 및 책임 Blame and Responsibility

- It's all because of a misunderstanding.
  모두 오해 때문에 생긴 일이야.
- It happened by accident / all of a sudden / without warning.
  우연히 / 갑자기 생긴 일이야.
- It was an accident / a mishap / unintentional.
  그건 사고였어 / 작은 사고였어 / 고의가 아니었어.
- It's all my / your fault / mistake / error.
  모두 내 / 네 잘못이야.
- I'm responsible / guilty / the guilty party / the culprit / to blame.
  내 책임이야.
- I take full / complete responsibility.
  내가 모두 책임질게.
- I blew it / my chance!
  내가 기회를 날려 버렸어!
- I take the rap.
  (다른 사람 대신) 내가 책임질게.
- I screwed up.
  내가 망쳤어.
- Blame it on me.
  나 때문이야.

## 공감과 이해 Sympathy and Understanding

친구나 지인이 의지하고 싶어 할 때 당신은 배려하고 이해하는 모습을 보여 줘야 한다.

정중한

I understand / sympathize completely / totally.
저는 충분히 이해해요.

I can imagine what you're going through.
당신이 뭘 겪고 있는지 알 것 같아요.

I know exactly how you feel / what you mean / what it's like.
나는 당신이 어떻게 느끼는지 / 당신이 무슨 얘길 하는지 / 그게 어떤 건지 잘 알아요.

You have my sympathies.
진심으로 애도를 표합니다.

I feel for you.
당신의 입장을 이해해요.

I'm sorry to hear that.
정말 유감이에요 / 안타깝네요.

What a pity / shame!
어머 가엾어라 / 참 안됐다!

How awful / terrible / horrible / unfortunate!
딱하기도 해라 / 정말 안됐다!

That's too bad!
그것 참 안됐다 / 정말 유감이야!

You poor thing!
가엾어라!

편한

## 공감 이끌어내기 Asking for Sympathy

▸ Try to see / look at things from my side / end / point of view.
내 입장에서 / 관점에서 상황을 한번 봐 봐.

▸ If only you knew how I feel.
내가 어떻게 느끼는지 네가 안다면 좋을 텐데.

▸ Put yourself in my shoes.
내 입장이 돼 봐.

▸ You have no idea.
넌 짐작도 못할 거야.

## 조언과 도움 Advice and Assistance

문제에 대한 해결책은 제안, 조언, 도움을 제안하는 형태로 나온다. '제안'은 상대방이 당신의 조언을 받아들이거나 거부하는 것을 상대방의 선택에 맡기는 것이다. 바꿔 말하면, 당신은 너무 솔직하거나 무례하고 싶지 않은 것이다. 당신의 제안을 어떻게 받아들일지는 그 사람에게 달려 있다. 반면에 '충고'는 특정 의견이나 해결책을 제시함으로써 문제에 좀 더 직접적으로 관여하는 것이다.

## 제안하기 | Making Suggestions

문제점 : 요하나의 반 친구, 치아오는 향수병에 걸려서 대만에 있는 가족들을 몹시 그리워한다.

**간접적인**

**May I suggest** doing volunteer work to get out and meet people?
나가서 사람들을 만날 수 있게 자원봉사를 해 보는 건 어떨까?

**I'd like to suggest / recommend** doing volunteer work / that you do volunteer work.
자원봉사를 한번 해 보라고 권하고 싶어.

**Have you ever thought of / considered** doing volunteer work?
자원봉사 하는 걸 생각해 본 적 있어?

**Has it ever occurred** to you to do volunteer work?
자원봉사 하는 것에 대해 생각해 본 적 있어?

**Maybe / perhaps you could** try doing volunteer work.
한번 자원봉사를 해 봐도 좋을 것 같은데.

**You might want to** try doing volunteer work.
자원봉사를 해 보는 게 좋을 거야.

**What you need is** to do some volunteer work.
너한테 필요한 건 자원봉사를 해 보는 거야.

**Why don't you** do volunteer work?
자원봉사를 해 보지 그래?

**You could** try doing volunteer work.
자원봉사를 해 봐도 좋을 것 같아.

**How about** doing volunteer work?
자원봉사를 해 보면 어때?

**Let's** do volunteer work.
자원봉사를 해 보자.

**직접적인**

> suggest(제안하다), recommend(추천하다)와 같은 동사들은 가정법을 사용해야 하는데 사용하기가 좀 까다로울 수 있다. 가정법은 마치 직설법(단순 현재)처럼 보여서 be 동사, 3인칭 단수나 부정문을 사용해야만 쉽게 알 수 있다. 가정법을 제대로 쓰는 가장 쉬운 방법은 동명사를 사용하는 것이다.

I suggest / recommend that you **be** on time / that he **get** more exercise / that they **not worry**.
나는 네가 제시간에 올 것을 / 그가 운동을 좀 더 할 것을 / 그들이 걱정하지 말 것을 제안해 / 권해.

I suggest / recommend **being** on time / **getting** more exercise / **not worrying**.
제시간에 올 것을 / 운동을 좀 더 하기를 / 걱정하지 말 것을 제안해 / 권해.

## 긍정적인 대답 Positive Responses

▶ That just might be the answer.
그게 해결책일 수 있겠네.

▶ That makes sense.
말 되네.

▶ I never thought of that!
난 그걸 전혀 생각하지 못했어!

▶ It never occurred to me!
난 왜 그 생각을 못했지!

▶ I'll give it a try!
그렇게 해 볼게!

▶ Why didn't I think of that!
왜 내가 그 생각을 못했지!

▶ Now you're talking!
바로 그거야!

▶ Good / great idea!
아주 좋은 생각이야!

▶ Sounds good to me!
좋은 생각 같아!

## 부정적인 대답 Negative Responses

▶ That sounds like too much trouble / hassle.
너무 문제가 많을 것 같은데.

▶ It's useless / pointless / senseless / no use.
그래도 소용없어.

▶ Thanks, but I don't think that's for me.
고맙지만, 난 그렇게 못 할 것 같아.

영어회화 표현사전 PERFECT PHRASES

- That makes no sense.
  이건 말도 안 돼.
- What good would that do?
  그러면 뭐가 좋은데?
- A lot of good that does!
  그렇게 하면 과연 좋을까!
- I'd rather not.
  그렇게 하지 않는 게 좋겠어.
- You can't be serious!
  너 진심 아니지!
- Are you kidding / joking?
  농담하는 거지?
- No way!
  말도 안 돼!

## 조언하기 | Offering Advice

문제점 : 문희의 룸메이트인 살만은 돈을 넉넉하게 가져 본 적이 없다고 늘 불평한다.

간접적인

**Don't you think it might be wise / smart / good** to make a budget?
예산을 세우는 게 현명하다고 / 좋다고 생각하지 않니?

**It'd / might be a good idea** to make a budget.
예산을 세워 봐도 좋을 것 같아.

**The best thing to do would be** to make a budget.
가장 좋은 것은 예산을 세우는 걸 거야.

**It looks to me like you might need** to make a budget.
내가 볼 때 너는 예산을 세우는 게 좋을 것 같아.

**If I were you**, I'd make a budget.
내가 너라면, 예산을 세우겠어.

**The way I see it**, you need to make a budget.
내가 보기에, 너는 예산을 세울 필요가 있어.

**You have to / need to / ought to / should** make a budget.
너는 꼭 예산을 세워야만 해.

**All you have to do is** make a budget.
네가 해야 할 일은 예산을 세우는 거야.

**I tell you what**: make a budget.
있잖아, 예산을 세워.

직접적인

**You'd better** make a budget.
너는 예산을 세우는 게 좋겠어.

## 긍정적인 대답 Positive Responses

▸ Thanks for the advice.
조언해 줘서 고마워.
▸ I'll give it a try / do that.
한번 해 볼게.
▸ That's the best idea I've heard.
듣던 중 제일 좋은 생각이야.

## 부정적인 대답 Negative Responses

▸ I know you mean well / your intentions are good, but . . .
네 뜻은 잘 알겠어 / 네 의도는 좋은 것 같아, 하지만…
▸ That's easy for you to say.
그렇게 말하기는 쉽지.
▸ That's easier said than done.
말하기는 쉽지.
▸ If only it were so easy.
그게 그렇게 쉽다면 좋을 텐데.

## 도움 제안하기 Offering Assistance

문제점 : 메이코가 일하는 카페에서 한 나이 많은 고객이 무언가를 잃어버린 것처럼 보인다.

정중한

How can / may I help you / be of assistance?
무엇을 도와 드릴까요?

Is there anything I can do to help / help you with?
제가 도울 수 있는 일이 있을까요?

What can I do for you?
무엇을 도와 드릴까요?

Can I give you a hand?
제가 도와 드릴까요?

Here, let me help.
손님, 제가 도와 드릴게요.

편한

## Need a hand / some help?
도움이 필요하세요?

### 긍정적인 대답 Positive Responses

▶ That's very kind / thoughtful / considerate / helpful of you.
정말 친절하시네요 / 생각이 깊으시네요 / 사려 깊으시네요 / 많은 도움이 됐어요.

▶ I really appreciate it.
정말 감사합니다.

▶ That'd be great.
그럼 정말 좋을 것 같아요.

### 부정적인 대답 Negative Responses

▶ Thanks, but I'll be fine / all right.
감사하지만, 괜찮아요.

▶ I can manage / do it myself.
제가 혼자 할 수 있어요.

▶ Thanks, but no thanks.
고맙지만, 사양합니다.

### 제안 확인하기 Confirming a Suggestion

▶ Is that okay / all right with you?
그래도 괜찮으시겠어요?

▶ Are you okay / all right with that?*
괜찮으시겠어요?

▶ How does that work for you?
괜찮으시겠어요?

### 긍정적인 대답 Positive Responses

▶ That's okay / all right / fine with me.
저는 괜찮습니다.

---

*Are you okay / all right? 은 상대방의 건강에 대해 묻는 말이다.

- That works for me.
  저는 좋아요.
- Perfect.
  딱 좋아요.

## 경고 Warnings

문제점 : 헨릭은 웨스트코스트로 여행을 갈 계획이다. 그런데 돈이 별로 없어서 히치하이크를 해도 괜찮을지 친구 조세에게 의견을 묻는다.

- I wouldn't if I were you!
  내가 너라면 하지 않을 거야!
- **Be careful / beware of / aware of** dangerous people.
  위험한 사람들을 조심해.
- Don't hitchhike at night, **or you might be sorry**.
  밤에는 히치하이크 하지 마. 안 그러면 후회할걸.
- Hitchhiking alone **could get you into trouble**.
  혼자 히치하이크를 하면 곤경에 빠질 수 있어.
- **You'd better not** take rides from strangers / strange people.
  낯선 사람들의 차는 타지 않는 게 좋을걸.
- **Just a heads-up**: hitchhiking can be dangerous.
  그냥 알고 있어. 히치하이크는 위험할 수 있어.

## 최후의 수단 Last Resorts

당신이 한 문제에 대해 10명에게 도움을 요청한다면, 아마도 10가지 다른 해결책을 얻게 될 것이다. 하지만 그중 어느 게 문제 해결에 도움이 될지는 아무도 장담할 수 없다. 당신이 정말 어떻게 할지 모르겠다면 최후의 수단이나 극단적인 조치가 당신이 할 수 있는 유일한 선택일지도 모른다.

문제점 : 울라는 여러 가지 다른 다이어트를 시도해 봤지만, 결혼식 전에 빼고 싶었던 나머지 5파운드를 여전히 빼지 못하고 있다.

- **If the worse / the worst comes to the worst / if push comes to shove**, you can try fasting.
  최악의 경우에는 / 상황이 다급해지면 금식을 한번 해 봐.
- **If nothing else works**, you can go on a fast.
  모두 효과가 없다면, 금식을 해 봐.

▶ **Your only other alternative** is to go on a fast.
유일한 대안은 금식을 하는 거야.

▶ **If all else fails**, you can go on a fast.
다른 게 다 실패했다면, 금식을 해 볼 수 있어.

▶ **As a last resort**, you can go on a fast.
마지막 수단으로, 금식을 해 볼 수 있어.

▶ **All that's left** is to try fasting.
이제 남은 건 금식을 해 보는 것뿐이야.

## 감사와 고마움 Appreciation and Gratitude

**정중한**

**I'd like to express my appreciation / gratitude for** your help.
도와주신 것에 대한 진심으로 감사드립니다.

**I really appreciate it** / that / your advice.
그거 / 충고 정말 감사합니다.

**I'd like to thank you for** the good advice / your assistance.
좋은 충고를 해 주셔서 / 도와주셔서 정말 감사합니다.

**Thank you very much for** your assistance / for assisting me.
저를 도와주셔서 정말 감사합니다

That's **very kind / helpful / considerate / good of** you.
당신은 정말 친절하시군요 / 많은 도움이 됐어요 / 사려가 깊군요 / 좋은 분이세요.

Your help **means a lot to me**.
당신의 도움이 저한테 큰 힘이 됐어요.

I'm most grateful.
정말 감사합니다.

Thanks a lot!
감사합니다!

You've been a big / great help!
큰 도움이 됐어요!

Much appreciated!
고마워요!

I owe you one!
당신한테 빚을 졌네요!

You're a lifesaver.
당신이 구세주네요.

**편한**

## 감사 인사에 답하기 Responding to a Thank-You

정중한

I'm glad I could be of service / of help / of assistance.
도울 수 있어서 정말 기뻐요.

You're welcome / most welcome.
천만에요.

It's nothing at all.
아무것도 아니에요.

It's no bother really.
정말 별거 아니에요.

Don't mention it.
별말씀을요.

My pleasure!
도움이 되어 저도 기뻐요!

Not at all.
별말씀을요.

Any time.
얼마든지요.

No problem.
뭘요.

편한

## 누군가에게 문제점 알리기 Making Someone Aware of a Problem

다른 사람에게 문제점을 알려 줘야 하는 것과 같이 썩 내키지 않는 일을 해야 할 때가 있다. 당신이 반감에 부닥치거나 혹은 그 사람이 자신이 잘못하지도 않은 일에 대해 비난받고 있다고 느낄 경우를 대비해서 상대방이 불쾌해 하지 않도록 주제에 접근할 필요가 있다. 상황의 경중에 따라 간접적인 접근법과 직접적인 접근법 중에서 선택할 수 있다.

문제점 : 마리아는 그녀의 동료들과 잘 지낸다. 그들은 아주 작은 사무실을 함께 사용하고 있는데 새로운 동료인 티파니가 물건을 제자리에 두지 않는 편이다.

간접적인

**I hate to say this / to tell you this, but** I think we should have a little talk.
이런 말 하고 싶진 않지만, 우리 잠깐 얘기 좀 해야 할 것 같아.

**I wish there was another / easier way** to put this, but we need to talk.

이 얘기를 쉽게 할 방법이 있으면 좋겠는데, 우리 얘기 좀 해야 할 것 같아.

**There's something I've been meaning** to bring up.
너한테 해 주고 싶은 말이 있어.

**Don't be offended / get me wrong, but** I have to make you aware of something.
기분 나쁘게 생각하지는 마, 네가 알아야 할 게 좀 있어.

**It's come to my attention that** you haven't been putting things back.
네가 물건을 다시 제자리에 두지 않는 게 신경이 쓰여.

**I don't know how to say this, but** everything in the office has its place.
이걸 어떻게 말해야 할지 잘 모르겠는데, 사무실의 모든 물건은 제자리가 있어.

**Could I have a word** with you about something?
너랑 얘기 좀 나눌 수 있을까?

**Maybe you should think about** putting things back in their place.
물건을 제자리에 두도록 신경 써 줬음 좋겠어.

We have a situation / problem on our hands.
우리가 지금 문제가 좀 있는데 / 상의해야 할 문제가 있는데.

It's time to sit down and have a heart-to-heart.
우리 할 얘기가 있어 / 뭔가를 좀 해야 해 / 변화를 줄 필요가 있어.

**We need to** talk / do something / make some changes.
앉아서 터놓고 얘기 좀 하자.

직접적인

## 불평 Complaints

문제점 : 샤샤가 공부를 하려는데, 이웃집에서 음악 소리가 크게 들린다.

간접적인

**I hate to bother / trouble you, but** do you think you could turn down the music?
귀찮게 해서 죄송한데요, 음악 소리 좀 줄여 주실 수 있을까요?

**I'm sorry to say this, but** your music is bothering me.
이렇게 말해서 죄송하지만, 음악 소리 때문에 신경이 쓰여요.

**Do / would you mind** turning down the music?
음악 소리 좀 줄여 주시면 안 될까요?

**Do you think you could** turn down the music?
음악 소리 좀 줄여 주시겠어요?

**Excuse me, but could** you turn down the music?
실례하지만, 음악 소리 좀 줄여 주시겠어요?

**Would you please** turn down the music?
음악 소리 좀 줄여 주시겠어요?

**How about** turning down the music?
음악 소리 좀 줄여 줄래요?

**Please** turn down the music.
음악 소리 좀 줄여 주세요.

Turn down the music, **will you**?
음악 소리 좀 줄이세요, 네?

Turn it down!
소리 좀 줄여!

직접적인

## 대답 Responses

▶ Sorry, I didn't realize that / I didn't know / I wasn't aware.
죄송해요, (음악 소리가 큰지) 몰랐어요.

▶ I'm sorry, it won't happen again.
죄송해요, 다시는 이런 일 없도록 할게요.

▶ I didn't mean to bother you.
폐를 끼칠 생각은 없었어요.

▶ Really? That's too bad.
그래요? 정말 죄송해요.

▶ No problem / trouble at all.
네, 그럴게요.

## 안심시키는 말 Reassurances

누군가가 힘든 일을 겪고 있거나 사랑하는 사람을 잃었다면, 당신은 모든 게 다 괜찮아질 거라고 위로하거나 애도의 뜻을 전하면서 그 사람을 안심시켜 줄 수 있다.

## 안심시키기 Making Reassurances

▶ Everything's going to be / to turn out all right.
다 괜찮아질 거야.

- Everything will work out, just you wait and see.
  다 잘될 거야, 그러니까 기다려 보자.
- Things have a way of working themselves out.
  잘 풀릴 거야.
- Believe me, it's going to be okay / fine.
  날 믿어. 다 괜찮을 거야.
- It's not as bad / half as bad as it seems.
  보이는 것만큼 나쁘진 않아.
- You'll be fine / okay / right as rain.
  넌 괜찮아질 / 건강해질 거야.
- You're doing the best you can.
  넌 네가 할 수 있는 최선을 다하고 있어
- We can get to the bottom of this.
  진실은 밝혀질 거야.

## 진정시키기 Calming Someone Down

- There's nothing to worry / fret / get upset about.
  걱정할 / 짜증 낼 / 속상해 할 거 없어.
- Don't worry / fret / freak out / sweat it.
  걱정하지 / 짜증 내지 / 흥분하지 / 속 태우지 마.
- Don't lose any sleep over it.
  너무 걱정하지 마.
- Don't take it to heart / let it get to you.
  너무 신경 쓰지 마.
- Don't get your shirt in a knot.
  너무 흥분하지 마.
- Take it easy / slowly.
  진정해 / 신중하게 해.
- Calm down.
  진정해.

## 위안 Consolations

- The worst is behind you.
  최악의 상황은 면했어.
- Things could be a lot worse.
  더 안 좋을 수도 있었어.

- You'd be best to put it all behind you.
  다 잊는 게 나을 거야.
- You're out of the woods now.
  이제 위기는 넘겼어.
- Just chalk it up to experience.
  좋은 경험 했다고 생각해.

## 위로 및 조의 Comfort and Condolences

- I'm sorry for your loss.
  애도를 표합니다.
- My deepest sympathies / my condolences.
  깊은 조의를 표합니다.
- My heart goes out to you.
  당신의 심정을 이해해요.
- My thoughts are with you.
  당신을 이해해요.
- I'll be thinking of you.
  당신을 생각할게요.

## 상대방을 달래기 Humoring Someone

문제가 당신의 능력 밖이거나 혹은 당신이 문제를 더 크게 만들었을 때는 상황을 긍정적으로 바라볼 필요가 있다. 때로는 유머가 최고의 명약이 될 수 있다. 그러나 만약 당신이 도우려는 사람이 그저 자신의 처지를 한탄만 하고 있다면, 그 사람은 현실을 직시할 필요가 있다.

- What doesn't kill you only makes you stronger.
  어려움을 겪고 나면 더 강해지는 거야.
- It's not the end of the world.
  세상이 끝난 건 아니잖아.
- Things are never as bad as they seem.
  세상일은 보이는 것만큼 그렇게 나쁘진 않아.
- Some day you'll look back and laugh.
  언젠가는 돌아보면서 웃게 될 거야.
- You'll get over it in no time.
  너는 금방 이겨낼 거야.
- You'll live.
  너는 살아남을 거야.

- Look on the bright side.
  긍정적으로 생각해.
- Lighten up.
  기운 내.
- Chill out.
  힘 내.

## 객관적으로 바라보기 Putting Things in Perspective

- Don't make a mountain out of a molehill.
  과장하지 마.(두더지가 파놓은 흙 두둑을 산으로 만들지 말라.)
- Don't take it so seriously / to heart.
  너무 심각하게 받아들이지 마.
- Don't get carried away.
  흥분하지 마.
- How about coming back to earth?
  정신 좀 차리지 그래?
- Get over it!
  잊어버려!
- Get real / a grip!
  정신 차려!

## 조언이 무시당했을 때 When Advice Is Ignored

선의로 한 조언인데 상대방이 받아들이지 않거나 고마워하지 않을 때도 있을 것이다.

- Don't come running to me.
  이제 난 몰라.
- It's your business / funeral.
  네가 알아서 해 / 네가 책임져야 할 거야.
- It's up to you.
  너한테 달렸어.
- Suit yourself.
  네가 좋을 대로 해.

## 꺼려함 그리고 회피 Reluctance and Avoidance

상황에 따라서는 문제점에 대해 얘기하는 것이 늘 쉽거나 바람직한 것만은 아닐 것이다. 때로는 그 문제가 어디에서부터 비롯됐는지 잘 모를 수도 있고 말할 준비가 되어 있지 않을 수도 있다.

### 문제의 원인을 잘 모를 경우 Not Knowing the Source of the Problem

- I haven't a clue / the faintest idea / the foggiest idea.
  전혀 짐작이 가질 않아.
- I can't put my finger on it.
  뭐라고 꼭 집어 말할 수가 없어.
- I don't know what's wrong.
  뭐가 잘못됐는지 모르겠어.
- Your guess is as good as mine.
  모르기는 나도 마찬가지야.
- You got me stumped / beat.
  모르겠어.
- Don't ask me.
  나한테 물어보지 마.
- Beats me!
  전혀 모르겠어!

### 문제 회피하기 Avoiding a Problem

- I'd rather not discuss it.
  얘기하지 않는 게 좋겠어.
- I don't feel like talking about it.
  별로 얘기하고 싶지 않아.
- It's not your problem / concern / business.
  네가 상관할 바가 아니야.
- I don't see the issue / the problem / what's wrong.
  그게 문제라고 생각하지 않는데.
- What's the big deal?
  그게 큰일이야?

영어회화 표현사전 PERFECT PHRASES

- Leave me alone.
  날 혼자 내버려 둬.
- Let it be.
  그냥 좀 놔둬.
- Back off, why don't you?
  그만 좀 가 줄래?

## 감정 표현하기 Expressing Emotions

### 걱정과 두려움 Worry and Fear

- This problem has me worried / concerned / upset.
  이 문제 때문에 걱정이야 / 염려돼 / 속상해.
- That really freaks me out.
  그것 때문에 정말 짜증 나.
- I'm very worried / concerned / upset / uptight.
  나 정말 걱정돼 / 염려돼 / 속상해 / 긴장돼.
- I'm a bundle of nerves.
  나 정말 초조해.
- I'm just sick with worry / fear.
  나 정말 걱정돼 / 겁나.
- I'm beside myself.
  나 제정신이 아니야.
- I'm afraid / frightened / scared / freaking out.
  걱정돼 / 무서워 / 겁나 / 짜증 나.

### 당황스러움과 수치 Embarrassment and Shame

- I'm embarrassed / mortified about my bad memory.
  내 기억력이 나빠서 너무 창피했어.
- I could die of shame / embarrassment.
  창피해서 죽을 것 같았어.
- There's no way I can show my face.
  얼굴을 들 수가 없어.
- I'm the laughing stock of our class.
  나 우리 반에서 완전 웃음거리가 됐어.

- I'm so ashamed of myself.
  내 자신이 정말 부끄러워.
- I wish the earth would swallow me up.
  쥐구멍이라도 있으면 들어가 숨고 싶어.
- I've got egg on my face.
  나 망신당했어.

## 분노 Anger

- I'm really angry / mad / furious / ticked off / pissed off about my marks.
  내 성적 때문에 정말 화가 나.
- My roommate really ticked / cheesed / pissed me off.
  내 룸메이트는 정말 나를 화나게 해.
- Rush-hour traffic really bugs / annoys / bothers me.
  출퇴근 시간대 교통 혼잡 때문에 정말 짜증 나.
- What really gets me is the way people ignore the rules.
  나를 정말 화나게 만드는 건 사람들이 규칙을 지키지 않는 거야.
- That rude saleslady's attitude burns me up.
  저 무례한 여자 점원의 태도 때문에 정말 화가 나.
- I've had it / had it up to here with long lines!
  길게 줄 서 있는 거 정말 지긋지긋해!
- I'm so angry at my brother I could scream!
  형한테 너무 화가 나서 소리를 지를 정도였어!
- My son is really pushing my buttons.
  내 아들이 나를 정말 화나게 해.
- I'm losing it / flipping out / going off the deep end!
  나 (정말 화가 나서) 제정신이 아니야!

## 슬픔 Sadness

- I'm feeling blue / out of sorts / down / down in the dumps / down in the mouth.
  나 우울해.
- Jeanne's beside herself with grief.
  잔이 너무 슬퍼서 이성을 잃은 것 같아.
- Gabriel's broken-hearted.
  가브리엘은 상심이 커.

- I just can't snap out of it.
  도무지 기운을 낼 수가 없어.
- I feel so bad / so sad I could cry.
  기분이 너무 나빠서 / 슬퍼서 울고 싶은 심정이야.

 **What's the Matter?**

이번 챕터에서 배운 표현에 밑줄을 그어 보세요.

JAMIE　Katie, want to go out with the gang?
KATIE　I'm sorry if I sound like a party pooper but I'm just not in the mood.
JAMIE　You sure haven't been your cheery self lately. Is anything the matter?
KATIE　Well, ever since our boss announced that the company's up for sale, everybody's on edge, including me.
JAMIE　I can understand that. Nobody likes uncertainty, that's for sure.
KATIE　Especially when you might end up without a job.
JAMIE　That's really too bad. So, what's the story?
KATIE　It's all because the management got carried away and took on too much debt.
JAMIE　How long has this been going on?
KATIE　For some time as it turns out. I'm worried sick about my job and furious at the same time.
JAMIE　Well, if I were you, I wouldn't freak out. With your qualifications, you shouldn't have any trouble finding another job.
KATIE　But I don't want another job. And Jamie, this is just between you and me.
JAMIE　I won't breathe a word. And Katie, don't worry. Things always have a way of working out.
KATIE　That's easy for you to say. It's not happening to you.
JAMIE　I guess life just never is a bowl of cherries.
KATIE　You're telling me. It seems like everything's happening at once.
JAMIE　Why, is something else wrong?
KATIE　Yeah, I'm having trouble with my stupid car, and I can't really afford any big repairs right now.
JAMIE　I know a reasonable mechanic. How about if I have him take a look?
KATIE　Thanks, Jamie, but what's the use?
JAMIE　Or I could lend you some money if you'd like.

* 닥터 필은 '닥터 필 쇼'의 진행자로, 인간관계 및 인생 상담 분야의 전문가이다.

| | |
|---|---|
| KATIE | What good would that do when I already owe enough on my credit cards? |
| JAMIE | Well, I tried but I guess I'm no Doctor Phil,* am I? |
| KATIE | You're a good shoulder to cry on, and I really appreciate it, Jamie. Look, why don't you go out without me? |
| JAMIE | What fun would that be? Anyway, now that you've got a few things off your chest, I still think it'd do you good to take your mind off everything. |
| KATIE | How? With ice cream? A feel-good movie? Some fresh air? |
| JAMIE | I tell you what. Let's walk over to the video store and stop for ice cream on the way back. |
| KATIE | Now, you're talking. I feel better already. |

 무슨 일 있어?

| | |
|---|---|
| 제이미 | 케이티, 친구들하고 같이 나갈래? |
| 케이티 | 흥을 깨는 것 같아 미안한데, 지금은 그냥 그럴 기분이 아니야. |
| 제이미 | 너 요즘 들어 정말 기운이 없어 보여. 무슨 일 있어? |
| 케이티 | 그게, 우리 사장님이 회사를 매각한다고 공고한 이후로 나를 포함해서 모두들 신경이 날카로워. |
| 제이미 | 정말 그렇겠다. 누구도 불확실한 걸 좋아하진 않지. |
| 케이티 | 특히 일자리를 잃게 될지도 모를 때는 더욱이. |
| 제이미 | 정말 안됐다. 그래, 어쩌다가 그렇게 된 거야? |
| 케이티 | 이게 다 경영진이 감정에 휩쓸려서 너무 많은 부채를 떠안게 됐기 때문이야. |
| 제이미 | 그렇게 된 지가 얼마나 됐는데? |
| 케이티 | 한참 된 것 같아. 일자리를 잃을까 봐 정말 걱정되면서도 동시에 화가 나. |
| 제이미 | 음, 내가 너라면 난 흥분하지 않을 것 같아. 네 정도의 자격 요건이면 다른 일자리를 찾는 건 그리 어렵지 않을 것 같은데. |
| 케이티 | 하지만 난 다른 일자리는 싫어. 그리고 제이미, 이건 너와 나 둘만 아는 얘기야. |
| 제이미 | 절대로 말 안 할게. 그리고 케이티, 걱정하지 마. 다 잘 풀릴 거야. |
| 케이티 | 그렇게 말하긴 쉽지. 너한테 일어난 일이 아니니까. |
| 제이미 | 인생이 즐거운 일만 가득하진 않은 것 같아. |
| 케이티 | 맞아. 모든 일이 한꺼번에 일어나는 것 같아. |

| | |
|---|---|
| 제이미 | 왜, 무슨 다른 일이 또 있어? |
| 케이티 | 응, 내 고물 자동차에 문제가 좀 있는데, 지금 당장은 비싼 수리비를 낼 돈이 없어. |
| 제이미 | 적절한 가격에 수리해 주는 정비사를 내가 알고 있는데. 그 사람한테 한번 봐 달라고 하면 어때? |
| 케이티 | 고마워, 제이미. 하지만 그게 무슨 소용이겠어? |
| 제이미 | 아니면 원한다면 내가 돈을 좀 빌려줄 수도 있어. |
| 케이티 | 이미 카드 빚을 많이 졌는데 그게 무슨 도움이 되겠어? |
| 제이미 | 음, 노력해 봐도 나는 필 박사는 못 되는 것 같다, 그렇지? |
| 케이티 | 넌 고민을 잘 들어주는 사람이고, 내가 정말 고마워하고 있어, 제이미. 야, 나 빼고 나가는 게 어때? |
| 제이미 | 그게 무슨 재미가 있겠어? 어쨌든, 네가 몇 가지 고민을 털어놓긴 했지만, 난 그래도 네가 모든 걸 잊어버려야 좋을 것 같아. |
| 케이티 | 어떻게? 아이스크림으로? 기분 좋은 영화? 바람 쐬는 걸로? |
| 제이미 | 있잖아. 비디오 가게에 걸어가서 돌아오는 길에 아이스크림 사러 가자. |
| 케이티 | 바로 그거야. 벌써 기분이 좋아지는걸. |

영어회화 표현사전 PERFECT PHRASES

## Topics for Practice

Talk about a recent problem you've had...

1. at work or school
2. with your health or physical fitness
3. with your family or friends
4. with your car or computer
5. with money
6. that was caused by a mistake or an accident
7. that you needed help with
8. that you were able to solve on your own
9. that wasn't as bad as it seemed
10. that you were worried about

What advice would you give to someone who...?

1. wants to stop smoking
2. is unhappy at work or school
3. has gained too much weight
4. had a fight or disagreement with a friend or loved one
5. wants to make friends in a new city or town
6. has trouble saving money
7. is homesick
8. is upset because he or she didn't get a job he or she really wanted
9. is nervous about flying
10. often has bad headaches

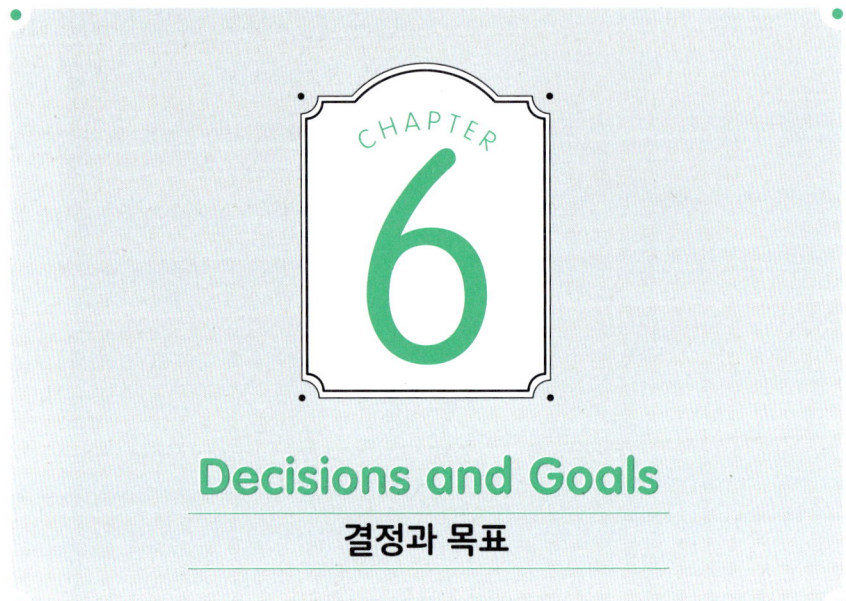

# Decisions and Goals
## 결정과 목표

## Objectives 목표

- 선택 사항을 살펴보고 결정에 대해 말하기
- 계획하고 일정 짜기
- 목표를 정하고 성취 방법 찾기

파벨이 2년 전 러시아에서 미국으로 이민을 갔을 때, 그는 이주자newcomer를 위한 영어 중급 과정intermediate English course에 참여했었다. 그는 새로운 환경에 빠르게 적응했고, 그의 배경 덕분에 동유럽과 친밀한 사업 관계가 구축되어 있는strong business ties 엔지니어링 회사에 고용되었다.

파벨은 어휘 실력을 향상시키기broaden his vocabulary 위해 책을 많이 읽었고read extensively, 여가 시간에는 동네 스포츠 클럽에서 스쿼시와 축구를 한다. 그는 일상생활에서on an everyday basis 영어로 말하는 게 편하며 필요하면 영어를 모국어인 러시아어로 번역하는 것도 거의 힘들지 않다. 그의 주된 걱정거리main concern는 자신의 팀이 맡은 업무에서 기획planning, 목표 설정goal setting 및 의사 결정decisionmaking과 같은 일에 자신 있게 참여하지 못하게 되는 것이다. 또한 그의 언어 능력language skills이 상사의 기대leader's expectations에 미치지 못할까 봐도 걱정이 된다.

5장에서처럼 일단 문제점을 파악했다면 당신이 얻고자 하는 것, 직장이나 학교 또는 집에 주고 싶은 변화나 앞으로 노력을 통해 성취하고자 하는 목표를 결정해야 한다. 때로는 혼자 결정하고 계획해야 할 때도 있지만, 대부분의 경우 가족, 친구나 동료의 의견을 참고하기 위해 대화를 나눌 것이다.

## Phrases 표현

### 시작하는 말 ▸ 우리 어떻게 할까? What Are We Going to Do?

- We need to make a decision / to do something about the problem / situation / issue.
  우리는 그 문제 / 상황 / 사안에 대해 결정해야 해.
- What are our options / choices / alternatives / possibilities?
  우리가 할 수 있는 선택 사항 / 선택 / 대안 / 가능성은 뭐지?
- What choice / option / alternative / solution do we have?
  우리가 가진 선택 / 선택 사항 / 대안 / 해결책에는 뭐가 있을까?
- What can we do about this situation / issue / problem?
  이 상황 / 사안 / 문제에 대해 우리가 뭘 할 수 있을까?
- How does this appeal / sound to you?
  넌 이걸 어떻게 생각해?
- How can we go about this?
  우리가 이걸 어떻게 하면 좋을까?
- The situation calls for a decision.
  결정해야 하는 상황이야.

### 선택 사항과 대안 Options and Alternatives

일단 문제점을 파악했다면, 어떤 선택 사항이 있는지 찾아볼 수 있다. 운 좋게 선택을 할 수 있으면 좋겠지만, 때로는 아무것도 선택할 수 없는 상황에 놓이기도 한다.

**상황 :** 마리아와 파블로는 차가 한 대가 더 필요하다. 새 차를 구입하고 싶지만 충분한 돈이 없고 빚을 지고 싶지도 않다.

영어회화 표현사전 PERFECT PHRASES

## 선택 사항 Options

- **We could always** buy a used car.
  우리는 언제든 중고차를 살 수 있어.
- **One option / choice / possibility** would be to buy a used car.
  한 가지 선택 사항 / 선택 / 가능성은 중고차를 사는 거야.
- **Perhaps / maybe** we should consider / look at buying a used car.
  중고차를 사는 걸 고려해야 / 생각해 봐야 할지도 모르겠어.
- **Wouldn't it be smarter** to buy a used car?
  중고차를 사는 게 더 현명하지 않을까?
- We could **keep** a used car **in mind**.
  중고차를 생각해 볼 수도 있어.

## 대안 Alternatives

- **Rather than / instead** of buying a used car, we could lease a new one.
  중고차를 사는 대신 새 차를 임대할 수도 있어.
- **As an alternative / alternatively** we could lease a new car.
  대안으로 새 차를 임대할 수도 있어.
- **Another option / choice** would be to lease a new car.
  또 다른 선택 사항 / 선택으로는 새 차를 임대하는 거야.

## 선택의 여지가 없을 때 No Choice

- **We have no alternative / choice / option but** to wait and save our money.
  기다리면서 돈을 모으는 수밖에는 대안 / 선택 / 선택 사항이 없어.
- **Our options are limited to** waiting and saving our money.
  우리한테 있는 선택 사항은 기다리면서 돈을 모으는 것뿐이야.
- **We can't do anything except** wait and save our money.
  기다리면서 돈을 모으는 수밖에 없겠어.
- **Our only option / choice / possibility** is to wait and save our money.
  우리가 할 수 있는 선택 사항 / 선택 / 가능성은 기다리면서 돈을 모으는 것뿐이야.
- **The best we can do at this point** is wait and save our money.
  이 시점에서 우리가 할 수 있는 최선은 기다리면서 돈을 모으는 거야.

## 이유와 목적 Reasons and Purpose

결정을 하거나 목표를 세우기 전에, 그 상황의 이면에 가려진 이유를 명확히 하고 그 목표 또는 행동 방침이 도움이 될지를 결정할 필요가 있다.

상황 : 막시밀리안은 좀 더 도전적인 일에 지원하고 싶어 한다. 하지만 그가 관심 있는 회사들은 영어 회화와 영작이 모두 능통한 지원자를 선호한다.

### 이유 말하기 Stating a Reason

- **Because / since** companies are looking for candidates fluent in English, I need to improve my English.
  기업들이 영어에 능통한 지원자를 구하고 있기 때문에, 제 영어 실력을 향상시켜야 합니다.

- **Because of / due to** a competitive job market, I need to improve my English.
  구직 시장의 경쟁이 치열하기 때문에, 저는 영어 실력을 향상시킬 필요가 있습니다.

- Companies are looking for fluent speakers of English. **As a result / consequently / therefore** I have to improve my English.
  기업들이 영어 회화에 능통한 사람을 원합니다. 따라서 저는 영어 실력을 향상시켜야 합니다.

- **The reason** I need to improve my English is that companies are looking for fluent speakers.
  제가 영어 실력을 향상시켜야 하는 이유는 기업들이 회화에 능통한 사람을 찾고 있기 때문입니다.

- **My motivation / incentive** for improving my English is a better job.
  제가 영어 실력을 향상시키고자 하는 동기는 더 좋은 일자리를 위해서입니다.

### 목적 말하기 Stating a Purpose

- I'm going to the United States **for*** English lessons / **to** get more experience.
  저는 영어 수업을 받으러 / 좀 더 경험을 쌓기 위해 미국에 가려고 합니다.

- I'm going to the United States **so / so that** I can improve my English.
  저는 영어 실력을 향상시키기 위해 미국에 가려고 합니다.

- I'm going to spend a year in the United States **to / in order to / so as to** improve my English.

---

* for 다음에는 명사가 온다. 반면에 to는 목적을 나타낼 경우, 전치사가 아니라 동사의 부정사형으로 to do / to be / to learn 등과 같이 쓰인다.

# 영어회화 표현사전 PERFECT PHRASES

▶ 저는 영어 실력을 향상시키기 위해 미국에서 일 년간 지낼 예정입니다.
I'm going to the United States for a year **because** I want to improve my English.
저는 영어 실력을 향상시키고 싶기 때문에 일 년간 미국에 갈 예정입니다.

▶ **The purpose of / The point in** going to the United States is to improve my English.
제가 미국에 가는 목적은 영어 실력을 향상시키는 것입니다.

## 이유나 목적에 대해 묻기 Asking About Reasons or Purpose

▶ **Why** are you going to the United States for a year?
왜 일 년간 미국에 가려고 하나요?

▶ **What** are you going to the United States **for**?
미국에는 왜 가나요?

▶ **What's behind** your going to the United States?
무엇 때문에 미국에 가나요?

▶ **How come** you're going to the United States?*
왜 미국에 가나요?

▶ **What are your reasons for** going to the United States?
미국에 가는 이유가 뭔가요?

▶ **What reason do you have for** going to the United States?
어떤 이유에서 미국에 가나요?

▶ **What purpose will** going to the United States serve?
미국에 가는 건 어떤 목적 때문인가요?

▶ **What's your motivation / purpose / incentive in** going to the United States?
미국에 가는 동기 / 목적이 무엇인가요?

## 장단점 Advantages and Disadvantages

결정을 내릴 때는 각각의 선택에 어떤 장단점이 있는지 살펴보는 것도 필요하다.

상황 : 에리코와 문정은 교외에서 홈스테이 가족과 살고 있다. 그들은 집주인들과 잘 지내고는 있지만, 좀 더 사생활과 독립된 삶을 원해서 시내에 있는 아파트로 이사하려고 생각 중이다.

### 장점 Advantages

* How come으로 시작하는 의문문에서는 주어와 동사를 도치시키지 않는다.

- **The advantages / benefits / merits / assets** of downtown are its central location and convenience.
  시내의 장점은 중심가에 위치해 있다는 것과 편의성이야.
- **The pros** are location and convenience.
  장점은 위치와 편의성이야.
- The convenience of downtown can be **a blessing / a bonus**.
  시내의 편의성은 이점이 / 득이 될 수 있어.
- **A strong point / good thing** is the central location.
  장점 / 좋은 점은 중심가에 위치해 있다는 거야.
- Downtown's central location and convenience are **advantageous / beneficial / favorable**.
  시내는 중심가에 있는 위치와 편의성이 장점이야.
- **On the plus / positive side / upside** downtown is central and convenient.
  좋은 점 / 긍정적인 측면 / 장점은 시내가 중심가에 있다는 것과 편의성이야.
- The central location and convenience **speak for** downtown.
  시내는 중심가에 있다는 것과 편의성이 장점이야.
- We can **benefit / profit from** the convenient location.
  편리한 위치에서 오는 이점을 얻을 수 있어.
- The convenient location could **work in our favor**.
  편리한 위치는 우리에게 유리할 수 있어.

### 단점 Disadvantages

- The **disadvantages / drawbacks / liabilities** of downtown are the expensive rents and the noise at night.
  시내에 사는 단점은 비싼 집세와 밤에 시끄럽다는 거야.
- **The cons** are the expensive rents and the noise at night.
  단점은 비싼 집세와 밤중 소음이야.
- The noise at night can be **a curse**.
  밤에 시끄러우면 괴로울 수 있어.
- **A weak point / bad thing** is the expensive rents.
  단점 / 나쁜 점은 집세가 비싸다는 거야.
- **On the minus / negative side / downside** the rents downtown are more expensive and there's more noise at night.
  안 좋은 점 / 부정적인 측면 / 단점은 시내의 방세가 더 비싸고 밤에 더 시끄럽다는 거야.
- The expensive rents and the noise at night **speak against** downtown.
  비싼 집세와 밤중 소음은 시내의 단점이라 할 수 있어.

영어회화 표현사전 PERFECT PHRASES

## 정보 추가하기 | Adding Information

- **In addition / additionally / on top of that**, we would have to spend less on public transportation if we lived downtown.
  게다가, 우리가 시내에 살게 되면 대중교통에 돈을 덜 쓰게 될 거야.
- **Furthermore / moreover** we'd have to spend less on public transportation.
  게다가 우리는 대중교통에 돈을 덜 쓰게 될 거야.
- We'd **also** spend less on public transportation.
  우리는 대중교통에 돈을 덜 쓰게 될 거야.
- **Not only** would we be closer to shopping, **but** we'd spend less on public transportation.
  쇼핑센터와 가까워질 뿐만 아니라, 대중교통에 돈을 덜 쓰게 될 거야.
- **Along with / as well as** spending less on public transportation, we'd be closer to shopping.
  대중교통에 돈을 덜 쓰게 될 뿐만 아니라, 쇼핑센터와도 가까워져.

## 결정하기 | Making a Decision

소포클레스에 의하면, 빠른 결정은 안전하지 못한 결정이고, 그래서 결정을 내리는 것은 당신이 해야 하는 가장 어려운 일들 중 하나이다. 특히 그것이 당신의 건강, 안녕, 그리고 돈과 관련됐을 때는 더욱 그렇다. 종종 당신은 차라리 과정을 회피하거나 미루고 싶을 때가 있겠지만, 긴급한 문제와 맞닥뜨렸을 때는 그럴 수가 없다. 결정은 설득, 타협, 공약, 동의 그리고 확인이라는 오랜 시간이 걸리고 힘든 과정을 수반하기도 하는데, 특히 다른 사람들과 연관되어 있을 때 더욱 그렇다. 이 경우, 당신은 동의에 따른 책무를 충실히 이행하겠다는 표시로 약속을 하라는 요청을 받을지도 모른다. 모든 사람이 동의하는 합의점에 이르는 결정을 내리기까지는 상당한 결단력 또한 요구된다.

## 설득하기 | Persuasion

**정중한**

**You have to admit / agree / see that** having your own business makes sense.
당신은 자기 사업을 하는 게 맞다는 것을 인정해야 / 동의해야 / 알아야 해요.

**Don't you think it's a good / great idea** to buy a house?
집을 사는 게 좋다고 생각하지 않나요?

**Doesn't the idea of** changing your job **sound** good?
직업을 바꿔 보는 거 좋은 생각 아닌가요?

What have you got to lose?
잃을 게 뭐가 있겠어요? (밑져야 본전 아닌가요?)

Changing your job **won't hurt / kill you**.
직업을 바꾼다고 해서 큰일 나지 않아요.

There's nothing to be afraid of.
아무것도 걱정할 거 없어요.

Think of what you have to gain.
무엇을 얻을 수 있는지 생각해 봐요.

Trust me, it's for the best.
날 믿어. 이게 최선일 거야.

Don't knock it until you've tried it.
먼저 해 보지도 않고 예단하지 마.

Imagine what you'll be missing.
어떤 걸 놓치게 될지 상상해 봐.

Don't be a stick in the mud / party pooper / a chicken.
고루하게 굴지 마 / 분위기 깨지 마 / 겁쟁이처럼 굴지 마.

Oh, come on.
야, 이러지 마.

편한

## 긴급한 일 Urgency

▶ This is important / urgent / critical / high priority.
이건 중요해 / 긴급해 / 매우 중요해 / 최우선으로 해야 해.

▶ This is of utmost importance.
이건 가장 중요해.

▶ This is an emergency.
이건 긴급한 일이야.

▶ It's a matter of life and death.
이건 생사가 달린 문제야.

▶ We can't wait on this.
우리는 이것에 대한 결정을 더 기다릴 수 없어.

▶ There's no time to hesitate / to waste / to fool around.
주저하고 / 낭비하고 / 빈둥거리고 있을 시간이 없어.

▶ The situation has reached critical mass.
더는 피할 수 없는 상황이야.

영어회화 표현사전 PERFECT PHRASES

## 타협 Compromise

- I'm sure we can work / figure something out.
  난 우리가 잘 해결해 낼 거라고 확신해.
- We can find / work out a compromise.
  우리는 타협점을 찾을 수 있어.
- Let's meet halfway / in the middle.
  우리 타협하자.
- We need some give and take / some leeway / some room to move on this.
  우리는 서로 조금씩 양보가 / 시간적인 여유가 / 이걸 해결할 여지가 필요해.
- We can try to find a happy medium.
  우리는 절충점을 찾아볼 수 있어.

## 확인하기 Checking and Verifying

- Can we go over this again?
  이걸 다시 한 번 검토해 볼까요?
- Can you run that past me again?
  다시 한 번 설명해 줄래요?
- Is everybody on the same page?
  모두 잘 이해하고 계신가요?
- Do we see eye to eye?
  모두 같은 의견이신가요?
- I need to check that once more.
  그걸 다시 한 번 확인해 볼게요.
- Let's walk through this again.
  이 부분을 다시 한 번 살펴보죠.

## 결정적인 요점 밝히기 Defining a Decisive Point

- **In the final analysis,** it is money that makes the difference.
  결국 차이를 만들어 내는 건 돈이야.
- **When it comes right down to it,** it's all about money.
  결국 중요한 것은 돈이야.
- **When all's said and done,** it's a matter of money.
  모든 것을 고려해 볼 때, 돈이 문제야.

- **Anyway you look at** it, it's the money that decides.
  아무리 살펴봐도, 돈에 달려 있어.
- **It all comes down / boils down to** money.
  결국 모든 것은 돈으로 결정돼.
- **The crux of the matter** is money.
  문제의 핵심은 돈이야.
- **It all depends on** money.
  전부 돈에 달려 있어.
- **At the end of the day,** it's all about money.
  결국 중요한 것은 돈이야.

## 결정에 대해 말하기 Stating a Decision

- **I've decided to** take out a loan / **decided on** taking out a loan.
  나는 대출을 받기로 결정했어.
- **I've made a decision to** quit my job and go back to school.
  나는 회사를 관두고 다시 공부하기로 결심했어.
- **I've taken the first step toward** selling my house.
  나는 집을 처분하는 일의 첫 단계를 시작했어.
- **I've made up my mind to** repaint the living room.
  나는 거실을 다시 칠하기로 마음먹었어.
- **I've opted for** a life insurance policy.
  나는 생명보험을 들기로 결정했어.
- **I'll have** the steak and lobster.
  나는 스테이크와 바닷가재를 먹을 거야.
- **This is the deal.**
  이게 우리가 합의한 내용이야.

## 서약 또는 동의 구하기 Asking for a Commitment or Consensus

- Who's for it / in favor?
  찬성하는 분 계신가요?
- Do I have your support / agreement?
  제 의견에 찬성하시나요?
- Can I count you in on this?
  이 일에 대해 당신을 믿어도 될까요?
- Are you a part of this?
  이것에 동의하시나요?

▶ Are you okay with this?
괜찮으시겠어요?

## 서약하기 Making a Commitment

▶ You can bank / count on me.
날 믿어도 돼.

▶ I'm in on this / in favor of this.
나는 이 일에 찬성이야.

▶ I'll go along with that.
나는 그 의견에 찬성이야.

▶ I'll back / support you all the way.
나는 항상 널 응원할게.

▶ I'm behind you 100 percent / all the way.
나는 언제나 네 편이야.

▶ You have my vote / pledge / commitment.
나는 네 편이야.

## 약속 Promises

▶ I promise / swear to stick to our decision / agreement.
나는 우리의 결정을 / 합의 사항을 끝까지 지킬 것을 약속해.

▶ I give you my word / word of honor / promise.
나는 맹세해.

▶ I will abide by our decision / deal / agreement.
나는 우리의 결정을 / 합의 사항을 잘 따를게.

▶ I will keep my end of the bargain.
나는 약속을 충실히 지킬게.

▶ You can hold me to it.
약속을 잘 지킬게.

▶ I won't go back on it.
번복하지 않을게.

▶ Cross my heart and hope to die.
맹세할게.

▶ A deal's a deal.
약속은 약속이잖아. (약속한 거니까 지킬게.)

## 결의 Determination

- You can't talk me out of this / change my mind / stop me.
  내 마음은 변하지 않을 거야. / 날 막진 못할 거야.
- There's nothing more to discuss.
  더 이상 얘기할 게 없어.
- I'm not moving / budging an inch on this.
  난 이 결정에 대해 조금도 변함없어.
- My mind's set / made up.
  내 마음은 확고해.
- I'm sticking to my guns / with it.
  끝까지 지킬게.
- I'm doing this come hell or high water.
  무슨 일이 있어도 난 이걸 할 거야.
- It's a done deal.
  다 끝난 일이야. (바꿀 수 없어.)
- That's it / final.
  이걸로 얘기 끝.

## 망설임과 주저함 Indecision and Hesitation

때로는 아무것도 결정하지 않는 것이 가장 좋은 결정일 수 있다. 당신이 '네'라고 말할 수 없고, '아니오'라고 말해야만 하는 상황이라면 말이다. 결정을 망설이는 것은 꾸물거리는 것처럼 보일 수 있지만, 적절한 때를 기다리는 것은 신중함을 보여 준다.

## 망설임 Indecision

- You're straddling / sitting on the fence.
  넌 어중간한 입장을 취하고 있어.
- You're wavering / seesawing / hemming and hawing.
  넌 망설이고 있어.
- I just don't know.
  난 잘 모르겠어.
- I'm not sure about that.
  그게 맞는 건지 잘 모르겠어.

영어회화 표현사전 PERFECT PHRASES

- I can't say one way or the other.
  어느 쪽으로도 말을 못하겠어.
- I can't make up my mind.
  결정을 못하겠어.
- I don't know where I stand.
  내 생각을 잘 모르겠어.
- It's debatable.
  그건 논란의 여지가 있어.

### 주저함과 미루기 | Hesitating and Delay

- I need to sleep on it / think it over / mull it over / give it some more thought.
  좀 더 신중히 생각해 볼게.
- Maybe we should take our time / wait and see.
  우리 천천히 시간을 갖고 생각해 보자 / 조금 두고 보자.
- I'm having second thoughts / getting cold feet.
  나 다시 생각해 보는 중이야 / 갑자기 걱정이 돼.
- We should look before we leap.
  우리 신중하게 결정해야 해.
- Let's keep it on the back burner.
  잠시 나중으로 미뤄 두자.
- Let's not make any hasty decisions / moves.
  성급하게 결정하지 말자.
- Tomorrow's another day.
  내일 생각하자.

## 일정과 기한 정하기 Setting Schedules and Deadlines

보통 결정에는 일정표가 따라온다. 즉, 행동을 시작하거나 마쳐야 할 시간과 기한을 정해야만 한다.

### 기한에 대해 묻기 | Asking About Deadlines

- What's our timeline / time horizon / time frame?
  전체 일정이 어떻게 돼?
- Are we talking short term or long term?
  단기적인 상황이야, 아니면 장기적인 상황이야?

- What's the deadline on this?
  이 일의 마감일이 언제야?
- What are we looking at time-wise?
  시간상으로는 어떻게 보고 있어?
- When's the first payment due?
  첫 번째 납부 기한이 언제야?
- When does the offer expire?
  그 제안은 언제까지 유효해?
- How soon do we have to know?
  얼마나 빨리 알아내야 해?
- By when / what time does the project have to be completed?
  언제까지 그 프로젝트를 마쳐야 해?

## 날짜 정하기 Setting a Date

- **We can plan** / **schedule** that **for** tomorrow / next week.
  그건 내일 / 다음 주로 일정을 잡아도 돼.
- **I'll pencil that in for** Tuesday afternoon / April tenth.
  그건 화요일 오후 / 4월 10일로 일단 잡아 놓을게.
- **Let's set a date for** the party.
  파티 날짜를 정하자.
- **I'll make a note of it for** Friday.
  금요일로 메모해 둘게.
- **A suitable** / **convenient time** would be sometime next week.
  적당한 / 편한 시간은 다음 주쯤이야.
- The assignment **has to be in** on Monday.
  과제를 월요일까지 제출해야 해.
- We need a decision **by** 2:00 / Friday / next week at the latest.
  우리는 늦어도 2시 / 금요일 / 다음 주까지는 결정해야 해.
- The payment will **be** / **come due on** the fifteenth.
  지불 기일은 15일이야.

## 미래 시간 Future Time

- **tomorrow** / **tomorrow** morning / afternoon / evening / night
  내일 / 내일 아침 / 오후 / 저녁 / 밤
- **next** week / month / year
  다음 주 / 다음 달 / 내년

- **the day after** tomorrow / **the week after** next
  모레 / 다음다음 주
- **the following** Thursday / week / month
  다음 목요일 / 주 / 달
- **in** five minutes / two hours / five days / three months / ten years
  5분 / 2시간 / 5일 / 석 달 / 10년 후에
- five minutes / hours / five days / three months / ten years **from now**
  지금부터 5분 / 5시간 / 5일 / 석달 / 10년 후
- **by** 9:00 / Thursday / next Friday / October / 2025
  9시 / 목요일 / 다음 주 금요일 / 10월 / 2025년까지

## 목표와 계획 Goals and Plans

목표를 세우고 계획을 구상하는 일은 의사 결정에 있어 꼭 필요하다. 목표는 앞으로의 행동 방향을 제시 할 뿐만 아니라, 동기를 부여하고 원동력이 되기도 한다.

### 단기 계획에 대해 묻기 Asking About Short-Term Plans

- **What are you planning** to do for the summer?
  여름에 뭐 할 계획이야?
- **What are you doing** on the weekend?
  주말에 뭐 할 거야?
- **What do you have in mind for** your honeymoon / after graduation?
  신혼여행 가서 / 졸업 후에 뭐 할 거야?
- **What are you going to do about** a job?
  어떤 일을 할 생각이야?
- **Are you doing anything** after school?
  방과 후에 뭐 할 계획이야?
- **Got / have any plans for** next year?
  내년에 무슨 계획이라도 있어?

### 단기 계획 Short-Term Plans

- **I'm planning / hoping** to travel down the West Coast.
  나는 서부 해안으로 여행을 갈 계획이야 / 가고 싶어.

- **We're thinking about** building a house.
  우리는 집을 지을까 생각 중이야.
- **I'm going to** move to an island for the summer.
  나는 여름에 섬으로 이사 갈 거야.
- **I intend to** renovate my condo.
  나는 내 아파트를 개조할 생각이야.

## 장기 목표에 대해 묻기 Asking About Long-Term Goals

- What are your professional **goals / objectives / aims / targets / objectives ambitions**?
  당신의 직업상 목표는 무엇인가요?
- What **goals / objectives** do you want to reach in your life?
  당신은 일생 동안 어떤 목표를 이루고 싶나요?
- **What do you hope to** achieve / accomplish in college?
  대학에서 무엇을 성취하고 싶은가요?
- **Where do you want to be** professionally / personally in five years?
  당신은 5년 후에 직업적으로 / 개인적으로 어떤 모습이기를 바랍니까?
- **What are you aiming to** do in your career / in your private life?
  당신은 경력에서 / 개인적인 삶에서 목표하는 바가 무엇인가요?
- **Where do you see** yourself / your business / in five years?
  5년 후 당신의 모습이 / 사업이 어떨 것 같나요?

## 목표와 계획에 대해 말하기 Stating Goals and Plans

- My **goal / aim / objection / dream / ambition** is to start my own business.
  제 목표 / 꿈 / 포부는 제 사업을 시작하는 거예요.
- **I hope / aspire** to write a book.
  저는 책을 쓰고 싶어요.
- **I plan to** sail / **plan on** sailing around the world some day.
  언젠가 배를 타고 세계 일주를 할 계획이에요.
- **I dream of** retiring at the age of forty.
  저는 40살에 은퇴하는 게 꿈이에요.
- **It's my dream to** climb Mount Everest.
  제 꿈은 에베레스트산을 등반하는 거예요.
- **I'm striving to** make a million dollars / I'm aiming for a million dollars.
  저는 정말 돈을 많이 벌고 싶어요.

- **Our target is to** retire early and travel around the world.
  우리의 목표는 일찍 은퇴해서 세계 일주를 하는 거예요.
- **I have my sights set on** an Olympic gold medal.
  저는 올림픽 금메달을 목표로 하고 있어요.
- **I'm set on** making a documentary.
  저는 다큐멘터리 영화 제작을 결심했어요.
- **My New Year's resolution is to** stop smoking.
  저의 새해 결심은 금연하는 거예요.

## 격려, 인정, 그리고 축하 Encouragement, Recognition, and Congratulations

친구나 가족이 새로운 일을 시작할 때 당신은 격려, 인정, 축하하는 말로 그들을 응원할 수 있다.

### 격려 Encouragement

- You've got what it takes to win the race!
  너는 경주에서 우승할 자격이 충분히 있어!
- You can handle / do it!
  너는 잘해 낼 거야!
- You were cut out for this!
  네가 이 일에 딱 맞았어!
- Go on, give it a try / a go / your best shot!
  자, 한번 해 봐!
- Don't be afraid / give up / quit now.
  겁내지 / 포기하지 / 지금 포기하지 마.
- Keep your chin up!
  기운 내!
- Knock yourself out!
  최선을 다해!
- Never say never!
  불가능은 없어!
- Break a leg!*
  행운을 빌어!
- Go for it!
  힘내!

* 이 표현은 극장에서 유래한 말로 "행운을 빌어!"를 의미한다.

## 존경 및 인정 Respect and Recognition

- If it hadn't been for you, we wouldn't have been successful.
  당신이 없었다면, 우리는 성공하지 못했을 거예요.
- We all think very highly of you.
  우리들 모두 당신을 아주 높이 평가해요.
- We take off our hats to you.
  당신에게 경의를 표합니다.
- I have to hand it to you.
  당신 실력은 알아줘야 해요.
- The credit is all yours.
  다 당신 덕분이에요.
- You've made a great contribution.
  당신이 크게 공헌했어요.
- You have our respect.
  당신을 존경해요.
- Respect!
  존경합니다!
- Hats off!
  대단한데!

## 축하 Congratulations

**정중한**

I'd like to congratulate you on your good marks.
당신의 우수한 성적을 축하드립니다.

My congratulations / compliments on your promotion.
승진을 축하드립니다

You can be proud of your achievements /accomplishments.
당신의 성과 / 업적에 자랑스러우시겠어요.

You've really proven yourself.
당신의 진가를 보여 주셨네요.

You've done a fine job.
대단한 일을 하셨어요.

You deserve / you've earned it!
당신은 그럴 자격이 있습니다!

What a success / an accomplishment!
성공하셨군요 / 해내셨군요!

영어회화 표현사전 PERFECT PHRASES

**Good job / work!**
잘했어!

**Congrats!**
축하해!

**Kudos!**
잘했어!

**Way to go!**
잘했어!

편한

## 감정 표현하기 Expressing Emotions

결정을 할 때는 당신의 머리뿐만 아니라 마음도 관여한다. 따라서 소망, 기대, 의심, 후회 그리고 실망과 같은 감정을 표현할 수 있는 적절한 말을 알아 두면 유용하게 쓸 수 있다.

### 소망 Hope

- **I hope / pray to God** I'll be accepted into medical school.
  내가 의과 대학에 입학할 수 있기를 소망해 / 기도해.
- **I'm hopeful / optimistic / positive** about getting a good job.
  나는 좋은 일자리를 얻을 수 있을 거라고 믿어.
- **I trust that** everything will work out for you.
  난 네가 잘해 낼 거라고 믿어.
- **I have high hopes for** our children / **that** our children will go to college.
  나는 우리 아이들에게 / 우리 아이들이 대학교에 진학하는 데 대해 많은 기대를 하고 있어.
- **Hopefully / God willing / with any luck** we'll make a profit on the sale.
  운이 좋으면 우리는 판매 수익을 올릴 수 있을 거야.
- **I'd like to think that** my kids will do well in college.
  나는 내 아이들이 대학에서 공부를 잘 거라고 믿고 싶어.
- I'll keep my fingers crossed for you.
  너에게 행운을 빌게.

### 기대 Anticipation

- **I can't wait to** take sailing lessons.
  요트 수업을 빨리 받고 싶어.
- **I'm really looking forward to** grad school / to going to grad school.

대학원에 다니는 게 정말 기대돼.
- **I'm all wound up about** my new job.
  새 일자리 때문에 정말 떨려.
- I'm on pins and needles (feeling nervous).
  나 긴장돼.
- He's raring to go.
  그는 가고 싶어서 몸이 근질근질해.
- He's eager as a beaver.
  그는 굉장히 흥분했어.

 의심 Doubt

- **I have serious / grave / nagging doubts about** putting our house up for sale.
  나는 우리 집을 팔려고 내놔도 될지 매우 / 심각하게 / 계속 의심쩍어.
- **We're having second thoughts** about putting our house on the market.
  우리는 집을 팔려고 내놓는 것에 대해 다시 생각해 보고 있어.
- **I'm not convinced about** this exercise program / **that** this exercise program is the answer.
  나는 이 운동 프로그램에 대해 / 이 운동프로그램이 해결책인지 확신이 안 서.
- **I doubt that** we'll sell our house.
  나는 우리가 집을 팔 것 같지 않아.
- **I wonder about** putting our house up for sale right now.
  나는 우리 집을 당장 내놔야 하는 건지 궁금해.
- **I'm not sure / certain about** selling our house in the present market.
  나는 지금 우리 집을 팔려고 내놔도 될지 잘 모르겠어.
- **I don't know if / whether we** should sell our house.
  나는 우리가 집을 팔아야 할지 잘 모르겠어.
- We shall see.
  좀 더 지켜보자.

 후회 Regret

- **Had I known / if I'd known** that the laptop was going on sale, I'd have waited to buy it.
  노트북이 세일할 줄 알았으면, 기다렸다가 샀을 텐데.
- **I wish** I had thought of applying for a visa earlier.
  비자를 신청할 생각을 좀 더 일찍 했으면 좋았을 텐데.

- **I regret** not putting more effort into my studies at school.
  학교에서 공부를 좀 더 열심히 하지 않은 게 후회돼.
- **I'm sorry about** wasting my money.
  쓸데없이 돈을 낭비해서 속상해.
- **Next time** I'll be more careful.
  다음번에는 좀 더 조심할게.
- I could kick myself.
  내 자신이 정말 싫어.

 **실망** Disappointment

- **I was really looking forward to** the yoga class / taking the yoga class.
  나는 요가 수업을 / 요가 수업 듣는 걸 정말 기대하고 있었는데.
- **I had my heart / mind set on** getting a promotion.
  나는 승진할 수 있을 거라고 생각했어.
- The exhibition **let me down**.
  전시회가 실망스러웠어.
- My partner **left me in the lurch**.
  내 파트너가 나를 곤경에 빠뜨렸어.
- I'm crushed / devastated / blown away.
  나는 충격에 빠졌어.
- I had my hopes up.
  난 기대하고 있었는데.

 **A Tough Decision**

이번 챕터에서 배운 표현에 밑줄을 그어 보세요.

GINA    Are you doing anything this weekend, Josh?

JOSH    Nothing exciting. The deadline for community college registration is approaching fast, and I still haven't made up my mind which course to take.

GINA    What are your options?

JOSH    Well, I've been debating whether to take a course on how to build a basic website or one on personal financial fundamentals.

GINA    That's a tough choice. I guess it all boils down to which one meets your goals.

JOSH    My long-term goal is to start up my own business.

GINA    Good for you!

JOSH    The advantage of being able to build your own website is that I can get myself out there on the Internet.

GINA    For sure. There's so much you can do on the web. A friend of mine sells the jewelry she makes online, and she's doing great.

JOSH    On the other hand, I need to know how to manage my finances.

GINA    Hmm. Sounds like six of one, and half a dozen of the other.

JOSH    I've even considered taking both courses at the same time.

GINA    You're a bright guy, Josh. Go for it!

JOSH    The downside, however, is I'd have to fork out a lot of money at once. I'm not a millionaire yet.

GINA    I suppose going into debt in order to learn how to manage your money would be defeating the purpose. There isn't a compromise, is there?

JOSH    No, it's one or the other. Anyway, enough about me. Got any plans yourself?

GINA    Yeah, guess what? I enrolled in the Herbal Studies Certificate Program.

JOSH    How come? I thought you intended to go to med school.

GINA    My parents have their heart set on me becoming a doctor, but

| | |
|---|---|
| | holistic healing and alternative therapy are more up my alley. And the good thing about the course is it's really hands-on. I can hardly wait! |
| JOSH | I wish I was as enthusiastic. And decisive. The more I think about it the harder it gets. |
| GINA | Maybe you shouldn't think about it so much. |
| JOSH | Yeah, but I don't want to make a decision I'll regret. |
| GINA | In any case, you have to trust yourself, listen to your inner voice. |
| JOSH | Right now all I hear from the inside is my stomach growling. |
| GINA | Then, let's go to my family's restaurant. My grandpa always said never make a hard decision on an empty stomach. |
| JOSH | Sounds like a wise man. Was he a judge? |
| GINA | No, a cook. He started the business. |

 **어려운 결정**

| | |
|---|---|
| 지나 | 조쉬, 이번 주말에 뭐 할 거야? |
| 조쉬 | 특별한 계획은 없어. 커뮤니티 칼리지 등록 마감일이 얼마 남지 않았는데, 어떤 강의를 들을지 아직 결정 못했어. |
| 지나 | 어떤 선택 사항이 있는데? |
| 조쉬 | 음, 기본 웹사이트 구축 방법에 관한 강의를 들을지 아니면 개인 금융 기초 강의를 들을지 고민 중이야. |
| 지나 | 선택하기 어렵겠는걸. 내 생각엔 어느 게 네 목표와 맞는지가 중요할 것 같은데. |
| 조쉬 | 내 장기적인 목표는 내 사업을 시작하는 거야. |
| 지나 | 좋은데! |
| 조쉬 | 자신의 웹사이트를 만들게 되면 좋은 점은 인터넷에 자신을 알릴 수 있다는 거야. |
| 지나 | 맞아. 웹에서 네가 할 수 있는 건 정말 많지. 내 친구 한 명도 자신이 만든 장신구를 온라인에서 파는데, 잘되고 있거든. |
| 조쉬 | 다른 한편으로는, 나는 내 재정을 관리하는 법을 알아야 하거든. |
| 지나 | 음. 오십 보 백 보인 것 같네. |
| 조쉬 | 두 수업을 동시에 듣는 것도 생각해 봤어. |
| 지나 | 조쉬, 똑똑한데. 그렇게 해! |
| 조쉬 | 그런데 단점은 한 번에 돈이 많이 든다는 거야. 나는 아직 백만장자가 아니잖아. |

지나 돈 관리법을 배우려고 빚을 지는 건 목적에 어긋나는 일 같아. 절충안이 없네, 안 그래?
조쉬 응, 둘 중 하나여야 해. 어쨌든, 내 얘기는 그만하자. 너는 어떤 계획이라도 있어?
지나 응, 있잖아, 나 약초학 자격증 프로그램에 등록했어.
조쉬 왜? 난 네가 의과 대학에 갈 거라고 생각했는데.
지나 부모님은 내가 의사가 되길 바라시지만, 난 전인치유와 대체요법이 내 적성에 더 맞는 것 같아. 그리고 그 과정의 좋은 점은 실습을 할 수 있다는 거야. 빨리 해 보고 싶어!
조쉬 나도 너처럼 열정적이었으면 좋겠어. 결단력도 있고 말이야. 나는 생각을 하면 할수록 더 어려워지는 것 같아.
지나 너무 많이 생각하지 말아야겠다.
조쉬 맞아, 하지만 난 후회할 결정은 하고 싶지 않아.
지나 어떤 일이 있어도, 네 자신을 믿고, 너의 내면의 소리에 귀를 기울여야 해.
조쉬 지금 당장 내 안에서 들리는 소리는 배에서 나는 꼬르륵 소리뿐인걸.
지나 그럼 우리 가족이 운영하는 음식점에 가자. 할아버지가 늘 말씀하시길 배고픈 상태에서는 절대로 어려운 결정을 하는 게 아니래.
조쉬 아주 현명하신 분 같은데. 할아버지가 판사셨어?
지나 아니, 요리사. 할아버지가 창업하셨어.

## Topics for Practice

Talk about a recent decision you've made…

1. about work or school
2. about a holiday or trip
3. about your money
4. about how you voted in the last election
5. about something you wanted or needed to buy
6. that was very difficult to make
7. that was very easy to make
8. that involved your friends or family
9. that required you to do some research
10. that you regret or wish you could change

Talk about your goals or plans…

1. for your career or job
2. for your family
3. for your next vacation
4. for your health
5. for your retirement
6. for a team, club, or organization you belong to
7. for the next five / ten / twenty years
8. to change something in your life
9. to do something you've always dreamed of
10. to learn something you've never had time for

**영어회화 표현사전**

# 토론을 위한
# 표현들

"Our opinions do not really blossom into fruition until
we have expressed them to someone else."
"우리의 의견은 다른 사람에게 표현했을 때 비로소 꽃을 피우게 된다."
- Mark Twain

PERFECT PHRASES

# PART 2

# Opinions
## 의견

## Objectives 목표

▲ 자신의 의견을 말하고 다른 사람의 의견을 묻기
▲ 의견에 동의 또는 반대하기
▲ 사실, 통계 및 예시로 의견 뒷받침하기

　마리 클레르는 한 미국 대학에서 대학원 과정graduate program에 입학해 언론학 공부journalism studies를 계속할 예정이다. 그녀는 TV 저널리즘처럼 경쟁이 심한 분야competitive field에서 성공한다는 게 얼마나 어려운 일인지 잘 알고 있다. 모국native country인 프랑스에서는 운 좋게 취업한다land a job 해도, 상급 수준의 영어 실력 없이는 국제적 환경global environment에서 그녀가 원하는 만큼 나아갈 수 없을 것이다.

　마리 클레르는 학창 시절에 영국에서 여름 집중 코스를 들었고, 가족과 함께 유럽 전역을throughout Europe 여행 다녔다. 그녀는 능숙하게 번역할 수는 있었지만, 학문과 관련된 영어 실력academic skills은 좀 부족하다. 연구 프로젝트에 참여하고, 탐사 인터뷰를investigative interviews 하고, 회화와 작문speaking and writing에서 모두 설득력 있는 주장을 펼치고, 현 사안current affairs에 대한 토론에서 의견을 교환하고 이의를 제기할 수 있으려면, 마리 클레르는 관용구idiomatic phrases를 통달해서 영어권 원어민이 말하는 것처럼 그 표현들을 손쉽게 사용할 줄 알아야 한다.

모든 사람들은 의견을 가지고 있다. 언론의 자유를 소중하게 생각하는 문화에서는 사람들이 사소한 일(날씨, 교통)에서부터 좀 더 진지한 문제(교육, 건강)와 논란이 되는 쟁점(지구 온난화, 사형 제도, 줄기세포 연구)에 이르기까지 다양한 주제에 관해 자신의 의견을 말한다. 의견을 제시하는 것은 쉬울 수 있다. 특히 '시류에 편승해서' 여론을 그대로 따라 말한다거나 신문, TV 또는 집에서 듣거나 읽은 의견을 그대로 옮긴다면 말이다. 외국어로 정통한 의견을 말하고 사실을 근거로 설득력 있는 주장을 펼칠 수 있다는 것은 엄청난 성과이다.

# Phrases 표현

## 시작하는 말 ▸ 의견 묻기 Asking for an Opinion

- **What do you think about** the city's plan to replace the old bridge?
  오래된 다리를 교체한다는 시의 계획에 대해 어떻게 생각하세요?
- **What do you make of** the new cafeteria?
  새 카페테리아에 대한 당신의 생각은 어떤가요?
- **What's your opinion of / on** the school's food services?
  학교의 음식 서비스에 대해 어떻게 생각하세요?
- **What's your view / take / stand / position on** the changes to our curriculum?
  교육 과정의 변화에 대한 당신의 생각은 어때요?
- **Where do you stand on** drunk-driving laws?
  음주 운전 관련 법에 대해 당신은 어떤 입장인가요?
- **How do you feel about** the recent weather?
  요즘 날씨가 어떤 것 같아요?
- **What's your reaction to** the President's speech?
  대통령의 연설에 대해 어떻게 생각하세요?
- **I'd like to hear what you think about** the education system.
  교육 제도에 대한 당신의 생각을 듣고 싶어요.
- **I'd like an honest opinion on** my presentation.
  제 프레젠테이션에 대한 솔직한 의견을 듣고 싶어요.

## 의견 말하기 Stating an Opinion

의견을 말할 때는 그것이 자신의 의견임을 강조하기 위해 개인적인 방식으로 표현할 수도 있고,

특정 사안에 대해 누군가가 '해야 할 일'이나 '해서는 안 될 일'을 제안하면서 개인적이지 않은 표현으로 의견을 제시할 수도 있다.

 사람들이 현안 문제에 관해 자신의 의견을 어떻게 표현하는지 보려면 지역 신문의 독자 투고란 또는 사설을 참고할 것.

▶ I **think / feel / believe / find that** the old bridge should be repaired instead of replaced.
저는 그 오래된 다리를 교체하는 대신 수리를 해야 한다고 생각해요.

▶ I **support / favor / advocate / stand for / oppose** electronic surveillance.
저는 전자 기기를 이용한 감시에 찬성해요 / 반대해요.

▶ I'm **convinced that** guns don't belong in people's homes.
저는 가정에서 총기를 보유해서는 안 된다고 생각해요.

▶ I'm **for / against / opposed to** universal health care.
저는 공공 의료 보험에 찬성해요 / 반대해요.

▶ **My opinion / position / stand / viewpoint on** spanking is that it should be a parent's right.
저는 엉덩이 체벌이 부모의 권한이라고 생각해요.

▶ **In my opinion / view** smoking should / shouldn't be allowed in restaurants and bars.
저는 음식점과 술집에서의 흡연은 허용되어야 한다고 / 허용되어서는 안 된다고 생각해요.

▶ **From my point of view / perspective** bullying in school shouldn't be tolerated.
저로서는 학교에서 왕따 문제가 용납되어선 안 된다고 생각해요.

▶ **As far as I'm concerned** the city should / shouldn't set up a needle exchange downtown.
제 입장에서는 시가 시내에 주삿바늘 교체에 대한 방책을 세워야 한다고 / 세워서는 안 된다고 생각해요.

▶ **If you ask me**, the price of gasoline is outrageous.
제 생각에는 휘발유 가격이 너무 비싸요.

▶ **The way I look at it** sports has become too much like a business.
제 생각에는 스포츠가 지나치게 상업화된 것 같아요.

▶ **As I see it / the way I see things** good manners should be taught in school.
제가 보기에는 학교에서 예의범절을 가르쳐야 한다고 생각해요.

▶ It **seems / appears to me that** children are losing touch with nature.
저한테는 아이들이 자연과 멀어지고 있는 것처럼 보여요.

▶ **Someone / they should do something about** homelessness.
누군가는 노숙자들에 대한 대책을 세워야만 해요.

다음은 당신의 의견에 힘과 확신을 더해 주는 부사들이다.
absolutely / completely / entirely / firmly / fully 전적으로, 틀림없이
definitely / for sure / without a doubt 분명히, 확실히, 틀림없이
frankly / honestly / personally 솔직히, 개인적으로
strongly / unequivocally 강력하게, 분명히

I **firmly** believe that all children should be given equal educational opportunities.
모든 아이들에게 동등한 교육의 기회가 주어져야 한다고 저는 굳게 믿고 있습니다.

**Without a doubt** the city needs a more efficient public transportation system.
의심할 여지 없이, 시는 좀 더 효율적인 대중교통 체계가 필요합니다.

We **strongly** support zero tolerance for drinking and driving.
우리는 음주 운전에 대한 엄중 처벌 원칙을 강력하게 지지합니다.

## 가치 판단 Value Judgments

'가치 판단'은 사실이나 신뢰할 만한 정보보다는 개인적인 믿음에 근거한 편향된 의견이다. 대개 가치 판단은 무엇이 좋거나 나쁘다는 진술이며, 그 말들은 문화적·종교적 배경, 개인적 선호도 그리고 경험에 영향을 받는다. 사람들은 항상 객관적이고 이성적일 수 없기 때문에 종종 가치 판단을 하고 그것을 정통한 의견이라고 여기기도 한다.

가치 판단은 그 사람이 논의하는 주제보다 가치 판단을 하는 그 사람에 대해 더 많은 것을 알려준다. 가치 판단을 하지 않는 것은 어렵지만, 객관성과 이성적인 사고가 요구되는 공식적인 논의와 토론 자리에서는 삼가해야 한다.

Jonathan is the best teacher in the school.
조나단은 그 학교에서 최고의 교사예요.

Drinking too much alcohol is bad for you.
지나친 음주는 건강에 해로워요.

Soccer hooligans are a bunch of Neanderthals.
축구 훌리건에는 원시인 같은 사람들이 많아요.

## 일반화 Generalizations

가치 판단을 피하는 것은 물론, 성급한 일반화의 오류를 범하지 않도록 조심해야 한다. 예를 들어, 한 여성이 사고를 냈다고 해서 모든 여성이 운전을 못한다고 말하는 것은 성급한 일반화이다. 당연히 운전을 아주 잘하는 여성들도 많기 때문이다. 설득력을 갖추려면, 일반 진술은 반복된 경험을 통해 입증되고 일반 상식으로 받아들여져야 한다.

- **Everyone knows / it is common knowledge that** obesity increases the risk of heart disease.
  비만이 심장병의 위험을 증가시킨다는 것은 모두가 다 아는 이야기 / 상식입니다.
- **In general / generally speaking** obesity increases the risk of heart disease.
  보통 / 일반적으로, 비만은 심장병의 위험을 증가시킵니다.
- Obesity **usually / generally / commonly / more often than not** increases the risk of heart disease.
  비만은 대개 / 일반적으로 / 보통 / 자주 심장병의 위험을 증가시킵니다.
- **As a rule** obesity increases the risk of heart disease.
  일반적으로 비만은 심장병의 위험을 증가시킵니다.
- Obesity **tends to** increase the risk of heart disease.
  비만은 심장병의 위험을 증가시키는 경향이 있습니다.
- **In the majority of cases** obesity increases the risk of heart disease.
  대부분의 경우 비만은 심장병의 위험을 증가시킵니다.

## 동의와 반대 Agreeing and Disagreeing

### 동의 구하기  Asking for Agreement

- Which opinion do you support / side with / agree with?
  당신은 어떤 의견을 지지하세요 / 의견에 동의하세요?
- Which side of the argument are you on?
  당신은 어느 쪽 의견에 동의하세요?
- What do you say to that?
  그것에 대해 어떻게 생각하세요?
- Who do you agree with?
  당신은 누구의 의견에 동의하세요?
- Do you agree / disagree?

찬성하세요 / 반대하세요?
▶ **Do you concur or not?**
동의하시나요, 아니면 반대하시나요?

▶ **Do you see it my way?**
저와 같은 의견이세요?

▶ **Are we in agreement?**
우리 같은 의견인가요?

▶ **Are you with me?**
제 의견에 찬성하세요?

## 동의하기 | Agreeing

*정중한*

**I agree with you completely / fully / absolutely / entirely.**
저는 당신의 의견에 전적으로 동의합니다.

**I couldn't agree with you more!**
저는 당신의 말에 전적으로 찬성해요!

**My thoughts / feelings / opinion exactly.**
제 생각도 그래요.

**You're right / absolutely right about that!**
당신 말이 / 당신이 전적으로 옳아요.

**You've hit the nail on the head.**
제 말이 바로 그거예요.

**You took the words right out of my mouth.**
딱 제가 하려던 말이었어요.

**You can say that again.**
동감이에요.

**I hear you!**
동감해요!

**You said it!**
맞는 말이에요!

**Hear, hear!**
옳소, 옳소!

**Right on!**
옳소 / 잘한다!

**Totally!**
완전히 (동의해)!

*편한*

영어회화 표현사전 PERFECT PHRASES

## 반대하기 Disagreeing

정중한

I disagree completely / totally / absolutely!
저는 전적으로 반대합니다!

I can't share your opinion / view at all.
저는 당신의 의견에 동의할 수 없어요.

I have to / beg to differ.
제 생각은 좀 달라요.

I don't see it that way at all.
저는 전혀 그렇게 생각하지 않아요.

That's easy for you to say.
당신이야 그렇게 말하기 쉽죠.

You've got that all wrong.
그건 당신이 전부 오해한 거예요.

That's ridiculous / baloney!
그건 말도 안 돼요!

That makes no sense.
그건 말이 안 돼요.

No way!
말도 안 돼!

편한

## 무관심 Indifference

▸ I don't know what to make of the whole issue.
   저는 그 모든 문제에 대해 잘 모르겠어요.

▸ It doesn't matter to me one way or the other.
   어떻게 되든 저는 상관없어요.

▸ It's six of one and half a dozen of the other.
   비슷비슷해요.

▸ It's not worth getting excited about.
   흥분할 가치가 없어 보이는데요.

▸ It's all the same to me.
   저한테는 전부 마찬가지예요.

▸ I couldn't care less.
   저는 관심없어요.

## 의견 뒷받침하기 Supporting an Opinion

설득력 있는 주장은 사실, 수치, 그리고 예시의 뒷받침이 필요하다. 그렇지 않다면, 근거 없는 의견은 토론에서 편향된 편견, 선입견 또는 그저 허풍으로 여겨질 수 있다. 사실은 틀림없다고 분명히 알려진 것이다. 사실이 뒷받침되지 않는 의견은 정당하지도 설득력 있지도 않다. 입증된 사실과 추정 사실 간의 차이를 잘 가려내야 한다.

- 입증된 사실은 일반적으로 인정되며 반론의 여지가 없는 것이다.
  
  The earth revolves around the sun.
  지구는 태양 주위를 돈다.

- 추정 사실은 타당하게 여겨지고 사실일 가능성이 있지만, 입증되지는 않은 것이다.
  
  The Minister of Health reported in his speech last night that the government has spent 30 percent more on health care this year.
  보건부 장관은 정부가 올해 의료 보험에 30%를 더 사용했다고 지난밤 발표에서 보고했다.

또다른 위험은 당신이 그 주장을 뒷받침하는 사실들만큼이나 반박할 수 있는 사실들도 많이 발견할 수 있을지 모른다는 것이다. 과학적인 연구는 설득력 있을 수는 있지만, 계속해서 뉴스에서 듣게 되는 것처럼, 연구원들은 이전 연구 결과에 반대되는 새로운 연구 결과를 내놓는다. 결국 당신은 자신의 판단력과 상식을 활용해야 한다. 이번 장에서 전에 배운 '가치 판단'과 다음 '사실'들을 비교해 보자.

▶ Jonathan has a Bachelor of Education degree and 15 years of teaching experience.
  조나단은 교육학 학사 학위와 15년의 교육 경력이 있다.

▶ A small amount of alcohol can impair people's judgment and slow their reaction time.
  약간의 알코올도 사람의 판단력을 손상시켜 반응 시간을 늦출 수 있다.

▶ FIFA has taken drastic measures to control aggressive behavior among groups of fans at soccer matches.
  FIFA는 축구 시합에서 팬들 집단 사이의 공격적인 행동을 통제할 수 있는 극단적인 조치를 취했다.

### 사실 Facts

▶ **It's clear / obvious / evident that** the Internet has become a major source of information.
  인터넷이 정보의 주요 공급원이 됐다는 것은 분명합니다.

- **As a matter of fact / in fact** Internet use is growing worldwide.
  사실 인터넷 사용은 세계적으로 확산되고 있습니다.
- **The fact is that** the Internet is a part of our daily life.
  인터넷이 우리 일상생활의 한 부분임은 사실입니다.
- **Clearly / obviously** people use the Internet more and more.
  확실히 사람들은 점점 더 많이 인터넷을 사용하고 있습니다.
- **There's no doubt** that the Internet will continue to grow in importance.
  인터넷의 중요성이 계속해서 더 커질 것은 분명합니다.
- **I'd like to point out that** without the Internet, communication would be slower.
  저는 인터넷이 없으면 의사소통이 느려질 것이라는 점을 지적하고 싶습니다.

## 수치와 통계 Figures and Statistics

비만과 심장병 간의 관계처럼 어떤 사실은 자명하다. 즉 그런 사실은 타당성을 입증하기 위한 자세한 설명이 필요하지 않다. 그럼에도 불구하고, 수치와 통계는 찬성하거나 반대하는 쟁점에 강력한 논거를 제시하고 싶을 때 유용하다. 연구는 계속 진행되고 있기 때문에, 반드시 가장 최신의 그리고 신뢰할 수 있는 것을 인용하도록 한다.

### 수와 값으로 나타내는 사실 Facts That Express Numbers and Costs

- The **average** world penetration of mobile cell phone use **stands at** 96.2%.
  휴대 전화 사용의 세계 평균 보급률은 96.2%에 이릅니다.
- **About 13 countries** still do not have access to the Internet.
  약 13개국은 여전히 인터넷에 접속할 수 없습니다.
- **About 8.6 percent / nearly one-tenth of Internet users** are located in the United States.
  인터넷 사용자의 약 8.6% / 거의 1/10이 미국에 있습니다.
- In Europe **8 out of 10 people** use the Internet.
  유럽에서는 10명 중 8명이 인터넷을 사용합니다.
- Patients with an alcohol problem are **nearly five times more likely** to die in motor vehicle crashes, 16 times **more likely** to die in falls, and **10 times more likely** to become fire or burn victims.
  알코올 문제가 있는 환자는 교통 사고에서의 사망 가능성이 거의 5배 이상, 낙상에서의 사망 가능성이 16배 이상, 그리고 화재나 화상에서 사망할 가능성이 10배 이상 됩니다.
- Americans **are subject to $4 billion worth of** alcohol marketing each year.

매년 주류 시장에서 40억 달러에 달하는 금액의 대상이 미국인입니다.

▶ In 2002, alcohol accounted for **more than $14.5 billion in** medical costs, or **$463 per capita**, in Canada.
2002년, 캐나다에서는 술이 의료비에서 145억 달러 이상, 1인당 463달러에 달했습니다.

## 추세 및 변화와 관련된 사실 Facts Concerning Trends and Changes

▶ The years 2002, 2003, and 2007 were **relatively high** drought years, while 2001, 2005, and 2009 were **relatively low** drought years.
2001년, 2005년과 2007년은 상대적으로 덜 가물었던 해인 반면, 2002년, 2003년과 2007년은 상대적으로 매우 가물었던 해였습니다.

▶ Carbon dioxide **accounts for / makes up** approximately 80 percent of this increase.
이산화탄소는 이러한 증가에서 대략 80퍼센트를 차지합니다.

▶ Greenhouse gas emissions **increased by** 17 percent from 1990-2007.
온실가스 배출은 1990년부터 2007년까지 17퍼센트 증가했습니다.

▶ The prevalence of extreme single-day precipitation events **remained fairly steady** between 1910 and the 1980s, but **has risen substantially** since then.
일일 강수극단사상의 확산이 1910년과 1980년대 사이에는 꽤 안정된 상태를 유지했지만, 그 이후로 상당히 많이 상승했습니다.

▶ Many, but not all, human sources of greenhouse gas emissions **are expected to rise** in the future.
전부는 아니지만 온실 가스 배출의 원인 중 인간이 차지하는 부분이 앞으로 증가할 것으로 보입니다.

▶ When examining the entire ACE Index data series from 1950 to 2009, **no clear trends** in cyclone intensity are apparent.
1950년부터 2009년까지 전체 ACE 인덱스 자료 계열을 검토했을 때 사이클론의 강도에는 뚜렷한 동향이 없어 보입니다.

▶ Over the entire period from 1910 to 2008, the prevalence of extreme single-day precipitation events increased **at a rate of about half a percentage point per** decade.
1910년부터 2008년까지 전 기간에 걸쳐 일일 강수극단사상의 확산이 10년마다 약 0.5퍼센트 포인트의 비율로 증가했습니다.

## 변화 / 변화의 부족을 나타내는 동사 Verbs That Express a Change, or Lack of Change

▶ grow / rise / increase / climb / surge / skyrocket
늘어나다 / 증가하다 / 인상되다 / 올라가다 / 급등하다 / 급상승하다

영어회화 표현사전 PERFECT PHRASES

- decrease / reduce / lower / decline / drop / dwindle / fall / sink / plummet
  줄어들다 / 감소하다 / 낮아지다 / 하락하다 / 떨어지다 / 줄어들다 / 급락하다
- remain / stay / hold steady / stagnate / show no change / level off / freeze
  그대로 있다 / 머물다 / 침체되다 / 변동이 없다 / 안정화되다 / 동결하다
- fluctuate / change / vary / go up and down / see-saw
  변동을 거듭하다 / 변하다 / 달라지다 / 오르락내리락하다 / 요동치다

## 변화율을 나타내는 부사 Adverbs That Express a Rate of Change

- sharply / steeply / dramatically / significantly / measurably / exponentially / suddenly
  급격히 / 가파르게 / 현저히 / 상당히 / 어느 정도 / 기하급수적으로 / 갑자기
- steadily / constantly / consistently / regularly
  꾸준히 / 끊임없이 / 지속적으로 / 정기적으로
- gradually / slowly / little by little / incrementally
  점차 / 느리게 / 조금씩 / 점진적으로
- barely / hardly / minimally / marginally / slightly
  거의 ~ 아니게 / 거의 ~ 아니다 / 최소한도로 / 미미하게 / 약간

## 부정확한 수 / 양 표현하기 Expressing an Inexact Number or Amount

- about / around / circa / in the neighborhood of / give or take / thereabouts
  약 / ~쯤 / ~경 / 대략 / ~ 전후로, 얼추 / 대략, 그쯤
- approximately / roughly / nearly / close to / approaching
  거의 / 대략 / 거의 / ~ 근처 / ~에 가까운
- an estimated / projected / adjusted / relative / ball park
  추정되는 / 예상되는 / 조정된 / 상대적인 / 대략적인 액수[양]

## 애매한 표현 Vague Language

애매하고 설득력 없이 들리는 말은 주의해야 한다.

- **kind of / sort of / somewhat / more or less** important
  약간, 어느 정도 / 다소, 뭐랄까 / 어느 정도 / 거의 중요한

- **a little, a little bit** dangerous
  약간, 약간 좀 위험한
- He's an expert **or something like that / in a way**.
  그는 전문가인 것 같아요 / 그는 어떤 면에서는 전문가예요.
- This drug is **a little bit** dangerous if used by children.
  이 약은 어린이가 사용하면 조금 위험합니다.

## 출처 밝히기 Referring to a Source

사실과 수치를 이용할 때, 출처를 언급하는 것은 중요하다. 의견을 뒷받침할 신뢰할 만한 출처가 없다면 당신이 하는 말은 풍문으로 여겨지거나 신빙성이 부족해질 것이다.

- **According to** a report / interview / an article in the New York Times / the Lancet . . .
  보고서 / 인터뷰 / <뉴욕 타임스> 지의 기사 / <랜셋> 지에 따르면…
- **According to** the FDA / the Sierra Club / MADD / UNESCO / Doctor Smith / Professor Jones . . .
  FDA(미국식품의약국) / 시에라 클럽(미국의 자연환경 보호 단체) / MADD(음주운전방지 어머니회) / 유네스코 / 스미스 박사 / 존스 교수에 따르면…
- **A study / research** conducted by the University of California / Center for Disease Control and Prevention **shows / proves / reveals / concludes / suggests / has discovered / has determined that** . . .
  캘리포니아 대학교에서 / 질병관리예방센터에서 행해진 연구 / 조사에 의하면…
- Experts / scientists / researchers say / claim / state / have found that . . .
  전문가들 / 과학자들 / 연구자들은 …라고 말합니다 / …라는 것을 발견했습니다.
- Doctor Smith / Professor Jones has been reported as saying that . . .
  스미스 박사 / 존스 교수가 …라고 말했다는 것이 보고되었습니다.
- To quote / cite a well-known / reputable / reliable / credible / expert source . . .
  잘 알려진 / 믿을 만한 / 신뢰할 수 있는 / 전문적인 출처를 인용하자면…
- A book / article / report said / stated . . .
  책 / 기사 / 보고서에 …라고 나와 있습니다.

## 상식 Common Knowledge

'상식'은 증명할 필요가 없는 잘 알려진 사실을 뜻한다. 다시 말해서, 일반적인 상식을 이용하면 이러한 결론에 이를 수 있는 것이다.

- **It is common knowledge / well known that** smoking causes lung disease.
  흡연이 폐 질환을 유발한다는 것은 상식입니다 / 잘 알려져 있습니다.
- **Everybody knows that** smoking increases the risk of lung disease.
  흡연이 폐 질환의 위험을 증가시킨다는 것은 모두가 아는 사실입니다.
- **As you know**, alcohol consumption impairs one's ability to react quickly in dangerous situations.
  알다시피, 알코올 섭취는 위험한 상황에서 빠르게 대처하는 능력을 저하시킵니다.

신화, 도시 전설, 그리고 일반적인 오해(널리 퍼져 있지만 사실무근이고 때로는 뻔히 보이는 잘못된 믿음)를 사실에 근거한 상식과 혼동하지 않도록 주의해야 한다. 단지 사실이라고 믿는 사람들이 많다고 해서 그것이 사실인 것은 아니다.

- 도시 신화

  There are deadly alligators living in the New York City sewer system.
  뉴욕 시의 하수도에는 치명적인 악어가 살고 있다.

  You can get high by smoking the inside of a banana peel.
  바나나 껍질의 안쪽 면을 피우면 취할 수 있다.

## 예를 들기 Giving Examples

예를 드는 것은 의견을 지지하고 요점을 설명하기 위한 효과적인 방법이다.
미셸을 예로 들어 보자. 그녀는 대부분의 사람들이 자신이 집에서 얼마나 많은 양의 물을 낭비하고 있는지 잘 모른다고 생각한다.

- **Let me offer an example**: a leaky toilet can waste 200 gallons of water per day.
  예를 한번 들어 보죠. 물이 새는 변기는 하루에 200갤런의 물을 낭비할 수 있습니다.
- **For example / instance** a leaky toilet can waste 200 gallons of water per day.
  예를 들어, 물이 새는 변기는 하루에 200갤런의 물을 낭비할 수 있습니다.
- **As an example / that is** a leaky toilet can waste 200 gallons of water per day.
  한 예로, 물이 새는 변기는 하루에 200갤런의 물을 낭비할 수 있습니다.
- **Take, for example**, a leaky toilet, which can waste 200 gallons of water per day.
  물이 새는 변기를 예로 들어 보죠. 그것은 하루에 200갤런의 물을 낭비할 수 있습니다.
- **In the case of** a leaky toilet, up to 200 gallons of water are wasted in a day.

물이 새는 변기의 경우, 하루에 최고 200갤런까지 물을 낭비할 수 있습니다.
- **One / another way** we waste up to 200 gallons of water a day is by not fixing a leaky toilet.
  우리가 하루에 최고 200갤런의 물을 낭비하는 것은 물이 새는 변기를 수리하지 않아서입니다.
- **In particular** a leaky toilet can waste 200 gallons of water per day.
  특히 물이 새는 변기는 하루에 200갤런의 물을 낭비할 수 있습니다.
- **Let's say** you have a leaky toilet. You can waste up to 200 gallons of water every day.
  당신이 물이 새는 변기를 가지고 있다고 해 보죠. 당신은 매일 최고 200갤런의 물을 낭비할 수 있습니다.
- **If** you have a leaky toilet, **then** you can waste up to 200 gallons of water every day.
  당신이 물이 새는 변기를 가지고 있다면, 매일 최고 200갤런의 물을 낭비할 가능성이 있습니다.

## 원인과 이유 확인하기 | Identifying Factors and Reasons

- **The dominant factor** affecting U.S. emissions trends is $CO_2$ emissions from fossil fuel combustion.
  미국의 배기가스 방출 동향에 영향을 미치는 주된 요인은 화석 연료 연소로 인한 이산화탄소의 배출입니다.
- **One factor / contributor / reason** for rising $CO_2$ emissions is the combustion of fossil fuel.
  이산화탄소의 배출량이 증가하는 한 가지 원인은 화석 연료의 연소입니다.
- Fossil fuel combustion **contributes to / accounts for / is responsible for** rising $CO_2$ emissions.
  화석 연료 연소는 이산화탄소 배출량이 증가하는 원인입니다.
- Rising $CO_2$ emissions **are attributed to** fossil fuel combustion.
  이산화탄소의 배출이 증가하는 이유는 화석 연료 연소 때문입니다.
- **The reason why** $CO_2$ emissions have risen **is** fossil fuel combustion.
  이산화탄소의 배출량이 증가하는 이유는 화석 연료 연소 때문입니다.
- Fossil fuels are widely used in combustion. **That's why** $CO_2$ emissions have risen.
  화석 연료는 연소에 널리 이용되고 있습니다. 그것이 바로 이산화탄소 배출량이 증가하는 이유입니다.

## 주장 펼치기 Making an Argument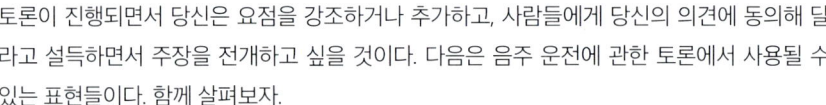

토론이 진행되면서 당신은 요점을 강조하거나 추가하고, 사람들에게 당신의 의견에 동의해 달라고 설득하면서 주장을 전개하고 싶을 것이다. 다음은 음주 운전에 관한 토론에서 사용될 수 있는 표현들이다. 함께 살펴보자.

### 요점 강조하기 Emphasizing a Point

▸ **I'd like to emphasize / stress / point out / repeat / call your attention to the fact that** three out of every ten Americans are involved at least once in their lifetime in alcohol-related accidents.
저는 미국인 10명 중 3명이 일생 동안 적어도 한 번은 술과 관련된 사고에 연루된 적이 있다는 사실을 강조하고 / 지적하고 / 거듭 말씀드리고 싶습니다 / 주목해 주셨으면 합니다.

▸ **I have to stress the fact that . . .**
저는 …라는 사실을 강조해야만 합니다.

▸ **Let me tell you / say this again / repeat / reiterate . . .**
…라는 점에 대해 / 다시 한 번 말씀드릴게요.

▸ **Let me make it clear / perfectly clear that . . .**
…라는 점을 분명히 해 두고 싶습니다.

### 요점 추가하기 Adding a Point

▸ **In addition / additionally** an alarming number of deaths in motor-vehicle accidents are due to drunk driving.
게다가, 자동차 사고의 수많은 사상자가 음주 운전으로 인한 것입니다.

▸ **Moreover / furthermore . . .**
게다가, 더욱이…

▸ **A further / an additional point is . . .**
또 다른 점은…

▸ **Also / as well . . .**
또한…

▸ **Besides / on top of that . . .**
게다가…

▸ **Incidentally / by the way / one more thing . . .**
그런데 / 한 가지 더…

- As it happens . . .
  공교롭게도…
- I happen to know that . . .
  저는 …라는 것을 알게 되었습니다.

## 요점 참조하기 | Referring to a Point

- **In regard / relation / response / reference to** the Zero Tolerance Law, implementation has reduced accidents caused by intoxicated young drivers by a further 11 percent.
  엄중 처벌 원칙과 관련하여, 그 법의 실행으로 젊은 운전자들의 음주 운전으로 인한 사고가 11 퍼센트 이상 감소되었습니다.
- **Concerning / pertaining to** Zero Tolerance . . .
  엄중 처벌 원칙과 관련하여…
- **As far as** the Zero Tolerance Law **goes / is concerned** . . .
  엄중 처벌 원칙에 관한 한…
- **When it comes to** Zero Tolerance . . .
  엄중 처벌 원칙에 대해서라면…

## 자격 부여하기 | Making Qualifications

- **Depending on your point of view / position / stance / circumstances** penalties for drunk driving are too stiff / lax.
  당신의 관점 / 위치 / 입장 / 상황에 따라서 음주 운전 대한 처벌은 매우 무겁습니다 / 가볍습니다.
- **If you take** penalties for drunk driving **into consideration**, there is a great effect / no effect on prevention.
  음주 운전에 대한 처벌을 고려한다면, 예방하는 데 효과가 있습니다 / 효과가 없습니다.
- Preventing drunk driving **depends on** the penalties.
  음주 운전을 예방하는 것은 처벌에 달려 있습니다.
- **It all depends on** how stiff penalties are for drunk driving.
  음주 운전에 대해 얼마나 엄중히 처벌하느냐에 달려 있습니다.
- **It's a matter of** how stiff penalties are for drunk driving.
  음주 운전에 대해 얼마나 엄중히 처벌하느냐가 문제입니다.
- **Relatively speaking**, penalties for drunk driving are too stiff / lax.
  상대적으로 말하면, 음주 운전에 대한 처벌은 너무 무겁습니다 / 가볍습니다.

## 설득 Persuasion

- **You have to admit / recognize / consider that** the facts are indisputable.
  당신은 그 사실을 부인할 수 없음을 인정해야 합니다.
- **You can't ignore / overlook / discount** the facts.
  당신은 그 사실을 무시할 / 간과할 / 도외시할 수 없습니다.
- **If you really think about it**, you'll have to agree / disagree.
  만약 당신이 정말 그렇게 생각한다면, 동의해야 / 반대해야 할 겁니다.
- **There are many good / valid reasons** to support / oppose drunk driving laws.
  음주 운전 관련법을 지지하는 / 반대하는 타당한 이유들이 많이 있습니다.
- **Anybody would agree / see / admit that** the facts are convincing.
  그 사실이 설득력 있다는 것은 누구나 동의할 / 알 / 인정할 것입니다.
- **It only makes sense / stands to reason that** no one should drink and drive.
  누구도 술을 마시고 운전을 하면 안 된다는 것은 타당합니다 / 당연합니다.
- The facts speak for themselves.
  (이미 사실임이 분명하니) 더 긴 설명이 필요 없습니다.

## 진실 말하기 Speaking the Truth

- Frankly / truthfully / candidly / honestly speaking drunk driving is taking your life into your hands.
  솔직히 말하면, 음주 운전은 당신의 목숨을 걸고 하는 일입니다.
- To tell you the truth . . .
  솔직히 말하자면…
- The truth of the matter is . . .
  사실은…
- I'm not lying when I say . . .
  …라는 것은 거짓말이 아닙니다.
- You can believe me when I say . . .
  …라는 제 말을 믿으셔도 됩니다.
- Whether you like it or not . . .
  당신이 좋든 싫든 간에…
- I swear . . .
  맹세하건데…

## 해결책과 제안 Solutions and Recommendations

문제에 대한 제안 또는 해결책이 없다면 의견은 그저 의견일 뿐이다. 당신은 다음과 같은 방식으로 해결책을 제시하고 제안할 수 있다.

### 조동사 사용하기 | Using Modal Verbs

**긍정적인 말**

정도가 강한 ↑

The government **must** change the law.
정부는 법을 개정해야만 합니다.

The government **has to** change the law.
정부는 법을 개정해야 합니다.

The government **needs to** change the law.
정부는 법을 개정할 필요가 있습니다.

The government **ought to** change the law.
정부는 법을 개정해야 합니다.

The government **should** change the law.
정부는 법을 개정해야 합니다.

↓ 부드러운

**부정적인 말**

정도가 강한 ↑

People **must not** continue to use harmful pesticides.
사람들은 해로운 살충제를 계속 사용해서는 안 됩니다.

People **can't** continue to use harmful pesticides.
사람들은 해로운 살충제를 계속 사용할 수 없습니다.

People **ought not** to continue to use harmful pesticides.
사람들은 해로운 살충제를 계속 사용하면 안 됩니다.

People **shouldn't** continue to use harmful pesticides.
사람들은 해로운 살충제를 계속 사용하면 안 됩니다.

↓ 부드러운

### 다른 표현들 Other Phrases

▶ **We can solve / resolve / take care of** air pollution by reducing fossil fuel consumption.
우리는 화석 연료 소비를 줄임으로써 대기 오염을 해결할 수 있습니다.

▸ One solution to air pollution **would be** to reduce fossil fuel consumption.
대기 오염에 대한 한 가지 해결책은 화석 연료 소비를 줄이는 것입니다.

▸ **One way to solve / to cut down on / to put an end to / to get around** air pollution **would be** to reduce fossil fuel consumption.
대기 오염을 해결하기 위한 / 줄이기 위한 / 없앨 / 극복할 한 가지 방법은 화석 연료 소비를 줄이는 것입니다.

▸ **I strongly suggest / recommend / propose** reducing fossil fuel consumption / that we reduce fossil fuel consumption.
저는 화석 연료 소비의 감소를 / 우리가 화석 연료 소비를 줄일 것을 강력하게 제안합니다.

▸ **What we need is** to reduce fossil fuel consumption.
우리에게 필요한 것은 화석 연료 소비를 줄이는 것입니다.

▸ **The key to** cleaner air is to reduce fossil fuel consumption.
공기를 깨끗하게 하는 핵심은 화석 연료 소비를 줄이는 것입니다.

▸ **We need to think outside of the box if** we want to find a real solution.
실현 가능한 해결책을 찾으려면 고정관념에서 벗어나 생각해야 합니다.

## 결속 요청하기 | Calling for Solidarity

▸ We need to roll up our shirtsleeves / pull together / pull our weight.
우리는 함께 협력해야 합니다.

▸ We're all in this together / in the same boat.
우리는 모두 한 배를 탔습니다.

▸ We have to do our part / our share.
우리는 각자 자기 본분을 다해야 합니다.

▸ We can't bury our heads in the sand / stand by and do nothing.
우리는 현실을 회피할 수 없습니다 / 아무것도 하지 않고 좌시할 수만은 없습니다.

▸ Let's act now / do something about it before it's too late.
지금 시작합시다 / 늦기 전에 뭔가 해야 합니다.

## 감정 표현하기 | Expressing Emotions

당신은 어떤 사안에 대해 당신의 생각보다는 느낌을 바탕으로 의견을 표현할 가능성이 더 높다. 당신이 더 강하게 느끼면 느낄수록, 당신의 목소리는 더욱 커지기도 한다.

### 혐오감 Disgust

- I find racist remarks entirely unacceptable / revolting / disgusting / off-putting.
  저는 인종차별적인 발언은 절대 용납할 수 없어요 / 거북해요 / 마음에 들지 않아요.
- Too much violence in movies really puts me off / turns me off / grosses me out.
  폭력 장면이 너무 많은 영화는 딱 질색이에요.
- The food here is gross / revolting / disgusting / sickening.
  이곳의 음식은 역겨워요.
- Dirty bathrooms make me sick / nauseated.
  지저분한 화장실을 보면 속이 좋지 않아요.
- Cruelty to animals turns my stomach.
  동물을 학대하는 걸 보면 속이 뒤집어져요.

## 격분 Outrage

- This is incredible / unbelievable / unreal / outrageous!
  정말 믿을 수가 없어요!
- Have you ever heard anything so ridiculous?
  이렇게 말도 안 되는 말을 들어 본 적 있어요?
- I can't understand why / how anyone can say / believe / do that!
  왜 / 어떻게 그런 말을 할 수 / 그걸 믿을 수 / 그렇게 할 수 있는지 이해가 안 가요!
- I just don't get it.
  저는 도저히 모르겠어요.
- Can you believe it?
  당신은 그게 믿어져요? (그게 말이 돼요?)
- What do they think they're doing?
  그들은 도대체 뭘 하는 거예요?
- Don't make me laugh!
  말도 안 되는 소리 하지 마!
- Get out of here!
  말도 안 되는 소리 하네!

## 불신 Disbelief

- You can't be serious!
  설마 진심은 아니시죠!
- You're pulling my leg / making it up!
  농담하는 거죠?

- There's no way on earth!
  절대로 그럴 리 없어요!
- You gotta be kidding / joking!
  농담이시겠죠!
- This is pathetic / unbelievable / a joke!
  믿기지가 않아요!

 ## The Best Idea I've Heard So Far

이 대화는 동네 커피숍에서 이루어지는 커피 브레이크 시간을 상상한 것입니다. 이번 챕터에서 배운 표현에 밑줄을 그어 보세요.

BOB     So, you guys going to the meeting tonight?

RAY     You mean the town-hall meeting about the new resort they want to build near Coral Beach?

TOM     The way I look at it a resort's just what we need.

BOB     I disagree. The last thing we need is something that'll only make money for a handful of strangers.

RAY     Well, if you ask me, a resort would bring a lot of business into the community. As a matter of fact, that marine resort at Bedford Harbour increased tax revenues by more than 25 percent.

TOM     We all know this town could use a boost like that.

RAY     I couldn't agree with you more. As it is there just aren't enough jobs to keep our young people here.

BOB     I'm not so sure a resort's the answer. I mean most of the jobs are seasonal, low-paying service jobs.

TOM     In my opinion a seasonal job's better than no job. Besides tourists need cafes and restaurants, and that means business opportunities.

BOB     Yeah, but you can't live off the tourists in the winter. Joe, what's your take on this?

JOE     Quite frankly it doesn't really matter much what any of us think.

RAY     What do you mean, Joe?

JOE     The way I see it, the decision's already made. Those developers have got the town council in their pocket, and this meeting's just a way to make everybody think they've got a say.

BOB     Regardless, I'm going to the meeting anyway. Somebody's got to speak out.

RAY     Good point, Bob. After all, it is a free country.

TOM     Well if it were up to me, I'd give it the green light. It's time we started looking forward instead of backward.

| | |
|---|---|
| RAY | You said it, Tom. It seems every time somebody comes up with a new idea, everybody's against it. |
| JOE | C'mon, you guys. Remember our cost of living will go up as well. |
| TOM | And so will property values. I don't have anything against the value of my house going up, do you guys? |
| RAY | Let me give you a good example. I know a couple in Bedford Harbour who sold their house for five times what they paid for it. You have to agree that's a pretty good return. |
| JOE | But that also means it costs five times more for a young couple to buy a house, and how many young people can afford that? |
| RAY | What did I say? Some people just can't look on the bright side. |
| JOE | What they should do instead is make the Coral Beach area into a park. |
| TOM | Get real, Joe. We need jobs, not parks. |
| JAN | Sorry to interrupt, but it looks like you guys could use some more coffee. |
| BOB | Now Jan, that's the best idea I've heard so far. |

## Dialogue 지금까지 듣던 중 가장 좋은 생각

| | |
|---|---|
| 밥 | 그래, 너희들 오늘 저녁 회의에 가는 거야? |
| 레이 | 코럴 해변 근처에 짓고 싶어 한다는 새 리조트에 대한 시청 회의 말하는 거지? |
| 톰 | 내 생각에 리조트는 우리에게 딱 필요한 거야. |
| 밥 | 내 생각은 달라. 소수의 이방인들에게만 돈이 될 법한, 우리에게 가장 필요하지 않은 거야. |
| 레이 | 글쎄, 내 생각에는 리조트 때문에 우리 지역에 많은 일감이 생길 수도 있을 것 같은데. 사실, 베드포드 항구에 있는 해양 리조트는 세제수입이 25퍼센트 이상 증가했대. |
| 톰 | 이 마을이 그런 식으로 최대한 사용될 수 있다는 건 모두 알잖아. |
| 레이 | 네 말에 전적으로 동의해. 현재로서는 젊은이들을 이곳에 머물게 할 일자리가 충분하지 않아. |
| 밥 | 난 리조트가 그 해답인지는 잘 모르겠어. 대부분의 일자리는 계절직이고, 저임금의 서비스 업종이잖아. |
| 톰 | 내 생각에, 계절적인 일자리도 아예 없는 것보다는 나은 것 같아. 게다가 관광객들은 |

밥   카페와 음식점을 필요로 하고, 그건 바로 사업 기회를 의미하잖아.
밥   맞아, 하지만 겨울에는 관광객들에게만 기대 살아갈 수 없어. 조, 네 생각은 어때?
조   솔직히 말하면, 우리가 어떻게 생각하느냐는 그다지 중요하지 않은 것 같아.
레이  무슨 말이야, 조?
조   내가 보기에, 결정은 이미 났잖아. 개발자들이 시 의회를 손아귀에 쥐고 있고, 이번 회의는 그냥 사람들이 결정권이 있다고 생각하게 만드는 방법일 뿐이야.
밥   어쨌든, 난 회의에 갈 거야. 누군가는 솔직하게 말할 필요가 있어.
레이  맞아, 밥. 어찌 됐건 자유 국가니까.
톰   글쎄, 나에게 선택권이 있다면, 난 찬성하겠어. 뒤돌아보는 대신 앞날을 생각해야 해.
레이  맞는 말이야, 톰. 누군가 새로운 의견을 제안할 때마다, 모두들 반대하는 것 같아.
조   자자, 얘들아. 우리의 생활비도 올라갈 거라는 걸 기억해.
톰   그리고 부동산 가치도 올라가겠지. 난 우리 집의 가치가 올라간다는 데 반대할 이유가 없는데, 너희는 어때?
레이  내가 좋은 예를 하나 들어 볼게. 베드퍼드 항구에 사는, 내가 아는 한 부부는 자신들이 산 가격의 5배 가격에 집을 팔았대. 꽤 좋은 수익이라는 데는 동감할 거야.
조   하지만 그건 젊은 부부가 집을 사려면 5배 더 많은 비용이 든다는 걸 의미하기도 해. 그리고 얼마나 많은 젊은이들이 그럴 여력이 될까?
레이  그것 보라니까! 어떤 사람들은 그냥 긍정적인 면을 보지 못한다니까.
조   그 사람들이 해야 할 일은 대신 코럴 해변 지역을 공원으로 만드는 거야.
톰   좀 진지해져, 조. 우리는 공원이 아니라 일자리가 필요해.
잔   방해해서 미안한데, 너희들 커피를 좀 더 마셔야 할 것 같아 보이는데.
밥   잔, 지금까지 듣던 중 가장 좋은 생각이야.

## Topics for Practice

What's your opinion of…?

1. gambling
2. women in the military
3. divorce
4. cosmetic surgery
5. school uniforms
6. extreme sports
7. electric cars
8. binge drinking
9. foreign exchange programs for high-school students
10. tattoos

How would you ask someone his or her opinion on…?

1. using cell phones in cars
2. customer service in department stores
3. fast-food restaurants
4. violence in movies
5. testing cosmetics on animals
6. recycling
7. public transportation
8. living together before marriage
9. advertising on television
10. Internet dating

Do you agree or disagree with the following opinions…?

1. Children should learn a foreign language at an early age
2. The voting age should be lowered to 16
3. People who are caught driving when they are drunk should lose their license for life
4. People who collect welfare should have to do some kind of job to earn the money they receive from the government
5. Stopping climate change is the responsibility of industry
6. Cars that run on gasoline should be phased out in favor of cars that use electricity, solar power, and other alternative fuels

7. Religion should not be taught in public schools
8. Parents should not be allowed to spank their children
9. It is dangerous for children to use the Internet
10. The Olympic Games have become too commercial

영어회화 표현사전 PERFECT PHRASES

# Group Discussions
## 그룹 토론

## Objectives 목표

▲ 그룹 토론을 이끌고 운영하기
▲ 그룹 토론에 참여하기

    탄탄한 경력을 가진 숙련된 소프트웨어 개발자an experienced software developer 압둘아지즈는 전문가 채용 컨설팅 회사의 사업 개발 및 솔루션 책임자로 승진했다. 이 도전적인 위치에서 압둘아지즈는 자신의 관리 기술과 의사소통 능력management and communication skills을 사용하여, IT와 소프트웨어 개발자들로 이루어진 국제적인 팀을 이끌고lead an international team 북미와 남미, 유럽, 중동, 아프리카와 아시아 태평양 지역에 있는 협력사들과 폭넓은 네트워크로 중요한 연결 고리를 구축할build crucial links 기회를 가질 것이다. 압둘아지즈는 미국에서 공부하는 동안 기술적인 영어technical English를 자유자재로 구사할 수 있게 되었고 비즈니스 관련 용어도 잘 알고 있다. 그는 이제 워크숍, 세미나, 기획 회의, 사업 토론을 주로 영어로 조직화하고 수행해야 하기 때문에, 자신의 팀을 순조롭게 이끌고keep his team on track 고위 관리직with senior management과 협의하기 위해 좀 더 다양한 표현들a broader range of phrases을 구사할 줄 알아야 한다.

그룹 토론은 개인적인 것, 사업적인 것 그리고 정치적인 것까지 모든 수준에서 당신의 일상적인 의사소통에 매우 중요한 부분이다. 중요한 토론을 거쳐 당신은 의견을 나누고 해결책을 구축할 뿐만 아니라 다른 사람들에게 그것들을 시험해 보고 소중한 피드백을 받을 수 있는 기회를 갖게 된다.

# Phrases 표현

## 시작하는 말 ▸ 토론 시작하기 Opening the Floor

**정중한**

**I now call the meeting to order.**
이제 회의를 시작하겠습니다.

**I'd like to welcome** everyone to our meeting / discussion.
회의 / 토론에 참석해 주신 여러분을 환영합니다.

**I'll begin by** thanking everyone for coming / attending / being here.
이곳에 오신 / 참석하신 / 계신 여러분께 감사하다는 말씀을 드리며 시작하겠습니다.

**I'm glad** you could all be here today.
오늘 모두 참석해 주셔서 감사합니다.

Nice to see everyone / all of you.
여러분 모두 만나서 반갑습니다.

Shall we begin?
시작할까요?

**Let's get** going / started / the ball rolling.
시작하도록 하죠.

**편한**

## 토론 이끌기 Leading a Discussion

유능한 리더가 없으면 그룹 토론은 좌절과 불화로 끝나는 난투전이 되기 쉽다. 그 시간을 생산적으로 사용하고 모든 참여자들이 예의 바르고 의미 있는 방식으로 의견을 말하게 하려면 숙련된 리더는 다음과 같이 할 수 있어야 한다.

▲ 논의할 상황 또는 문제에 대한 사실을 포함하여 배경 정보를 알려 준다.
▲ 모든 사람에게 적절하고 동등한 발언 기회를 준다.
▲ 질문을 받고 묻는다.

- ▲ 개개인의 발언 시간을 제한하고 한 사람이 토론을 독점하거나 불필요하게 끼어드는 것을 막는다.
- ▲ 참여자들이 주제를 벗어나지 않도록 한다.
- ▲ 발언자에게 사실 또는 주장으로 자신의 의견을 뒷받침할 것과 다른 사람들이 이해하지 못하는 점에 대해 설명해 줄 것을 요청한다.
- ▲ 필요한 때에 다른 참여자들로부터 동의 또는 반대를 요청한다.
- ▲ 중간중간 내용을 요약하거나 참여자들 중 한 명에게 지금까지 논의한 중요한 점을 요약하도록 한다.
- ▲ 결정 또는 발의가 필요한 문제에 대해서 투표를 실시한다.
- ▲ 참여자들이 결론 또는 합의에 도달할 수 있도록 이끈다.

## 주제 정하기 | Setting the Topic

▶ Today we're going to discuss / talk about the upcoming trade fair.
오늘 우리는 곧 있을 무역 박람회에 대해 논의하려고 / 얘기 나누려고 합니다.

▶ We're here today to discuss the matter of . . .
오늘 우리는 이 자리에 … 문제를 논의하려고 모였습니다.

▶ Now that everyone's here, let's get down to the business of . . .
이제 모두 모였으니 … 문제를 알아보죠.

▶ As you know, this meeting has been called to discuss . . .
여러분이 알다시피, 이번 회의는 …를 논의하려고 소집되었습니다.

▶ Our topic for today's discussion is . . .
오늘의 토론 주제는 …입니다.

## 배경 정보 | Background Information

▶ **We'll begin with** the minutes of the last meeting / a summary of our last discussion / a rundown of what's happened since last time.
지난번 회의의 회의록으로 / 지난번 토론의 요약으로 / 지난번 이후로 있었던 일에 대한 간단한 설명으로 시작하겠습니다.

▶ **Our last / previous discussion / meeting concluded** with the decision to change our website.
지난 / 이전 토론 / 회의는 우리 웹사이트를 변경하기로 결정하면서 마쳤습니다.

▶ Before we get started, **let me give you an update on** our sales campaign.
시작하기 전에, 저희 판매 촉진 활동에 대한 최신 소식을 알려 드리겠습니다.

▶ As you all know, **last time we discussed / talked about / went over** the new schedule . . .
모두 아시다시피, 지난번에 우리는 새 일정에 대해 논의 했습니다 / 이야기했습니다…

## 발언자에게 발언권 주기 | Giving a Speaker the Floor

정중한

Who would like to begin / to open the discussion / to have the first word / to go first?
누가 먼저 말씀하시겠어요?

Natalia, would you please state your opinion / position?
나탈리아, 당신의 의견 / 입장을 말씀해 주시겠어요?

First / now / next let's hear from Kevin.
우선 / 이제 / 다음은 케빈의 의견을 들어보죠.

Let's turn things / the floor over to Yuichiro.
발언권을 유이치로에게 넘기도록 하죠.

It's your turn now, Chae-Rin.
이제 당신 차례예요, 채린.

Veronica, you can take over now.
베로니카, 이제 말씀하세요.

Go ahead, Costas.
말씀하세요, 코스타스.

편한

## 의견 요청하기 | Asking for Comments

▶ Who has something to say to that last remark / comment / point?
마지막 발언 / 의견에 대해 말씀하실 분 계신가요?

▶ Does anyone else have anything to say / to add / to contribute?
또 말씀하실 / 덧붙이실 / 의견을 말하실 분 계신가요?

▶ Who would like to make a comment?
의견을 말하실 분 계신가요?

▶ Any further comments / points / remarks?
다른 의견 / 주장 / 하실 말씀 있으신가요?

▶ Comments, anyone?
의견 있는 분 계신가요?

## 질문 받기 | Fielding Questions

정중한

Would someone like to ask / to pose a question?
누구 질문하실 분 계신가요?

Who has a question / would like to ask a question?
누구 질문 있으신가요?

Does anyone have a question?
질문 있으세요?

**Are there any questions / further questions?**
다른 질문 있으세요?

**Any questions?**
질문 있으세요?

**Questions, anyone?**
질문 있는 분 계신가요?

편한

### 질문에 대한 답변 요청하기 Asking for Responses to Questions

▶ Who'd like to answer / take / respond to the question?
누가 질문에 답해 주시겠어요?

▶ Does anyone have an answer / response?
누가 답변해 주시겠어요?

▶ Could I have a response / reply to the question?
답변해 주실 분 계신가요?

▶ Let's have some feedback on the last point.
마지막 요점에 대한 생각을 들어보죠.

▶ Any comments?
의견 없으세요?

## 그룹 토론에 참여하기 Participating in a Group Discussion

그룹 토론의 각 참여자들은 다음과 같이 행동해야 한다.

▲ 요점을 명확하고 간결하게 하도록 노력한다.
▲ 불필요하게 방해하지 않고 자신의 발언 차례를 기다린다.
▲ 주제에 대해 하고 싶은 말이 많더라도 토론을 독점하지 않도록 한다.
▲ 다른 사람의 의견과 그런 의견을 낼 수 있는 권리를 존중한다.
▲ 리더의 역할을 존중하고 침범하지 않도록 한다.

### 입장 말하기 Stating a Position

**참고** 의견 말하기, 157쪽

### 다른 참여자의 의견과 관련해서는 Referring to Other Participants' Points

- As you said / put it / mentioned . . .
  당신이 말한 / 요청한 / 언급한 것처럼…
- According to your opinion / your comment / what you've just said . . .
  당신의 의견 / 말에 / 당신이 방금 한 말에 따르면…
- To refer to your last comment / point . . .
  당신의 지난번 의견 / 요점을 참고하면…

## 질문하기 | Asking a Question

정중한

If I may, I'd like to ask Deniz / the last speaker a question.
괜찮다면, 데니즈에게 / 마지막 발언자에게 질문하고 싶습니다.

I was wondering if Inge could answer my question.
인지가 제 질문에 답해 줄 수 있는지 궁금합니다.

I'd like to ask Lin if / how / why / what …
혹시 / 어떻게 / 왜 / 무엇이 …인지 린에게 묻고 싶습니다.

Could Jens tell me if / how / why . . . ?
옌스는 혹시 / 어떻게 / 왜 …인지 설명해 주시겠어요?

My question to Elena is . . .
엘레나에게 묻고 싶은 질문은 …입니다.

I have a question for Tomasz.
토머스에게 질문 있습니다.

편한

## 반대 주장 펼치기 | Introducing an Opposing Argument

- What you said may be possible / true, but if you look at / consider the facts . . .
  당신이 한 말이 가능할 / 사실일 수도 있겠지만, …를 보면 / …라는 사실을 고려하면
- I understand your position, but don't you think . . .
  당신의 입장은 이해하지만, …라고 생각하지 않습니까?
- I agree in principle, but you should consider . . .
  원칙적으로는 동의하지만, …를 고려해야만 합니다.
- Your point is well taken, but . . .
  당신의 의견은 잘 알겠지만…
- That's a valid point, but . . .
  그건 중요한 지적입니다. 하지만…
- I see your point, but . . .
  무슨 말씀인지는 알겠습니다. 하지만…
- On the other hand . . .
  한편으로는…

## 반박하기 | Making Contradictions

- Your statement / remark clearly contradicts the evidence.
  당신의 말은 명백히 증거와 모순됩니다.
- I'm afraid I have to contradict / challenge you on this.
  이 점에 대해서는 제가 반박해야 할 것 같습니다.
- If you look at the facts you'll see that the opposite / the contrary is true.
  사실을 주목하시면 그 반대쪽이 맞다는 것을 알게 될 것입니다.
- Didn't you know / weren't you aware that the facts prove otherwise / the opposite?
  사실은 다르게 증명하고 있다는 건 모르시나요?
- That's wrong / false / just not the case.
  그건 잘못된 사실입니다.
- Contrary to what you said . . .
  당신이 말한 것과는 달리…
- On the contrary . . .
  반대로…

## 반대하기 | Making Objections

정도가 부드러운

I question / doubt / have my doubts / wonder about raising prices.
가격을 인상하는 것에 대해서는 의문이 듭니다.

I'm not so sure / convinced of / 100 percent with you on that.
그 점에 대해서 저는 잘 모르겠습니다.

I have to object / take exception to / take issue with that.
이의를 제기합니다.

That's irrelevant / unrelated / of no consequence / beside the point / begging the question.
그것은 논점을 벗어났습니다.

That's impossible / incredible / unbelievable / ridiculous / out of the question.
그것은 불가능합니다.

I've never heard anything so ridiculous / absurd / preposterous.
그렇게 터무니없는 말을 들어 본 적이 없습니다.

You can't mean that / be serious / expect me to believe that.
그걸 믿으라니 말도 안 됩니다.

**You've got to be kidding!**
농담하시는 거죠!

**Now, just wait a minute.**
자, 잠깐만 기다려 주세요.

**No way!**
절대 안 됩니다!

정도가 강한

## 상대편 비판하기 Criticizing Your Opponent

▸ It is clear / obvious to us that you are unable to see the difference between…
당신은 …의 차이점을 구분하지 못하고 있는 게 분명합니다.

▸ I'm afraid you lack a clear understanding of the importance of . . .
당신은 …에 대한 중요성을 잘 모르고 있는 것 같습니다.

▸ You don't seem to grasp / realize the full importance of . . .
당신은 …의 중요성을 완전히 깨닫지 못한 것 같습니다.

▸ How can you possibly propose / believe such an idea?
당신은 어떻게 그런 생각을 제안할 / 믿을 수 있죠?

▸ Don't you think you should be more open-minded?
당신은 좀 더 열린 사고를 가져야 한다고 생각하지 않나요?

▸ Don't be unfair.
불공평한 일입니다.

## 타당성 이유 요청하기 Asking for Justification

▸ I don't know / see / understand how you've come up with that.
당신이 왜 그렇게 생각하는지 잘 모르겠습니다.

▸ On what grounds do you make that assumption?
어떤 근거로 그런 가정을 하시는 건가요?

▸ How did you come up with / arrive at / figure that?
왜 그렇게 생각하시죠?

▸ Where did you get that idea / those facts?
어디서 그런 얘기를 들었나요?

▸ What reason do you have to say that?
그렇게 말하는 이유가 뭔가요?

▸ Why do you think so?
왜 그렇게 생각하죠?

▸ How come?
왜죠?

## 의견 또는 질문에 답하기 Responding to a Point or Question

- If I may, I'd like to answer / respond / reply to the question / make a comment.
  괜찮다면, 제가 그 질문에 답하고 / 제 의견을 말하고 싶습니다.
- I'd like to address the point / the issue by saying that . . .
  저는 …라고 요점을 말하고 싶습니다.
- There's something I'd like to say in response.
  제가 답변 드리고 싶은 게 있는데요.
- I want to / need to make something clear . . .
  …라는 점을 분명히 해 두고 싶습니다.

## 질문 다시 돌리기 Redirecting a Question

- What / how about you?
  당신은 어떻게 생각하세요?
- And you?
  그럼 당신은요?
- Yourself?
  당신도요?

## 끼어들기 Interruptions

토론 중 어떤 시점에서는 누군가가 말하는 중간에 의견을 덧붙이거나 질문하고 싶을 수 있다. 대화 중에 불쑥 끼어드는 대신, 정중히 예의를 갖춰서 말하고자 할 때 사용할 수 있는 표현들이 있다. 한편, 당신이 좀 더 단도직입적으로 말해야 할 때도 있다.

## 끼어들기 (참여자) Interrupting (Participants)

**공손한**

If you'll excuse / forgive me for interrupting, I'd like to say something.
끼어들어도 괜찮다면, 말하고 싶은 게 있습니다.

If you don't mind, there's something I'd like / I need to say.
괜찮으시다면, 말하고 싶은 게 있는데요.

If I may, I'd just like to say that . . .
괜찮다면, …라고 말하고 싶습니다.

I hate to stop you / interrupt like this, but . . .
이렇게 방해하고 싶지는 않습니다만, …

I don't mean to interrupt / to be rude, but . . .
방해하려던 건 아니지만, …

May I jump in / just say a word?
잠깐 한마디 해도 될까요?

Sorry to interrupt, but . . .
방해해서 죄송하지만, …

Excuse me, but . . .
죄송하지만, …

Can I get a word in edgewise here?
말씀 중에 잠깐 한마디 해도 될까요?

Now, wait a minute.
저, 잠시만요.

투박한

## 끼어들기에 반응하기 (참여자) Reacting to Interruptions (Participants)

공손한

Would you be so kind as to let me finish / get to the point?
제가 의견을 마무리할 수 있게 해 주시겠어요?

Would you mind if I finished?
의견을 끝까지 말해도 될까요?

If you could wait, I'll finish / make my point.
기다리실 수 있다면, 제 의견을 마무리하고 싶어요.

Just let me finish.
제가 먼저 끝마치게 해 주세요.

Hear me out first.
제 얘기를 끝까지 들어 주세요.

I wasn't finished.
아직 얘기가 끝나지 않았어요.

Do you mind?
이봐요?

Don't butt in!
끼어들지 마세요!

Stay out of this!
간섭하지 마세요!

투박한

## 끼어들기 처리하기 (리더) Handling Interruptions (Leader)

**공손한**

If you don't mind, the speaker hasn't finished / made his or her point.
괜찮으시다면, 발언자가 아직 의견을 다 말하지 않았습니다.

If I could just ask you to wait a moment / to give the speaker a chance to finish.
발언자가 이야기를 마칠 수 있게 기다려 주세요.

We'll get back to you, but first let's hear what Andreas has to say.
의견을 말할 수 있게 기회를 드릴 테니, 우선은 안드레아스가 말하는 걸 들어 주세요.

Please wait your turn / let the speaker finish.
차례를 / 발언자가 의견을 마칠 수 있게 기다려 주세요.

I'm afraid it's not your turn.
차례가 아니신 것 같은데요.

Just hold on.
잠시 기다려 주세요.

Quiet, please.
조용히 해 주세요.

You're out of turn / out of order.
당신 차례가 아니에요.

That's enough out of you.
그만하세요.

**투박한**

## 명확히 하기와 설명 Clarification and Explanations

### 명확히 얘기해 달라고 요청하기 | Asking for Clarification

**공손한**

I'm sorry, but I don't understand / follow / get it / know what you mean.
죄송하지만, 무슨 말씀인지 잘 모르겠어요.

I'm afraid I'm not quite with you.
죄송하지만 잘 모르겠어요.

Do you think you could go over that again?
그걸 다시 한 번 설명해 주시겠어요?

Could you please explain what you mean?
무슨 뜻인지 설명해 주시겠어요?

Could you run through that again?
그걸 다시 설명해 주시겠어요?

What are you getting at / driving at / trying to say?
무슨 얘기를 하려는 거예요?

What has that got to do with it / anything?
그게 무슨 관련이 있는 거죠?

What do you mean?
무슨 말씀이세요?

Run that past me again.
다시 설명해 주세요.

You lost me there!
무슨 말인지 모르겠어요!

투박한

## 명확히 얘기하기 | Giving Clarification

▶ What I mean / meant to say is we need to cut costs to stay competitive.
  제가 말씀드리고자 하는 것은 경쟁력이 있으려면 가격을 내릴 필요가 있다는 겁니다

▶ What I'm trying to say / to get at is . . .
  제가 말씀드리고 싶은 것은…

▶ This is how I see it . . .
  저는 …라고 생각합니다.

▶ I was really trying to say . . .
  저는 …라는 말을 하려고 했습니다.

▶ Let me clear this up / make this perfectly clear . . .
  이 점에 대해 명확하게 말씀드릴게요.

▶ It's as clear as / as plain as day.
  그건 너무나도 명백한 사실이에요.

▶ Anyone can see that . . .
  누구나 …라는 것을 알 수 있어요.

## 설명 요청하기 | Asking for Explanations

공손한

I'm sorry, but I didn't understand / don't follow / don't know what you mean.
죄송하지만, 당신이 무얼 의미하는지 모르겠어요.

Could you explain / clarify / elaborate on that?
그것에 대해 설명해 주시겠어요?

영어회화 표현사전 PERFECT PHRASES

Could you be more explicit / specific / exact?
좀 더 정확하게 설명해 주시겠어요?

Can you give us an explanation / an example?
설명해 / 예를 들어 주실 수 있나요?

What are you implying / getting at / talking about?
무슨 말씀을 하고 계신 거죠?

What do you mean?
무슨 뜻이죠?

What on earth are you talking about?
도대체 무슨 얘기를 하는 거예요?

For instance?
예를 들면요?

투박한

## 설명하기 | Giving Explanations

- Let me explain / put it differently / rephrase that.
  다르게 / 다른 말로 설명해 드릴게요.
- To begin with this . . .
  처음에는 …
- First of all . . .
  우선은 …
- For one thing / for another . . .
  우선 한 가지 이유는 …
- It's like this . . .
  이것은 …와 같습니다.
- That is to say . . .
  다시 말해서 …
- Namely . . .
  즉 …

(참고 예를 들기, 159쪽)

## 바꿔 말하기 | Rephrasing

- What I mean to / intended to say is . . .
  제가 하고 싶었던 말은…
- Let me put it this way . . .
  이런 식으로 …를 설명해 볼게요.

- By this / that I mean . . .
  제가 의미하는 것은…
- In other words . . .
  다시 말해서…
- Another way to look at it . . .
  달리 말하면…

## 오해 Misunderstandings

### 반복 요청하기 Asking for Repetition

- Would you please repeat that / say that again / speak up / slow down?
  그 점에 대해 다시 한 번 / 천천히 말씀해 주시겠어요?
- Do you think you could repeat that / go over that again?
  그 점을 다시 한 번 말씀해 주시겠어요?
- Could you run through that again?
  그걸 다시 설명해 주실 수 있나요?
- I'm afraid we missed that / couldn't hear / didn't catch that.
  죄송하지만 잘 알아듣지 못했어요.
- I beg your pardon.
  다시 말씀해 주세요.
- Pardon me.
  뭐라고 말씀하셨죠?

### 이해하지 못함 Not Understanding

- What are you getting at?
  무슨 말씀을 하고 계신 거죠?
- I think I'm missing something here.
  제가 뭔가 놓치고 있는 것 같네요.
- That doesn't seem to make sense.
  그건 말이 안 되는 것 같은데요.
- I'm afraid I don't understand.
  죄송하지만 이해하지 못했어요.
- That's beyond me / over my head / all Greek to me.
  무슨 말인지 도통 모르겠어요.

- I can't make heads or tails of this.
  이건 이해가 안 돼요.
- I haven't got the foggiest / faintest idea.
  무슨 말인지 전혀 모르겠어요.
- I don't get / didn't get that at all.
  전혀 알아듣지 못하겠어요.
- Can you say / put that in plain English?
  쉽고 분명한 말로 말해 주시겠어요?

> 목소리 톤에 따라 **Pardon me.** 또는 **I beg your pardon.**은 내가 듣고 있는 말을 믿지 못하겠다는 의미로 쓰일 수도 있고, 말하는 사람이 충격을 받았거나, 기분이 나빴다거나 놀랐음을 의미하기도 한다.

## 이해했는지 확인하기 | Checking for Understanding

정중한

Has everyone understood?
모두 이해하셨나요?

Is everyone clear / okay on this?
이 점에 대해 모두 이해하셨죠?

You know what I mean?
제가 무슨 말을 하는지 아시겠죠?

Know what I'm saying?
제가 무슨 말을 하는지 아시죠?

You get my drift?
제 말 알아들으셨죠?

Got it?
이해하셨죠?

Clear?
이해했죠?

편한

## 이해한 것 확인하기 | Confirming Understanding

- So, what you're saying is this . . .
  그래서, 당신이 하려는 말은 …라는 거죠.
- So let me see if I've got this right . . .
  그렇다면 제가 이걸 제대로 이해했는지 보죠….

- So what you've said in fact is . . .
  그럼 당신이 말한 것은 사실 …인 거죠.
- I understand / see / get it / hear you loud and clear.
  잘 알겠어요.
- I get the message / picture / idea / drift.
  무슨 뜻인지 알겠어요.
- I see where you're coming from / you're going with this.
  당신이 그렇게 생각하는 이유를 알겠어요.
- Right / all right.
  알겠어요.

### 오해 해명하기 Clearing Up a Misunderstanding

정중한

That wasn't quite what I said / meant / intended to say / wanted to say.
그건 제가 하려던 말이 아니었어요.

That wasn't exactly my point / message / intention.
제가 말한 요점은 / 메시지는 / 의도는 그게 아닌데요.

You've totally misunderstood / misinterpreted what I said.
제가 말한 걸 완전히 잘못 이해하셨네요.

You've got the wrong idea / missed the point / got me all wrong.
그건 오해예요.

You're putting words in my mouth / twisting my words.
제 말을 오해하고 계시군요.

You're barking up the wrong tree.
잘못 알고 계신 것 같아요.

I said no such thing!
저는 그런 말을 한 적이 없어요!

편한

### 토론 운영하기 Managing the Discussion

토론이 시작되면 리더는 참여자들이 집중하는 가운데 토론이 순조롭게 진행되고, 모든 사람들이 한꺼번에 말하지 않도록 하고 싶을 것이다. 열띤 토론의 경우, 좋은 리더는 참여자들을 진정시키고 질서를 되찾게 해야 할 수도 있다.

## 주요 쟁점에 집중하기 | Focusing on the Main Issue

- The main / primary / real problem / issue / concern is how to raise more money.
  주된 문제는 더 많은 돈을 모금하는 방법입니다.
- The essence / crux of the matter / most important thing is . . .
  문제의 핵심은 / 가장 중요한 점은 …입니다.
- It all comes down to . . .
  결국 …가 문제입니다.
- The bottom line is . . .
  결론은 …라는 것입니다.

## 주의 끌기 | Getting Attention

- If you'll excuse me / lend me an ear / pay attention for a moment.
  실례하지만, 잠시 제 말에 귀 기울여 주세요.
- Could I have your attention, please?
  잠시 주목해 주시겠습니까?
- Would everyone stop talking for a moment?
  모두 잠시 조용해 주시겠어요?
- Now everyone, listen to / hear this.
  자, 여러분, 이것 좀 들어 보세요.
- Attention, everybody!
  여러분, 주목해 주세요!
- Listen up!
  잘 들어 주세요!
- Quiet now!
  이제 조용히 해 주세요!

## 주제로 다시 돌아오기 | Getting Back on Track

**정중한**

We seem to have gotten off track / off topic.
주제에서 벗어난 것 같아요.

I'd like to bring the discussion back to our topic.
다시 주제로 돌아가도록 하죠.

Perhaps we could get back to the main point.
본론으로 되돌아가야 할 것 같군요.

Let's not get sidetracked / off on the wrong track.
다른 주제로 빠지지 맙시다.

Can we get back to / stick to the point?
요점에 집중해 주시겠어요?

You're changing the subject.
화제를 바꾸고 계시군요.

That's beside the point / irrelevant / off track.
그건 요점을 벗어났어요.

That has nothing to do with our discussion.
그건 이 토론과는 무관해요.

Coming back to the topic . . .
주제로 다시 돌아와서…

Let's stick to the topic.
주제에 집중합시다.

You're going off on a tangent.
옆길로 새고 있군요.

편한

## 간결성 요구하기 Asking for Brevity

- Could you be brief?
  간단히 말씀해 주시겠어요?
- Could you get to the point / spare us the details?
  요점만 얘기해 주시겠어요?
- How about putting that in fewer words?
  간단한 말로 얘기해 주시겠어요?
- What are you trying to say exactly?
  정확하게 무슨 말씀을 하시는 거죠?
- What's your point?
  말하려는 요점이 뭡니까?
- Cut to the chase.
  바로 본론을 말씀해 주세요.

## 상황 진정시키기 Defusing a Situation

- We'd better take a breather / a time-out first.
  잠시 휴식을 취하도록 하죠.
- Maybe we should all cool off first.
  아마도 모두 우선 진정해야 할 것 같군요.

- Let's calm down / keep a level head.
  진정하세요.
- Let's not jump off the deep end / get all wound up / get ahead of ourselves.
  흥분하지 마세요.
- Let's not fly off the handle / get carried away.
  화내지 마세요.
- Don't get your shirt / shorts in a knot.
  흥분하지 마세요.
- Keep your shirt on!
  진정하세요!
- Would you mind / watch your language?
  말조심해 주시겠어요?
- That remark was uncalled for.
  그런 말은 부적절합니다.

## 질서 되찾기 Restoring Order

- Could we have some order please?
  질서를 지켜 주시겠어요?
- Will everyone calm down / settle down?
  모두 진정해 주세요.
- Let's not all talk at once!
  동시에 말씀하지 말아 주세요!
- Quiet down!
  조용히 해 주세요!
- Silence / order, please!
  정숙해 주세요!

## 마지막으로 In Conclusion

격식을 차리지 않는 토론은 간단한 요약이나 결론으로 끝맺을 수 있는 반면, 회사나 기관에서 이뤄지는 좀 더 공식적인 토론은 사람들에게 제안을 하거나 투표를 하는 공식적인 결정으로 끝마칠 가능성이 많다.

## 요약하기 Summarizing

- To summarize / sum up / recap . . .
  간략하게 요약하자면…
- In brief / short / summary . . .
  간단히 말해서…
- To make a long story short . . .
  한마디로 말해서…
- Long story short . . .
  한마디로 말해서…
- So far . . .
  지금까지…
- In a nutshell . . .
  간단명료하게 말하자면…

## 결론 이끌어내기 Drawing Conclusions

- To conclude our discussion, it looks like the project will come in under budget after all.
  결론을 내리자면, 이 프로젝트는 결국 예산보다 비용이 적게 들 것으로 보입니다.
- Therefore / thus / so we can conclude that . . .
  그러므로 …라고 결론을 내릴 수 있습니다.
- It's safe to say that . . .
  …라 말해도 무방할 것입니다.
- In conclusion . . .
  마지막으로…
- All in all / all things considered . . .
  대체로 보아 / 모든 것을 고려해 볼 때…
- Altogether / overall . . .
  대체로…
- Therefore / thus . . .
  그러므로…
- The upshot is . . .
  결론은…

## 마지막 발언 Last Words

- Would anyone like to make one last comment?
  누구 마지막으로 하실 말씀 있으신가요?
- Are there any last / final words on the matter?
  이 사안에 대해 마지막으로 할 말씀 있으신가요?
- Now is the chance to make a final comment.
  이제 최종 발언을 할 기회입니다.
- This is your last chance.
  마지막 기회예요.
- Speak now, or forever hold your peace.
  반대 의견 있으시면 지금 말씀하세요. (지금이 아니면 계속 침묵하세요.)
- Any last comments?
  마지막으로 하고 싶은 얘기 있으신가요?

## 제안하기 Making a Motion

- I'd like to move / to make a motion that we increase our membership fees by 10 percent.
  저는 회비를 10퍼센트 인상할 것을 제안합니다.
- I move / resolve that . . .
  저는 …안을 제안합니다 / …로 의결합니다.
- I second the motion.
  재청합니다.

## 투표 또는 동의 구하기 Asking for a Vote or Consensus

- Could we have a show of hands?
  거수로 결정할까요?
- Who's in favor / against?
  찬성하는 / 반대하는 분 계신가요?
- Are we all in agreement?
  우리 모두 찬성하는 건가요?
- All in favor say yes / yea.
  찬성하는 분은 모두 '네'라고 말씀해 주세요.
- All against say no / nay.
  반대하는 분은 모두 '아니오'라고 말씀해 주세요.
- Are there any dissenters?
  반대하는 분 계신가요?

- For / against?
  찬성하세요 / 반대하세요?

## 정리하기 Wrapping Up

- I'd like to thank the participants for their input / contributions.
  수고해 주신 참여자 분들께 감사드립니다.
- I appreciate your input / participation / contributions.
  조언해 / 참여해 / 수고해 주셔서 감사합니다.
- Thanks for coming / being here / taking part.
  참석해 / 참여해 주셔서 감사합니다.
- Good job, everybody.
  모두 수고하셨습니다.

## 토론 마치기 Ending the Discussion

정중한

The meeting's adjourned until next week.
회의는 다음 주까지 잠시 중단됩니다.

That concludes our discussion / meeting.
이것으로 토론 / 회의를 마칩니다.

That wraps it up for this week / time.
이것으로 이번 주 / 이번 회의는 마칩니다.

That's all until next time / meeting.
다음 번 / 회의 때까지 이상입니다.

That was that.
이상입니다.

That's it, folks.
여러분, 이것으로 마치겠습니다.

Until next time / meeting.
다음 시간 / 회의에 뵐게요.

Same time same place.
같은 시간, 같은 장소에서 뵐게요.

편한

영어회화 표현사전 PERFECT PHRASES

 **The Holiday Party**

이번 챕터에서 배운 표현에 밑줄을 그어 보세요.

| | |
|---|---|
| WILL | Now that everyone's here, I'd like to begin by thanking all of you for being on time. As you can see from the agenda, our first topic is this year's Christmas party. Has anyone got any ideas they'd like to share? |
| ERIN | Sure, I'd like to see us do something a little different this year. |
| KEN | Why, what's wrong with going to the place we always go to? |
| ERIN | Just that. It's the same restaurant, same food, same atmosphere. |
| KEN | Far as I know you're the only one who doesn't like it. |
| ERIN | Don't get me wrong. I didn't say I didn't like it. |
| KEN | Well, that's what I understood. |
| WILL | Let's hear from the others, okay? Comments anyone? |
| DEB | I don't have any objections to trying something else. Erin, what did you have in mind? |
| ERIN | Well, for one thing we could have the party here— |
| KEN | Here? In the office? What for? We're here all the time. |
| WILL | Let Erin finish first, if you don't mind, Ken. |
| ERIN | As I was saying, we could have the party here, have the food catered, play some games, maybe even some music. |
| DEB | I think games would liven things up, and we'd all have a better chance to mix than when we're stuck behind a table for a couple of hours. |
| TINA | I can see your point, Erin, but somebody would have to organize everything and that's a lot of extra work. |
| ERIN | I don't mind. |
| WILL | So, if I understand correctly, Erin, you'd like to take it on. |
| ERIN | If it's okay with everyone else, sure. |
| TINA | I'd be glad to give you a hand. |
| WILL | Before we take a vote, does anyone have any further questions or anything to add? |
| BEN | Actually, if I could get a word in edgewise. |

| | |
|---|---|
| WILL | The floor's yours, Ben. |
| BEN | I've been thinking. If we had the food catered, there'd be more money for drinks, right? |
| ERIN | I'd need an estimate on the catering, but we'd have money left over. |
| TINA | Will, I've got a question. |
| WILL | Go ahead, Tina. |
| TINA | I don't know how well games would go over, so I was wondering if you could tell us what you're suggesting? |
| ERIN | We don't necessarily have to play games. Maybe I could come up with a contest. |
| KEN | Like guess the names of Santa's reindeer? |
| DEB | C'mon, Ken. You don't have to be sarcastic. |
| WILL | Okay, everyone. Let's remember it's Christmas we're talking about. |
| TINA | I know! Why don't we exchange presents? We wouldn't need to spend more than five to ten dollars. |
| DEB | Yeah, and someone can dress up like Santa Claus. |
| WILL | Hey, now wait a minute. Don't everybody look at me! |

## 홀리데이 파티

| | |
|---|---|
| 월 | 이제 모두 모이셨으니, 제시간에 와 주신 모든 분께 감사하다는 말로 시작하고 싶군요. 차례에 볼 수 있듯이, 첫 번째 주제는 올해 크리스마스 파티입니다. 누가 좋은 생각이 있으면 말씀해 주시겠어요? |
| 에린 | 네, 올해에는 조금 다른 걸 해 봤으면 해요. |
| 켄 | 아니, 우리가 항상 가는 곳에 무슨 문제라도 있나요? |
| 에린 | 바로 그거요. 똑같은 음식점, 똑같은 음식, 똑같은 분위기잖아요. |
| 켄 | 제가 알기로는 그걸 좋아하지 않는 사람은 당신뿐인 것 같은데요. |
| 에린 | 오해하지 마세요. 저는 좋아하지 않는다고 말하지 않았어요. |
| 켄 | 글쎄요, 제가 이해하기론 그런데요. |
| 월 | 다른 사람들의 의견도 한번 들어 보죠, 네? 다른 의견 있으신가요? |

| | |
|---|---|
| 뎁 | 뭔가 다른 걸 한번 해 보는 것도 괜찮은 것 같아요. 에린, 생각해 둔 거라도 있나요? |
| 에린 | 글쎄요, 한 가지는 이곳에서 파티를 하는 거예요. |
| 켄 | 여기서요? 사무실에서? 왜요? 여기는 늘 있는 곳이잖아요. |
| 월 | 켄, 괜찮다면, 에린이 먼저 이야기를 끝마치게 해 주세요. |
| 에린 | 제가 말씀드린 것처럼, 이곳에서 파티를 할 수 있을 거예요. 출장 음식을 시키고, 게임도 하고, 음악도 틀고요. |
| 뎁 | 게임을 하면 분위기가 좋아질 것 같아요. 그럼 몇 시간 동안 식탁에 갇혀 있는 것보다는 서로 어울리게 될 가능성도 더 많고요. |
| 티나 | 무슨 말인지 알겠어요, 에린. 하지만 누군가가 모든 걸 준비해야 하는데 그건 너무 많은 부담이잖아요. |
| 에린 | 전 괜찮을 것 같은데요. |
| 월 | 그럼, 제가 제대로 이해했다면, 에린 당신이 맡고 싶다는 얘기죠? |
| 에린 | 모두 괜찮으시다면, 그렇게 할게요. |
| 티나 | 저도 기꺼이 도울게요. |
| 월 | 투표를 하기 전에, 더 질문이나 덧붙일 의견 있으신가요? |
| 벤 | 사실은, 제가 말할 기회가 있다면요. |
| 월 | 말씀하세요, 벤. |
| 벤 | 생각해 봤는데요. 우리가 출장 음식을 시키면, 음료에 더 많은 돈을 쓰게 될 거예요, 그렇죠? |
| 에린 | 출장 음식 견적을 받아 봐야겠지만, 우리한테 남은 돈이 있어요. |
| 티나 | 월, 질문이 있는데요. |
| 월 | 말씀하세요, 티나. |
| 티나 | 게임이 얼마나 잘 진행될지 모르겠어요. 제안하시는 것에 대해 설명해 줄 수 있는지 궁금해요. |
| 에린 | 반드시 게임을 할 필요는 없어요. 아마 콘테스트를 할 수도 있고요. |
| 켄 | 산타의 사슴 이름 맞히기 같은 거요? |
| 뎁 | 켄, 그러지 마세요. 비꼴 필요까진 없잖아요. |
| 월 | 모두 알겠습니다. 우리가 크리스마스에 대해 얘기하고 있다는 걸 기억해 주세요. |
| 티나 | 좋은 생각이 있어요! 서로 선물을 교환하는 건 어때요? 5달러에서 10달러 이상은 안 쓸 텐데요. |
| 뎁 | 그래요, 누군가는 산타클로스로 변장을 해도 되겠네요. |
| 월 | 이보세요, 잠깐만요. 모두 날 쳐다보지 마세요! |

## Topics for Practice

With a group of friends or classmates, discuss...

1. the details of a trip you'd like to take on a holiday weekend
2. how you'd like to celebrate someone's birthday, a wedding, or a special occasion
3. how you would solve traffic problems in your city
4. what you would do if you won the lottery as a group
5. what changes you would like to see at school or work
6. how you can prepare yourself for an emergency situation such as an earthquake, hurricane, or fire
7. what steps you can take together to do something for the environment
8. how you can raise money to support a charitable organization
9. who you want to vote for in the next election, and what you could do to support the candidate
10. how you can make the world a better place

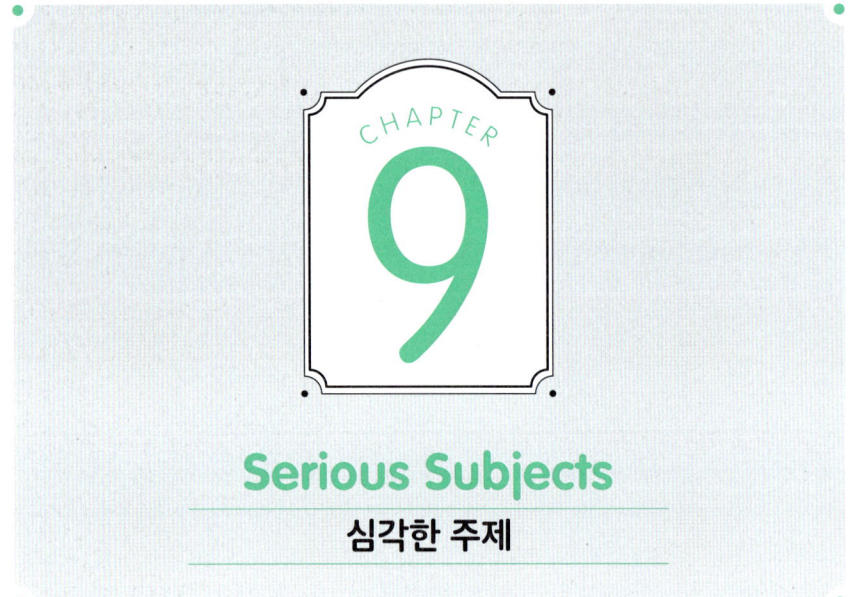

# Serious Subjects
## 심각한 주제

## Objectives 목표

- 불만 사항, 요구, 실수, 원인 및 결과에 대해 토론하기
- 사과하고 보상하기
- 확실성과 가능성 표현하기

　리오데자네이루에서 자란 가브리엘라는 전 세계에서 온from all over the world 관광객들을 상대하는 일에 익숙하다. 그녀는 호텔관광경영학hotel and tourism management을 공부하는데 학비에 보태려고to help finance her studies 동네 레스토랑과 리조트 호텔에서 일했었다. 그곳에서 그녀는 학교에서 배운 영어를 잘 활용할 수 있었다.

　가브리엘라의 꿈은 자신만의 비즈니스 호텔을 여는 것이다. 하지만 우선 그녀는 자신이 선택한 분야에서in her chosen field 더 많은 경험을 쌓고 영어 실력도 전문적인 수준까지 끌어올려야만 한다. 가브리엘라는 국제적인 호텔의 프론트 데스크에서의 첫날 이미 결혼식장에 온 한 무리의 외국 손님들의 다양한 불만 사항과 요구complaints and requests에 직면했었다. 그녀는 차분하게 침착함을 유지하고 집중해야 된다는 것을 잘 알고 있었지만, 다른 언어로 빨리 결정하고 반응해야 하는 것thinking on her feet이 무척 힘들었다. 요구가 많은 손님들을 진정시켜야pacify demanding guests 하는 순간에 그녀는 적절한 표현이 생각나지 않았다.

7장과 8장에서 의견 교환을 바탕으로 하는 토론을 활발하게 이끄는 방법에 대해 배웠다. 유감스럽게도, 모든 토론이 즐겁거나 유쾌할 수만은 없다. 그리고 5장에서 배운 것처럼 모든 문제가 충고나 공감으로 해결될 수만도 없다. 때로는 보다 광범위하고 복잡한 상황에 놓일 때도 있고 문제를 해결하기 위한 세심함과 요령이 요구될 때도 있다.

# Phrases 표현

## 시작하는 말 ▸ 공통의 관심사 Common Concerns

▸ **I don't know why they don't do something about** the traffic congestion in the city.
  이 도시의 교통이 정말 혼잡한데 왜 아무런 조치를 안 취하는지 모르겠어요.

▸ **They / somebody should do something about** the cost of living.
  생활비에 대한 대책을 세워야만 해요.

▸ **I wish somebody would do something about** homelessness.
  노숙자에 대해 뭔가 조치를 좀 취해 줬으면 좋겠어요.

▸ The waste of energy is **intolerable / unacceptable**.
  에너지 낭비가 너무 심해요.

▸ Gang violence is **really getting to be a problem / hassle / pain**.
  집단 폭력 문제가 갈수록 심각해지고 있어요.

▸ **It's about time / high time** they built a new bridge.
  새로 다리를 놓아야 할 때인 것 같아요.

▸ **Don't you just hate it** when food prices keep going up for no reason?
  이유 없이 식품비가 계속 오르는 건 정말 싫지 않나요?

▸ The lack of affordable housing in this city is **my pet peeve**.
  이 도시에 가용 주택이 부족하다는 게 제 불만거리예요.

> ❗ 영어에서 'they'는 일반 대중에게 영향을 미치는 문제를 해결해 줄 것이라고 우리가 기대하는 정부 또는 막연한 권위자를 가리키기도 한다.

# 영어회화 표현사전 PERFECT PHRASES

## 일반적인 문제에 대한 해결책 제시하기 Offering Solutions to General Problems

**간접적인**

**It'd be a big / great / considerable / major improvement / change if** they built a rapid transit system.
고속 수송 시스템을 만들면 상당한 발전 / 변화가 있을 텐데요.

**It'd make a big difference / a world of difference** if they banned pesticides.
살충제 사용을 금지하면 상당히 많이 달라질 텐데요.

**It can't / couldn't be such a big deal / problem** to create affordable housing.
가용 주택을 더 많이 만드는 게 그리 큰일은 아닐 텐데요.

**Everyone would benefit from** a tax break for low-income families.
저소득 가정의 세금을 줄여 주면 모든 사람이 혜택을 볼 텐데요.

**One solution to** climate change **is / would be** to develop alternative energy.
기후 변화를 해결할 수 있는 한 가지 방법은 대체 에너지를 개발하는 거예요.

**You can / could solve** unemployment **by** creating more opportunities for small or home-based business.
소기업이나 소호 사업의 기회를 더 많이 만들어 주면 실업 문제를 해결할 수 있을 텐데요.

**All they'd have to do is** lower service fees.
그들이 해야 할 일은 서비스 요금을 내리는 거예요.

**Here's the deal**: start a public education campaign on drug abuse.
이렇게 하는 거예요. 약물 남용에 대한 공교육 캠페인을 시작하는 거죠.

**It's time** they finally create a pedestrian zone in the downtown core.
마침내 시내 중심부에 보행자 전용 구역을 만들어야 할 때예요.

**직접적인**

## 언어 수준 Levels of Language

어려운 주제를 꺼내야만 할 때, 당신은 입씨름으로 끝을 낼 수도 있고, 아니면 모든 관계자들이 만족할 수 있도록 문제를 해결하기 위해 현명하고 예의 바르게 행동하려고 노력할 수도 있다. 전자는 누군가가 패배자가 되어서 끝이 나고, 후자는 쌍방 모두에게 좋은 상황을 이끌어 낼 수 있다. 당신이 민감하고 중요한 주제를 논하기 시작하는 방법은 첫째로 다른 사람과 상호작용하는 당신의 개인적인 스타일에 의해, 둘째로는 당신이 자란 문화에 의해 결정된다. 어떤 문화에서는 단순 명료한 것이 인정받는 반면, 다른 문화에서는 예의범절과 체면 유지가 더욱 가치가 있다. 어떤 경우에서는 당신이 사용하는 언어의 수준은 당신의 메시지를 전달시키는 데 있어 중요한 역할을 한다.

## 직접적인 언어 vs. 간접적인 언어 Direct vs. Indirect Language

영어에서는 부분적으로는 친숙한 2인칭 대명사와 친숙하지 않은 2인칭 대명사가 없기 때문에 단어의 선택이 중요하다. you는 사람의 나이, 직책이나 권위, 그리고 수와 상관없이 you이다. 영어라는 언어에서는 거리와 존경을 표현하려고 할 때 직접적인 말보다는 간접적인 말을 사용한다. 다음 예는 누군가에게 담배를 꺼 달라고 부탁하는 방법을 보여 준다.

간접적인

**Would you be so kind as** to put out your cigarette?
담배를 꺼 주실 수 있나요?

**Would / do you mind** putting out your cigarette?
담배를 꺼 주실 수 있나요?

**Would you please** put out your cigarette?
담배를 꺼 주시겠어요?

**Could you** put out your cigarette?
담배를 꺼 주시겠어요?

**It'd be nice if** you put out your cigarette.
담배를 꺼 주신다면 좋을 것 같습니다.

**I'm sorry, but you'll have to** put out your cigarette.
죄송하지만, 담배를 끄셔야 할 것 같습니다.

**How about** putting out your cigarette?
담배를 끄시면 어떨까요?

**Please** put out your cigarette.
담배를 꺼 주세요.

**Put out** your cigarette, **will you**?
담배를 꺼 주실래요?

**Put out** that cigarette **now**!
당장 담배를 끄세요!

직접적인

직접적이거나 간접적인 말을 사용하는 것은 결과를 협상해야 하는 상황에서 큰 차이를 만들어 낼 수 있다. 직접적인 말을 간접적인 말로 바꿀 수 있는 몇 가지 방법들을 살펴보자.

영어회화 표현사전 PERFECT PHRASES

## 직접적

I want to have . . .
나는 …를 갖고 싶어.

I don't want to.
나는 …하고 싶지 않아.

I don't like that.
나는 그걸 좋아하지 않아.

I don't know.
모르겠어.

You must / have to leave.
넌 떠나야만 해.

Don't use your cell phone.
휴대 전화를 사용하지 마.

Stop talking!
떠들지 마!

I can't.
난 못해.

We have no choice.
우린 다른 방법이 없어.

No!
싫어!

That's bad.
그거 안됐다.

## 간접적

I would like to have . . .
저는 …를 갖고 싶어요.

I'd really rather not / I'd prefer not to.
저는 정말로 …하고 싶지 않아요 / …하지 않는 것을 더 좋아해요.

I'd really prefer something else.
저는 정말로 다른 걸 더 좋아해요.

I'm not quite sure / I'll have to check on that.
확실하지는 않아요 / 그건 확인해 봐야겠어요.

I suggest / recommend that you not stay much longer.
당신이 더 오래 머무르지 않기를 제안합니다 / 권합니다.

I'd appreciate it if you'd refrain from using your cell phone.
휴대 전화 사용을 삼가해 주시면 감사하겠습니다.

Would you mind not talking?
떠들지 말아 주시겠어요?

I'm afraid it's not possible.
그건 가능하지 않을 것 같아요.

We are forced under the circumstances to . . .
우리는 …할 상황에 놓여 있습니다.

Let me think about this.
이건 생각해 볼게요.

That's not particularly good.
그건 특별히 좋지는 않네요.

또한 다음과 같은 형용사나 부사를 추가하여 의미를 완화할 수도 있다.

- a little, a little more / less
  약간, 약간 더 / 덜
- somewhat / rather
  다소
- perhaps / maybe
  아마도

- It might / may be
  …일지도 모른다
- particularly / terribly / really / all that much
  특히 / 상당히 / 정말로 / 그렇게 많이

**예 | Example**

I find the situation **somewhat** / **rather** annoying.
상황이 다소 짜증나네 / 성가시네.

- **Perhaps** / **maybe** you could make a few changes to the schedule.
  아마도 당신은 일정에 몇 가지 변경을 할 수도 있을 것 같습니다.
- We'd appreciate it if you'd be **a little more** accommodating.
  좀 더 협조해 주신다면 감사하겠습니다.
- I don't **really** care for this seating arrangement.
  나는 이런 좌석 배치에 별로 신경 쓰지 않아.

## 좋게 거절하기 Saying "No" Nicely

부정적인 대답이 가장 단순하고, 아마도 가장 정직한 것일 수도 있겠지만 좀 더 순한 말로 거절하는 것이 필요할 때가 있을 것이다.

- **I'd like to** join you, **but I really have to** be somewhere else in a few minutes.
  같이 가고 싶지만, 잠시 후에 다른 곳에 가 봐야 해요.
- **Sorry, but I don't think I can** find what you're looking for.
  미안하지만, 네가 찾고 있는 걸 못 찾겠어.
- **I'm afraid I can't** take your call at this moment.
  지금은 전화를 받을 수 없습니다.
- **I'd really rather not** go into the details if you don't mind.
  이런 말해서 미안한데, 자세히 말하고 싶지 않아.
- **Thanks, but** a substitute is not what I had in mind.
  고맙지만, 대체품은 내가 생각했던 게 아니야.

## 긍정적으로 말하기 Being Positive

불쾌하거나 스트레스를 받는 상황에서 당신은 상황의 부정적인 면만을 보기 쉽다. 그런 상황에서 낙관주의는 부적절해 보일 수 있지만, 긍정적인 태도를 유지하면 스트레스를 덜고 긴장을 이완시켜 줄 수 있다.

영어회화 표현사전 PERFECT PHRASES

- I'm sure / convinced / positive that your insurance will cover the damage.
  당신의 보험이 그 손해를 보장해 줄 것이라고 확신합니다.
- On the bright side / on a positive note . . .
  긍정적인 측면에서는…
- Looking at the positive side . . .
  긍정적인 면을 보면…
- Optimistically speaking . . .
  낙관적으로 말해서…
- To be optimistic / positive . . .
  낙관적 / 긍정적으로…

## 반어법, 풍자, 그리고 완곡어법 Irony, Sarcasm, and Euphemism

그러나 목소리의 톤에 따라 간접적인 말이 직접적인 말로 바뀔 수도 있다. '좋게' 들릴 수도 있는 것이 전혀 반대의 의미를 전할지도 모른다. 영어 원어민은 영어가 모국어가 아닌 사람이 해석하기 어려운 반어법, 풍자, 농담조, 그리고 완곡어법을 종종 사용한다. 다음 예를 살펴보자.

▲ 반어법(Irony) : 재치 있거나 웃기려는 의도로 반대 의미의 말을 사용하는 것

 (after three days of solid rain) Don't you just love the rain?
(3일 내내 비가 계속된 후) 비가 정말 좋지 않아?

(about unclear directions) These directions are as clear as mud.
(불명확한 지시에 대해) 이런 지시는 진흙처럼 명확한데.

▲ 풍자(Sarcasm) : 조롱, 모욕, 또는 상처를 주기 위한 의도로 반대 의미의 신랄한 말을 사용하는 것

(to a slow waiter) You really didn't have to be in such a hurry!
(행동이 느린 종업원에게) 정말로 그렇게 서두르실 필요 없어요!

(to someone who hasn't called you in a long time) I was wondering if maybe you'd had your phone disconnected.
(오랫동안 연락이 없었던 사람에게) 혹시 네 전화가 끊긴 건 아닐까 궁금했었어.

You never seem to use it.
넌 그거 전혀 사용을 안 하는 것 같더라.

▲ 농담조(Tongue-in-cheek) : 심각한 의미 없이 말하는 것으로, 윙크 같은 얼굴 표정으로 그것을 표시함

(to someone who has a hangover) My, you look fresh and bouncy this morning!
(숙취가 있는 사람에게) 이런, 너 오늘 아침 생생하고 활기 넘쳐 보이는데!

(pretending innocence) I don't know what you're talking about.
(모른 체하며) 네가 무슨 얘길 하는 건지 모르겠어.

▲ 완곡어법(Euphemism) : 불쾌하거나 모욕적인 것에 순한 어휘를 사용하는 것

We had a minor disagreement (instead of big fight).
우리는 (큰 싸움 대신에) 사소한 의견 충돌이 있었어요.

Car thief to policeman: "But I was only borrowing it" (instead of stealing).
자동차 도둑이 경찰관에게: "하지만 전 (훔친 것 대신에) 그냥 빌린 거였어요."

영어를 사용하는 문화에 있어서 유머는, 특히 블랙 유머일 경우 풍자와 반어법을 바탕에 두고 있으며, 시트콤과 코미디 기법은 그런 예로 가득하다. 특히 모국어가 영어인 화자들이 굉장히 심각해 보이면서 무표정한 얼굴로 반어적이거나 풍자적 혹은 완곡어법으로 얘기할 경우, 모국어로 사용하지 않는 화자들은 뭐가 그렇게 웃긴지 궁금해할 것이다. 영어가 모국어가 아닌 당신이 영어 원어민처럼 언어를 사용할 것이라고 기대되지는 않지만 그런 신호는 알고 있어야 한다. 말한 것이 더 긍정적이고 유쾌할수록 그 의미는 종종 더 부정적일 수 있다.

## 풍자적이거나 반어적으로 사용되는 일반적인 대답
Common Rejoinders Used Ironically or Sarcastically

▶ Oh really?
아 그래?

▶ How about that!
정말 멋지다!

▶ You don't say!
그럴 줄 알았다!

▶ I would never have guessed!
난 짐작도 못했어!

▶ Well, I'll be!
기막혀!

▶ Isn't that nice / lovely / just wonderful!
그거 참 멋지네!

▶ How kind / sweet / considerate / thoughtful / interesting!
정말 친절하네 / 상냥하네 / 자상하네 / 사려 깊네 / 흥미롭네!

영어회화 표현사전 PERFECT PHRASES

- I've never been so happy / glad / pleased in all my life.
  내 일생 동안 이렇게 행복한 적이 없네.
- Thank you very much!
  정말 고맙군 그래!

## 불만과 요구 사항 Complaints and Demands

개인적인 문제를 논의하는 데 덧붙여, 5장에서 배운 것처럼 당신은 다른 사람과 관련되는 문제를 다뤄야 할지도 모른다. 아마도 당신이 가게에서 받은 서비스에 불만족스럽거나 누군가가 당신에게 부정적인 영향을 미치는 실수를 했을 수도 있다. 당신의 의사를 전달하고 싶다면 불만과 요구 사항에 어느 정도의 재치와 결단력이 있어야 한다.

### 불만 제기하기 Making a Complaint

- **I wish to express my dissatisfaction / disappointment with / concern about** the charges on my last statement.
  제 최근 입출금 내역서에 나온 요금에 관해 불만 / 실망 / 걱정을 표현하고 싶습니다.
- **I want / wish to complain about / to object to** the noise in the building.
  건물의 소음에 대해 불만을 제기하고 / 항의하고 싶습니다.
- **I'd like to file / to lodge a complaint** against my landlord.
  제 집주인에 대한 불만을 고소하고 싶습니다.
- **There seems to be a problem with / mistake on** my invoice.
  제 청구서에 문제가 / 실수가 있는 것 같습니다.
- **I have a complaint / beef about / an issue with** the repairs that were done to my car.
  제 차에 한 수리 작업에 불만이 / 문제가 있습니다.
- **I'm upset / unhappy / dissatisfied / displeased / annoyed with** my order.
  제가 주문한 것에 대해 기분이 상했습니다.
- **I'm having a problem with** my cable service.
  케이블 서비스에 문제가 생겼는데요.
- My prescription **is not okay / in order / how it should be**.
  제 처방전이 적절하지 않네요.
- **Somebody messed up on** my points card.
  누군가가 제 포인트 카드를 엉망으로 만들었네요.

## 세부 내용 묻기 | Asking for Details

- What exactly / specifically seems to be the matter / the problem?
  정확히 뭐가 문제인 것 같으세요?
- What is the exact nature of your complaint?
  정확히 어떤 종류의 불만이신가요?
- Can you give me a detailed account of the event?
  그 사건을 더 자세히 설명해 주시겠어요?
- Can you provide us with details / specifics?
  세부 내용을 알려 주시겠어요?
- What's all the fuss?
  대체 이게 다 뭐죠?

## 불만 사항에 대답하기 | Responding to a Complaint

- I'll see what I can do about it.
  제가 할 수 있는 걸 알아보겠습니다.
- We'll take care of / see to it right away.
  당장 처리해 드리겠습니다.
- We're here to help you.
  저희가 도와 드리겠습니다.
- I'm sure we can work this out / get to the bottom of this.
  저희가 이걸 해결해 드리겠습니다.

## 이해나 동의 표현하기 | Showing Understanding or Agreement

참고 공감과 이해, 104쪽 / 동의하기, 161쪽

## 잘못된 정보 | Misinformation

- **I was led / made to believe that** the service was included in the price.
  저는 그 서비스가 가격에 포함되어 있다고 알고 있었어요.
- **I was under the impression that** I would receive air miles.
  저는 항공 마일리지를 받는다고 생각하고 있었어요.
- **I thought / understood that** there were no interest charges on the balance.
  저는 잔금에 이자 부담금이 없다고 생각하고 있었어요.

영어회화 표현사전 PERFECT PHRASES

▶ **I was told / informed that** an agent would take care of the matter.
저는 중개인이 그 문제를 처리할 거라고 들었거든요.

▶ **They / someone told me that** there were no extra service fees.
그들이 / 누군가가 추가적인 서비스 요금이 없다고 말해 줬거든요.

## 요청하기 | Stating a Request

간접적인

**I don't mean to trouble / bother you, but it'd be really helpful if** you could check my account.
귀찮게 하고 싶지는 않지만 제 계좌를 확인해 주시면 정말 도움이 될 것 같아요.

**I'd really appreciate it if / be most grateful if** you checked my account.
제 계좌를 확인해 주신다면 정말 감사할 것 같아요.

**Would it be possible** for you to check my account?
제 계좌를 확인해 주시는 게 가능할까요?

**Would you mind** checking my account?
제 계좌 좀 확인해 주시겠어요?

**It would really help if** you checked my account.
제 계좌를 확인해 주시면 정말 도움이 될 거예요.

**I was wondering if** you would check my account.
제 계좌를 확인해 주실 수 있는지 궁금합니다.

**Do you think you could** check my account?
제 계좌를 확인해 주실 수 있으세요?

**Can / will you** check my account?
제 계좌를 확인해 주시겠어요?

**Please** check my account.
제 계좌 좀 확인해 주세요.

직접적인

## 요구하기 | Making Demands

정중한

**I insist\* / demand that** you cancel the charges / the charges be cancelled.
그 요금을 취소해 주시기를 요구합니다.

**I have a right to / am entitled to** a cancellation of the charges.
저는 그 요금을 취소할 권리가 있습니다.

*동사 insist는 recommend와 request처럼 '가정'의 의미를 갖는다. 참고 106쪽

**You must / have to / had better** cancel the charges.
그 요금을 취소해 주셔야 합니다.

**You need to** cancel the charges.
그 요금을 취소해 주셔야 합니다.

**I expect** you to cancel the charges / the charges to be cancelled.
그 요금을 취소해 주셨으면 해요.

**If you don't** cancel the charges, I'll close my account.
그 요금을 취소하지 않으면 제 계좌를 해지하겠어요.

Cancel the charges **or else**.
편한   그 요금을 취소해요, 안 그랬단 봐.

## 확고히 하기 | Being Firm

▸ That's out of the question.
  그건 불가능합니다.
▸ I'm not budging / moving / giving an inch.
  저는 물러서지 않겠습니다.
▸ I'm sticking to my guns.
  저는 굽히지 않겠습니다.
▸ I insist on my rights.
  저는 제 권리를 강력히 주장합니다.
▸ He's playing hardball.
  그는 강경한 자세를 취하고 있어.
▸ You drive a hard bargain.
  너는 세게 밀어붙이고 있어.

## 규칙과 조건 Rules and Conditions

당신이 다른 사람들과 동의 또는 합의를 하게 되면, 모든 사람들이 그 사람에 대하여 기대하는 바를 알 수 있도록 상세하고 자세한 언어로 규칙과 조건을 명시할 필요가 있다.

### 조건 Conditions

▸ **If** you sign a three-year contract, you will get a cell phone for free.
  3년 약정에 서명하시면, 휴대 전화를 무료로 드립니다.

- **Unless** you sign a three-year contract, you will have to pay extra for the cell phone.
  3년 약정에 서명하지 않으시면, 휴대 전화에 추가 요금을 내셔야 합니다.
- You will get a free cell phone **provided / on the condition that / given that** you sign a three-year contract.
  3년 약정에 서명하신다는 조건 하에 무료 휴대 전화를 드립니다.
- **As long as** you sign a three-year contract, you will get a cell phone for free.
  3년 약정에 서명하신다면, 휴대 전화를 무료로 드립니다.
- **Subject to / depending on** the contract, you either will get a cell phone for free or have to pay extra for it.
  계약에 따라 휴대 전화를 무료로 받으시거나 추가 요금을 내셔야 합니다.
- The cost of the cell phone **depends on / is contingent upon** the length of the contract.
  휴대 전화 비용은 계약 기간에 따라 다릅니다.
- **The terms of the contract state that** you must sign a three-year contract in order to get a free cell phone.
  계약 조건에 따르면 무료 휴대 전화를 받기 위해서는 3년 약정에 서명하셔야 합니다.

## 규칙과 규정 Rules and Regulations

- Parking is **not permitted / allowed** on this street.
  이 거리에서는 주차가 허용되지 않습니다.
- Smoking is **prohibited / forbidden / banned** on airplanes.
  비행기에서는 흡연이 금지되어 있습니다.
- **According to the rules / law** you may not use handheld devices while driving.
  규칙 / 법에 따르면 운전 중에는 휴대용 단말기 사용이 허용되지 않습니다.
- **The rules state / say that** you may not / you are not allowed to use a handheld device while driving.
  규칙에 따르면 운전 중에는 휴대용 단말기를 사용해서는 안 된다 / 휴대용 단말기 사용이 허용되지 않습니다.
- Use of the pool and whirlpool **will be limited to** the hours between 10:00 a.m. and 4:00 p.m.
  수영장과 월풀은 오전 10시와 오후 4시 사이로 사용이 제한됩니다.
- All guests and residents **will be liable for** any damage to the property.
  모든 손님과 투숙객들은 기물 파손을 배상할 의무가 있습니다.
- **No returns on sale items**.
  세일 품목에 대해서는 환불 불가.

## 중요성 Importance

- **It is important / necessary / essential to** read the terms of the agreement carefully.
  계약 조건을 주의 깊게 읽어 보는 것이 중요합니다 / 필요합니다 / 필수적입니다.
- **Especially / particularly / importantly / firstly** you should read the terms of the agreement carefully.
  특히 / 특별히 / 중요한 것은 / 우선적으로 계약 조건을 주의 깊게 읽어 봐야 합니다.
- **First and foremost / above all / in particular** you should read the contract carefully.
  무엇보다도 계약 조건을 주의 깊게 읽어 봐야 합니다.
- **Whatever you do**, read the contract carefully.
  뭘 하든지 간에 계약서를 주의 깊게 읽어라.
- This inquiry has **high priority**.
  이 질문은 가장 우선적으로 해야 해요.

## 나쁜 소식과 좋은 소식 Bad News and Good News

'무소식이 희소식'이라는 속담이 있다. 좋은 소식을 전하는 것은 즐거운 일일 수 있지만, 나쁜 소식을 전하는 것은 특히 다른 사람을 실망시키거나 화나게 해야 할 위험이 있을 때 어려운 일이다. 두 가지 경우 모두, 그 상황에 맞는 다양한 표현들을 사용할 수 있다.

## 조건 Conditions

- I regret to say / to inform you that there has been an accident.
  사고가 있었다는 소식을 알리게 되어 유감스럽습니다.
- I hate to break this to you, but . . .
  당신께 이걸 알리고 싶지 않지만….
- I'm sorry / afraid to have to say that . . .
  …라는 것을 얘기해야 해서 유감스럽습니다.
- I'm not sure / don't know how to tell you this, but . . .
  이 얘길 어떻게 해야 할지 모르겠지만, ….
- It gives me no pleasure at all to tell you that . . .
  …라고 얘기하는 것은 전혀 즐겁지 않네요.
- I wish I had another way to break this to you but . . .
  이걸 전하는 다른 방법이 있다면 좋겠지만, ….

- Unfortunately / regrettably / apparently . . .
  불행히도 / 유감스럽게도 / 듣자 하니…

- It seems / appears that . . .
  …인 것으로 보입니다.

- For some reason / some odd reason . . .
  어떤 (이상한) 이유에서인지…

- You may not want to hear this, but . . .
  이 얘길 듣고 싶지 않으시겠지만…

## 불쾌한 주제 피하기 | Avoiding an Unpleasant Subject

- Do you think you could change the subject?
  주제를 바꿀 수 있을까요?

- Can't we talk about / discuss this some other time?
  이 문제는 나중에 얘기할 / 논의할 수 없을까요?

- Do I have to hear / listen to this?
  제가 이 얘기를 들어야 하나요?

- I'm really not interested.
  저는 정말 관심이 없는데요.

- That's not what I need to hear right now.
  그건 제가 지금 당장 들어야 할 건 아니네요.

- Spare me the details.
  자세한 건 말하지 마.

- Keep it to yourself!
  혼자만 알고 있어!

## 주제 바꾸기 | Changing the Subject

- If you don't mind, I'd like to change the subject / topic.
  괜찮으시다면, 주제 / 화제를 바꾸고 싶습니다.

- It would be nice if we changed the subject / topic.
  주제 / 화제를 바꾸면 좋을 것 같네요.

- Could / can we change the subject?
  주제를 바꿀 수 있을까요?

- Can't we talk about something else?
  다른 얘기 할 수 없을까요?

- Haven't we discussed / talked about this enough already?
  이건 충분히 논의하지 / 얘기하지 않았나요?

- How about switching to another subject / topic / something more pleasant?
  다른 주제로 / 다른 화제로 / 좀 더 재미있는 것으로 바꾸면 어때?

### 좋은 소식 Good News

- Fortunately / luckily no one was hurt and nothing valuable was lost in the fire.
  다행히 화재에서 아무도 다치지 않았고 분실된 귀중품도 없어요.
- As luck would have it . . .
  다행히도…
- On the good / positive / bright side . . .
  긍정적인 면에서…
- Lucky for you . . .
  너에게 다행히도…
- It turned out that . . .
  …인 것으로 드러났어요.
- Today's your lucky day!
  너 오늘 일진이 좋네!

## 원인과 결말 Causes and Consequences

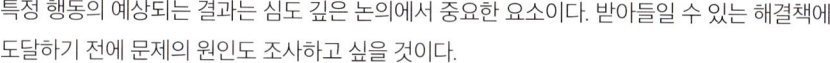

특정 행동의 예상되는 결과는 심도 깊은 논의에서 중요한 요소이다. 받아들일 수 있는 해결책에 도달하기 전에 문제의 원인도 조사하고 싶을 것이다.

### 원인과 결과 Cause and Effect

- Mail delivery will be disrupted **because / since / as** there is a postal strike.
  우체국 파업이 있어서 우편물 배달에 지장이 있을 것이다.
- Mail delivery will be disrupted **because of / due to / as a result of / on account of** the postal strike.
  우체국 파업 때문에 우편물 배달에 지장이 있을 것이다.
- There's a postal strike; **therefore / as a result / consequently** mail delivery will be disrupted.
  우체국 파업이 있다. 그래서 / 그 결과 / 따라서 우편물 배달에 지장이 있을 것이다.

- **Due to the fact that** there's a postal strike, mail delivery will be disrupted.
  우체국 파업이 있다는 사실 때문에 우편물 배달에 지장이 있을 것이다.
- **As long as** there's a postal strike, mail delivery will be disrupted.
  우체국 파업이 있는 한 우편물 배달에 지장이 있을 것이다.

## 결과와 결말 Results and Consequences

- The postal strike can **cause / lead to / result in / be responsible for** a disruption in mail delivery.
  우체국 파업은 우편물 배달에 지장을 초래할 수 있다.
- The disruption in mail delivery **is attributed to / could happen because of / is a direct result of** the postal strike.
  우체국 파업의 직접적인 결과로서 / 우체국 파업 때문에 우편물 배달에 지장이 발생할 수 있다.
- The postal strike could **lead to / result in / contribute to** a disruption in mail delivery.
  우체국 파업은 우편물 배달에 지장을 야기할 수도 있다.
- **As a result of / the consequence of / due to** the postal strike, mail delivery will be disrupted.
  우체국 파업의 결과로서 / 우체국 파업 때문에 우편물 배달이 지장을 받을 것이다.
- **The result / consequence / outcome of** the mail strike will be a disruption in mail delivery.
  우체국 파업의 결과는 우편물 배달의 지장일 것이다.
- There's a postal strike; **hence**, a disruption in mail delivery will occur.
  우체국 파업이 있다. 따라서, 우편물 배달에 지장이 발생할 것이다.
- If nothing is done about the postal strike, there will be a disruption in mail delivery.
  우체국 파업에 아무것도 이뤄지지 않는다면, 우편물 배달에 지장이 있을 것이다.
- The mail strike will **end up** in a disruption of mail delivery.
  우체국 파업은 결국 우체국 배달의 지장으로 끝날 것이다.
- **Worst-case scenario** would be a disruption in mail delivery.
  최악의 시나리오는 우편물 배달의 지장일 것이다.

## 영향 Effects

- Social-networking **affects / impacts / influences** communication.
  사회 연결망은 의사소통에 영향을 준다.
- Social-networking **has an effect / impact / influence** on communication.

사회 연결망은 의사소통에 영향을 미친다.
▶ Social-networking **has made / makes a difference to** communication.
사회 연결망은 의사소통에 차이를 만들었다 / 만든다.

무언가가 다른 것에 미치는 영향의 정도를 나타내려면, 다음 형용사와 부사를 덧붙일 수도 있다.

| 긍정적 | 부정적 |
|---|---|
| major / significant<br>주요한 / 매우 중요한 | minor<br>가벼운 |
| serious / grave<br>심각한 / 중대한 | slight / minimal<br>약간의 / 최소한도의 |
| permanent / lasting<br>영구적인 / 영원한 | temporary<br>일시적인 |

## 확실성과 가능성 Certainty and Possibility

아무도 미래를 예측할 수는 없다. 하지만 결정을 내리거나 합의에 도달하기 전에 결과를 예측해 보거나 적어도 가능성을 고려해 보아야 할 것이다.

### 확실성 Certainty

▶ **100 percent**
100퍼센트
Our candidate **will / won't** win the election.
우리 후보자는 선거에서 승리할 / 승리하지 못할 것이다.

▶ **99 percent**
99퍼센트
Our candidate **can't / couldn't** lose the election.
우리 후보자는 선거에서 패배할 리 없다 / 패배할 수 없다.

▶ **95 percent**
95퍼센트
Our candidate **must / has to** win the election.
우리 후보자는 선거에서 틀림없이 승리할 것이다.

Our candidate **can** win the election.
우리 후보자는 선거에서 승리할 수 있다.

▶ **75 to 90 percent**
75~90퍼센트
Our candidate **should / ought / is bound / is likely** to win the election.
우리 후보자는 선거에서 승리할 가능성이 높다.

**Chances are / there's a (good) chance** our candidate will win the election.
우리 후보자가 선거에서 승리할 가능성이 (상당히) 있다.

▶ **Less than 50 percent**
50퍼센트 이하

Our candidate **could** win the election.
우리 후보자가 선거에서 이길 수도 있다.

Our candidate **may / might** win the election.
우리 후보자가 선거에서 이길지도 모른다.

## 최근 결과에 대해 추론하기 Making Deductions About Recent Results

▶ **100 percent**
100퍼센트

The CPI (consumer price index) **has increased**.
소비자 물가지수가 상승했다.

The CPI **couldn't have** decreased.
소비자 물가지수가 감소했을 리가 없다.

▶ **95 percent**
95퍼센트

The CPI **has to have / must have** increased.
소비자 물가지수가 상승했음이 틀림없다.

▶ **75 percent**
75퍼센트

The CPI **could have** increased.
소비자 물가지수가 상승했을 수 있다.

▶ **50 percent**
50퍼센트

The CPI **might / may have** increased.
소비자 물가지수가 상승했을지도 모른다.

## 가능성 Possibility

▶ **It is possible / feasible / plausible** to build a city on the moon.
달에 도시를 건설하는 것이 가능하다.

▶ **Someone can / could** build a city on the moon.
누군가가 달에 도시를 건설할 수도 있다.

▶ **There are ways to** build a city on the moon.
달에 도시를 건설하는 방법들이 있다.

▶ Building a city on the moon is **doable / viable**.
달에 도시를 건설하는 것은 실행 가능하다.

▶ **It wouldn't surprise me if** someone built a city on the moon.
누군가 달에 도시를 건설한다고 해도 놀랍지 않을 것이다.

## 불가능성 Impossibility

- **It is impossible / unfeasible / implausible / unrealistic / not viable to** build a city on the moon.
  달에 도시를 건설하는 것은 불가능하다 / 비현실적이다 / 실행할 수 없다.
- **There's no way / no possible way** that people could build a city on the moon.
  사람들이 달에 도시를 건설할 수 있는 방법은 없다.
- A city on the moon **couldn't / won't happen in a million years**.
  달의 도시는 백만 년 동안 일어날 수 없을 것이다 / 일어나지 않을 것이다.
- Building a city on the moon is **ridiculous / ludicrous / a stretch / a pipe dream / an illusion / out of this world**.
  달에 도시를 건설하는 것은 말이 되지 않는다 / 터무니없다 / 몽상이다 / 착각이다 / 현실과 동떨어졌다.

확실성/불확실성이나 가능성/불가능성의 정도를 높이기 위해 다음 부사들을 사용할 수 있다.

- **100 percent**
  100퍼센트
  certainly, definitely, absolutely, unquestionably, undoubtedly
  확실히, 분명히, 절대적으로, 의문의 여지 없이, 의심의 여지 없이
- **80–90 percent**
  80~90퍼센트
  probably, most likely, likely, surely, highly, in all likelihood
  아마도, 가능성 높게, 가능성 있게, 분명히, 상당히, 십중팔구는
- **less than 50 percent**
  50퍼센트 이하
  perhaps, maybe, possibly, conceivably, for all one knows
  아마도, 어쩌면, 가능성 있게, 가능하게, 아마

There will **definitely** be some big changes coming.
분명 어떤 큰 변화가 있을 것이다.

The government will **probably** cut social programs to save money.
정부는 아마도 비용을 절감하기 위해 사회 복지 프로그램을 중단할 것이다.

**For all one knows** we could run out of oil sooner than we think.
아마 우리가 생각하는 것보다 더 빨리 기름이 바닥날 수도 있다.

## 사과와 합의 Apologies and Agreements

간단한 사과는 상처받은 감정을 치유하고 실수와 오해를 바로잡는 최선의 방법일 수 있다.

### 사과하기 | Making Apologies

정중한

**May I offer my sincere apologies** for the inconvenience / for inconveniencing you?
불편을 드린 점에 대해 진심으로 사과드려도 괜찮을까요?

**Please accept my apologies for** the mistake / oversight / inconvenience / trouble.
실수한 데 대해 / 불편하게 해 드려서 / 폐를 끼쳐서 사과드립니다.

**I apologize for** the trouble / putting you out.
폐를 끼친 데 대해 사과드립니다.

**I deeply regret** our error / causing you such inconvenience.
저희 실수에 대해 / 그런 불편함을 드리게 되어서 매우 유감스럽게 생각합니다.

**I'm terribly sorry about** the mistake.
실수해서 정말 죄송합니다.

**I didn't mean to** offend you / step on your toes.
기분을 상하게 할 뜻은 없었습니다. / 일부러 발을 밟으려고 한 것은 아니었습니다.

**Sorry for** your trouble.
폐를 끼쳐서 죄송합니다.

**My apologies.**
죄송합니다.

편한

### 사과 요구하기 | Demanding an Apology

- Your actions **call for an apology**.
  당신의 행동에 사과하세요.

- **I expect / demand / insist on a full / complete apology**.
  저는 완전한 사과를 기대합니다 / 요구합니다 / 주장합니다.

- I think **I'm entitled to an apology**.
  저는 사과를 받을 권리가 있다고 생각합니다.

- Any considerate person **would apologize**.
  사려 깊은 사람이라면 누구든 사과를 할 겁니다.

▶ **I won't accept anything but a full apology**.
저는 완전한 사과가 아니라면 받아들이지 않겠습니다.

## 후회 나타내기 | Expressing Regrets

▶ **I shouldn't have** been so careless / **I should have** been more careful.
제가 그렇게 부주의하지 않았어야 했어요 / 제가 더 조심해야 했어요.

▶ **I wish I hadn't** been so careless / **I had** been more careful.
제가 그렇게 부주의하지 않았다면 / 제가 더 조심했다면 좋았을 텐데요.

▶ **I regret** my carelessness / having been careless / that I was careless.
제 부주의를 후회하고 있습니다.

▶ **Regretfully** I was careless.
후회스럽게도 제가 부주의했어요.

▶ My carelessness was **regrettable**.
제 부주의가 후회되네요.

▶ **I'm sorry about** my carelessness.
제가 부주의해서 죄송합니다.

## 사과 받아들이기 | Accepting an Apology

정중한

I accept your apology.
사과를 받아들이겠습니다.

Apologies accepted.
사과는 받았습니다.

Don't worry / bother.
걱정하지 / 신경 쓰지 마세요.

It could have been worse.
그만하길 다행입니다.

It's not your fault.
당신의 잘못이 아니에요.

No harm done.
(큰 피해가 생긴 것은 아니니) 괜찮습니다.

Never mind.
신경 쓰지 마세요.

Forget it.
잊어버리세요.

No problem.
괜찮아요.

편한

## 사과 거절하기 | Refusing an Apology

- An apology's a nice gesture, but I need more than that.
  사과는 좋은 표시지만, 저는 그 이상이 필요합니다.
- I expect more than a mere apology.
  저는 단순한 사과 이상의 것을 기대합니다.
- I'm sorry but it's not enough.
  죄송하지만 그건 충분하지 않아요.
- An apology / nice words won't do it.
  사과로는 / 좋은 말만으로는 안 됩니다.
- That's just an easy way out.
  그건 단지 쉽게 빠져나가는 거죠.

## 변명하기 | Offering an Excuse

- I'd really like to help you out, but I'm not in a position to do anything about it.
  정말로 당신을 도와 드리고 싶지만, 제가 뭔가를 할 수 있는 입장이 아니에요.
- I'm sorry, but it's not up to me / my responsibility / my department.
  죄송하지만, 그건 제가 / 제 책임으로 / 저희 부서에서 할 수 있는 일이 아니에요.
- I wish I could, but it's not in my power.
  저도 그러고 싶지만, 그건 제 권한이 아닙니다.
- I didn't have anything to do with it.
  저는 그것과 아무런 상관이 없어요.
- You'll have to ask someone else.
  다른 누군가에게 부탁하셔야 해요.
- There's really nothing I can do.
  제가 할 수 있는 게 정말 없네요.
- You've got the wrong person / department.
  사람을 / 부서를 잘못 찾아오셨어요.
- It must have gotten lost in the shuffle / fallen through the cracks.
  그게 빠져 있었던 / 소외된 것이 분명하네요.
- My hands are tied.
  제가 너무 바빠서요.

## 실수나 사고를 인식하기 | Recognizing an Error or Accident

경미한

**Oops!** I dropped my pen.
이런! 내가 펜을 떨어뜨렸네.

**Whoops!** I missed the trash can.
이런! 쓰레기통을 빗나갔어.

**Yikes!** I spilled coffee on the new tablecloth.
이런! 내가 새 식탁보에 커피를 쏟았어.

**Uh-oh!** I left my wallet in the hotel room.
어! 내가 호텔 방에 지갑을 두고 나왔네.

**Oh no / my God!** I locked the keys in the car.
맙소사! 내가 차에 열쇠를 넣고 잠가 버렸어!

## 보상하기 | Making Amends

**We'd be more than happy to** reimburse / compensate you for your trouble / the inconvenience.
저희가 끼친 불편함에 대해 기꺼이 배상해 / 변상해 드리고 싶습니다.

**I'm more than confident that** we can come to an agreement / settlement.
저희가 합의점을 / 해결책을 찾을 수 있을 거라고 더욱 확신합니다.

**I'll do my best to see that** you're compensated for the trouble.
폐를 끼친 데 대해 보상을 받으실 있도록 최선을 다해 알아보겠습니다.

**I'd like to make amends for** the misunderstanding.
오해에 대해 보상해 드리고 싶습니다.

**We'll do all we can** to see this right / to clear this up.
이걸 해결하기 위해 할 수 있는 최선을 다하겠습니다.

**Let me see what I can** arrange / work out / do for you.
제가 뭘 해 드릴 수 있는지 알아보겠습니다.

What kind of compensation can we offer you?
어떤 보상을 해 드리면 될까요?

How can we make it up to you?
저희가 어떻게 보상해 드릴까요?

## 차이점 해결하기 | Settling Differences

▸ How about if we settle our differences / the score?
우리가 서로 화해하면 어떨까요?

▸ I hope there are no bad / ill feelings.
나쁜 감정은 없으면 좋겠습니다.

- I'm sure we can iron this out.
  저희가 이걸 해결할 수 있다고 확신해요.
- Let's bury the hatchet.
  화해하시죠.
- Let bygones be bygones.
  지난 일은 잊어버립시다.

## 타협하기 | Making Compromises

- We need some give and take on this.
  우리는 이것에 대해 쌍방 합의를 해야 해요.
- Can we meet in the middle / halfway?
  우리 타협안을 찾을 수 있을까요?
- Let's split the difference.
  절반씩 절충해서 합의하죠.
- We can work something out.
  우리는 뭔가 해결책을 찾을 수 있습니다.
- It's a win-win situation.
  그게 서로 이득을 보는 상황입니다.

## 합의하기 | Coming to Agreement

- Let's shake on it / sign on the dotted line.
  합의합시다.
- You've got a deal.
  이걸로 매듭 지읍시다.
- You have my word.
  절 믿어 주세요.
- We're good to go / all set.
  우리는 모두 끝났습니다 / 다 해결됐습니다.
- We can give it the go-ahead / green light.
  우리는 이제 다 해결되었습니다.
- It's a deal!
  이것으로 거래는 끝났습니다!
- Agreed!
  합의했습니다!

 **A Hard Bargain**

이번 챕터에서 배운 표현에 밑줄을 그어 보세요.

| | |
|---|---|
| LANDLORD | Now, what's the nature of your complaint? |
| TENANT A | For three months now we've been putting up with constant noise due to repair work on the building exterior. |
| LANDLORD | I understand that some repair work was to be done on the façade and balconies, and it will certainly improve the overall appearance of the building. |
| TENANT A | But there's been constant banging and jackhammering for three months now. |
| TENANT B | And because of the extreme noise, we are frequently forced to leave the building. |
| LANDLORD | That's unfortunate, but the good news is it won't last forever. |
| TENANT A | Regardless we'd like to know why we were never informed before we signed our lease. If you'll remember, we clearly stated from the outset that we both work from home. |
| TENANT B | Under the present circumstances, the noise level could potentially impact our livelihood. |
| LANDLORD | I do apologize for the inconvenience, but there's nothing I can do about it. |
| TENANT A | When we agreed to rent the condo, we were led to believe that we were moving into a quiet building. |
| LANDLORD | Under normal circumstances, it is a quiet building. Perhaps you should contact the management company who is overseeing the repair work. |
| TENANT B | But we signed the lease with you, not them. |
| LANDLORD | Well, if you want to move out, you are free to do so. |
| TENANT A | And pay a penalty for breaking the lease? |
| LANDLORD | Those are the terms of the lease agreement, yes. |
| TENANT B | Considering that we're not at fault in all of this, I don't |

| | |
|---|---|
| | think that's fair at all! |
| LANDLORD | So what is it exactly that you want from me? |
| TENANT A | Legally we are entitled to compensation for loss of peaceful enjoyment. |
| LANDLORD | Well, for your information these repairs are costing me thousands of dollars, and although I'm legally entitled to raise the rent every year, I did not do so. |
| TENANT A | We could go to arbitration, but we'd prefer to settle with you. |
| LANDLORD | I appreciate the gesture, but it puts me on the spot. I suppose I could offer you a 10 percent reduction from now until you move out. |
| TENANT B | Actually I was thinking of a 30 percent rent reduction retroactively. |
| LANDLORD | I'm sorry, but that's out of the question. |
| TENANT A | Like we said, we could go to arbitration. |
| LANDLORD | Okay, here's the deal: I'll split the difference, but on the condition that I require one full month's notice. |
| TENANT A | That's understood. (To Tenant B) I'm okay with that if you are. |
| TENANT B | Well, it's not exactly win-win, but I guess it's better than nothing. |

 **어려운 거래**

| | |
|---|---|
| 집주인 | 자, 어떤 불만이 있으신 건가요? |
| 세입자 A | 지금까지 석 달 동안 저희는 건물 외관 수리 공사로 인해 계속되는 소음을 참아 왔어요. |
| 집주인 | 건물 정면과 발코니에 약간의 수리 공사를 해야 한다고 알고 있어요. 그리고 그건 건물의 전체적인 외관을 확실히 향상시켜 줄 거예요. |
| 세입자 A | 하지만 지금까지 세 달 동안 끊임없이 쾅쾅 소리와 드릴 소리가 있어 왔어요. |
| 세입자 B | 그리고 극심한 소음 때문에 저희는 자주 건물을 떠나 있어야만 했어요. |

| | |
|---|---|
| 집주인 | 유감입니다. 하지만 좋은 소식은 그게 영원히 지속되지는 않을 거라는 거예요. |
| 세입자 A | 그것과 상관없이, 저희는 임대 계약서에 서명하기 전에 왜 그런 얘기를 듣지 못한 건지 알고 싶어요. 기억하신다면, 저희는 둘 다 집에서 일한다고 처음부터 분명히 말씀드렸어요. |
| 세입자 B | 현 상황의 소음 수준은 저희 삶에 영향을 미치고 있어요. |
| 집주인 | 불편을 드리게 되어 죄송해요. 하지만 제가 할 수 있는 게 없네요. |
| 세입자 A | 저희가 콘도를 렌트하기로 합의했을 때 저희는 조용한 건물로 이사를 간다고 믿고 있었어요. |
| 집주인 | 일반적인 상황에서는 조용한 건물이에요. 아마도 수리 작업을 감독하는 관리 회사에 연락해 보셔야 할 거예요. |
| 세입자 B | 하지만 저희는 그들이 아니라 당신과 임대 계약을 했어요. |
| 집주인 | 그럼, 이사를 가고 싶다면 그렇게 하세요. |
| 세입자 A | 그리고 계약을 해지하는 것에 대한 위약금을 물고요? |
| 집주인 | 그게 임대 계약 조건이니, 그렇죠. |
| 세입자 B | 저희는 아무런 잘못이 없기 때문에 그건 완전히 불공정한 것 같은데요! |
| 집주인 | 그럼 당신들이 저한테 바라는 건 정확히 뭐죠? |
| 세입자 A | 법적으로 저희는 평화로운 즐거움을 잃은 데 대한 보상을 받을 권리가 있어요. |
| 집주인 | 글쎄요, 참고로 이번 수리는 수천 달러의 돈이 들었고, 저도 법적으로 매년 세를 올려 받을 권리가 있지만 그렇게 하지 않았어요. |
| 세입자 A | 중재 재판을 할 수도 있겠지만 저희는 당신과 해결하고 싶어요. |
| 집주인 | 그건 감사하지만, 저는 정말 난감하네요. 당신들이 이사를 나갈 때까지 지금부터 10퍼센트 할인을 제안해 드릴 수 있을 것 같아요. |
| 세입자 B | 사실 저는 소급해서 30퍼센트의 임대료 할인을 생각하고 있었어요. |
| 집주인 | 미안하지만 그건 불가능해요. |
| 세입자 A | 말씀드렸다시피 저희는 중재 재판을 할 수도 있어요. |
| 집주인 | 좋아요. 그럼 이렇게 하죠. 절반씩 절충해서 합의해요. 대신 한 달 전에 미리 알려 준다는 조건 하에요. |
| 세입자 A | 알겠습니다. (세입자 B에게) 너도 괜찮다면 나는 이걸로 좋아. |
| 세입자 B | 글쎄, 모두가 완전히 득을 보는 건 아니지만, 없는 것보다는 나은 것 같아. |

## Topics for Practice

Change the following into indirect language.

1. I don't like that.
2. The service in here is terrible.
3. You made a mistake.
4. I don't understand you.
5. It's all your fault!
6. What a stupid idea!
7. I can't help you.
8. That's ridiculous.
9. I don't know!
10. What do you mean?

**영어회화 표현사전**

# 특별한 행사를 위한
# 표현들

"Good words are worth much, and cost little."
"좋은 말이란 가치는 크고 비용은 거의 들지 않는 것이다."
- George Herbert

**PERFECT PHRASES**

# PART 3

영어회화 표현사전 PERFECT PHRASES

# CHAPTER 10
## Special Occasions
### 특별한 행사

## Objectives 목표

▲ 편안한 모임 및 격식 있는 모임 주최하기
▲ 다양한 사교 행사에 대해 기원하기

앞장에서 배운 것처럼, 대화나 토론을 이어 가기 위해 쓸 수 있는 표현들이 다양하게 많다. 시상식, 생일, 결혼식, 휴가 등 특별한 행사에는 특별한 표현들이 따라오는데, 정작 필요할 때는 그 표현들이 혀끝에서 맴돌기만 하고 잘 생각나지 않을 수 있다. 적절한 순간에 적당한 말을 모르면 당황스러울 수도 있지만, 그렇다고 여러 의미를 지닌 그 말들을 모두 통달하려고 애쓸 필요는 없다.

## Phrases 표현

### 시작하는 말 ▸ 환영의 말 Words of Welcome

▶ Good morning / afternoon / evening, ladies and gentlemen / friends / colleagues / fellow members / guests.
여러분, 안녕하세요.

- I'd like to welcome everyone to our meeting / gathering / celebration.
  회의 / 모임 / 기념 행사에 오신 여러분을 진심으로 환영합니다.
- Welcome, ladies and gentlemen / everyone.
  여러분, 환영합니다.
- Hello / hi / greetings, everyone.
  여러분, 안녕하세요.
- It's good / nice / great to see all of you.
  여러분 모두를 만나 뵙게 되어 반갑습니다.
- I'm glad you could all be here today / this evening.
  오늘 / 오늘 밤 여러분 모두 참석해 주셔서 기쁩니다.

## 수상 Honors and Awards

상을 수여하고 받을 때, 당신은 긴장될 뿐만 아니라 적절한 말을 하고 싶어서도 말문이 막힐 수 있다.

### 상 수여하기 Presenting an Award or Honor

- It gives me great pleasure to call upon Elena to accept this award / scholarship / trophy.
  이 상을 / 장학금을 / 트로피를 받을 엘레나를 모시게 되어 무척 기쁩니다.
- And the award / scholarship / trophy goes to Yuan-Ting.
  그리고 이 상은 / 장학금은 / 트로피는 유안-팅에게 주어집니다.
- We're gathered here to pay tribute to a great friend and colleague.
  우리는 훌륭한 친구이자 동료에게 경의를 표하고자 이 자리에 모였습니다.
- Please stand up for / put your hands together for Ali.
  모두 알리를 지지해 주세요 / 알리에게 큰 박수 부탁드립니다.
- And now, the moment we've all been waiting for.
  자 이제, 우리 모두가 기다리던 순간입니다.

### 수상 소감 Acceptance Speeches

- I'm honored / pleased / thrilled to accept this award / scholarship / trophy.
  이 상을 / 장학금을 / 트로피를 수상하게 되어 영광입니다.

- It's a great honor / pleasure for me to accept this award.
  이 상을 수상하게 되어 큰 영광입니다 / 기쁩니다.
- I'd like to thank / to express my gratitude to my parents / family / wife / husband / partners / teachers.
  부모님 / 가족 / 아내 / 남편 / 동료들 / 선생님들께 감사의 말씀을 전하고 싶습니다.
- I couldn't have done it without the support of my parents / family . . .
  저희 부모님 / 가족…의 지지가 없었다면 저는 해낼 수 없었을 거예요.
- My speech would not be complete without a word of thanks to . . .
  …에게 감사의 말씀을 드리지 않고는, 제 소감을 마칠 수가 없네요.
- My heartfelt thanks / deepest appreciation goes out to . . .
  …에게 깊은 감사의 말씀을 드리고 싶습니다.

## 발표 Announcements

- Ladies and gentlemen, I'm pleased to announce / report that this year has been a very successful one.
  신사 숙녀 여러분, 올해는 매우 성공적인 한 해였음을 알려 드리게 되어 기쁩니다.
- I'd like to take this opportunity to announce the winners of the competition.
  이 자리를 빌어 대회의 우승자들을 발표하겠습니다.
- I want to make a special announcement at this time.
  이제 특별한 발표를 하고자 합니다.
- If you would lend me your ear for this short announcement.
  괜찮으시다면 잠시 안내 말씀에 집중해 주십시오.
- Could I have everyone's attention?
  여러분 모두 주목해 주시겠어요?

## 업무 성취 A Job Well Done

- I'd just like to thank everyone for their efforts / a job well done / pitching in.
  수고해 주신 / 성공적으로 일을 해 낸 / 협력해 주신 모든 분께 감사드리고 싶습니다.
- I want everyone to know how much I appreciate your efforts.
  제가 여러분의 노고에 얼마나 고마워하는지 모두 알아주셨음 좋겠어요.
- Your team effort has made success possible.
  팀 여러분의 노력으로 성공할 수 있었어요.
- You've all done a great job.
  여러분 모두 훌륭히 해냈어요.

▶ Way to go, team!
   잘했어요, 우리 팀!

## 축하 Congratulations

▶ Congratulations on your graduation / promotion / the birth of your child.
   졸업 / 승진 / 아기의 탄생을 축하합니다.
▶ I'd like to congratulate you on . . .
   …한 것을 축하합니다.
▶ All the best for your studies / new job / family!
   네 공부 / 새 일에 행운이 있기를! / 가족 모두 건강히 잘 지내길!
▶ We're really proud of you!
   우리는 네가 정말 자랑스러워!
▶ Good show!
   잘했어!
▶ Lots of luck!
   행운을 빌어!

## 특별한 행사 Special Occasions

선물 가게나 약국에서 축하 카드 코너를 보면 축하할 만한 수많은 상황들을 볼 수 있다. 축하 카드가 당신이 말하고 싶은 것을 좀 더 시적이고 솜씨 좋게 표현해 줄지는 모르지만, 가장 진심이 담긴 기원은 당신의 소박하고, 개인적이며 진심이 느껴지는 말로 마음을 전하는 것이다.

## 축배 Toasts

▶ Let's drink / raise a glass to the bride and groom.
   신랑 신부를 위해 건배합시다.
▶ Here's a toast to the happy couple / the graduates.
   행복한 부부를 / 졸업생들을 위해 건배합시다.
▶ Here's to you!
   당신을 위하여!

영어회화 표현사전 PERFECT PHRASES

## 생일 Birthdays

- We wish you a happy birthday!
  생일을 축하합니다!
- All the best on your birthday!
  생일을 축하합니다!
- Best wishes on your birthday!
  생일을 축하합니다!
- Many happy returns!
  생일 축하해!
- Happy Birthday!
  생일 축하해!
- May all your wishes come true!
  소망하는 일 모두 이루어지길 바랍니다!

## 결혼과 약혼 Weddings and Engagements

- Congratulations on your engagement / wedding!
  약혼 / 결혼을 축하합니다!
- We wish you a long and happy marriage / life together.
  오래오래 행복하게 사시길 바랍니다.
- All the best for the future.
  앞으로 행복하시길 바랍니다.
- Our blessings to you!
  축복합니다!
- You make a lovely couple!
  두 분 잘 어울리세요!

## 기념일 Anniversaries

- Happy Anniversary!
  기념일 축하해!
- May you have many more years together!
  행복한 나날들을 오래 함께할 수 있기를!

## 선물 주기 | Giving a Present

- Please accept this present as a token of our appreciation / affection.
  이 선물을 감사 / 애정의 표시로 받아 주세요.
- Here's a little something for you.
  약소하지만 받아 주세요.
- This is for you.
  널 위한 선물이야.

## 선물 받기 | Accepting a Present

- That's very thoughtful / considerate of you.
  정말 고마워요.
- You really shouldn't have.
  이럴 필요까지는 없는데.
- You didn't have to.
  안 주셔도 되는데.
- You're too much!
  너무 과분한 선물이에요!
- I can't wait to open it.
  빨리 열어 보고 싶네요.
- How sweet!
  정말 맘에 들어요!
- For me?
  제게 주시는 거예요?

# 방학, 휴가, 그리고 여행 Vacations, Holidays, and Trips

누군가에게 즐거운 여행 또는 좋은 주말이 되길 꼭 기원해 줘야 하는 건 아니지만, 그렇게 하는 것이 기본 예절이다.

## 주말, 휴가 및 방학에 대한 기원 | Wishes for the Weekend, Holidays, and Vacation

- Have a good / great weekend / holiday / vacation.
  좋은 / 즐거운 주말 / 휴가 / 방학 보내세요.

- Have a good time / fun on your holiday / vacation.
  휴가 / 방학 동안 즐거운 시간 보내세요.
- I hope you have a great holiday / weekend / vacation.
  즐거운 휴가 / 주말 / 방학 보내세요.
- Enjoy your vacation.
  즐거운 방학[휴가] 보내세요.
- Have a great / safe trip / flight / journey.
  즐거운 / 안전한 여행 / 비행 / (멀리 가는) 여행이 되길 바랍니다.
- Bon voyage!
  여행 잘 다녀오세요!

## 귀환 환영하기 Welcoming Someone Back

- It's good to see you're back.
  당신이 돌아와서 기뻐요.
- Great / nice / good to have you back.
  당신이 다시 돌아와서 정말 기뻐요.
- We're glad you're back.
  당신이 돌아와서 기뻐요.
- We missed you.
  보고 싶었어요.
- Welcome back.
  어서 오세요.

## 국경일 National Holidays

- **Christmas** 크리스마스
  Merry Christmas / Happy Christmas / Season's Greetings!
  크리스마스 즐겁게 보내세요!
- **New Year's** 새해
  Happy New Year!
  새해 복 많이 받으세요!
- **Easter** 부활절
  Happy Easter!
  행복한 부활절 되세요!
- **Thanksgiving** 추수감사절
  Happy Thanksgiving!
  즐거운 추수 감사절 보내세요!
- **General** 일반적으로
  Happy Holidays!
  즐거운 휴일 보내세요!

## 식사 Dining

어떤 문화에서든 음식이 없으면 축하 행사나 사교 행사 같지 않다는 것에 모두 동의할 것이다.

### 축배 Toasts

- Here's to your health.
  건강을 위하여.
- Let's drink to your health.
  건강을 위하여 건배합시다.
- Here's looking at you!
  건배!
- Cheers!
  건배!
- Bottoms up!
  건배! (원 샷!)

### 식사 전에 Before a Meal

 누군가에게 '맛있는 식사(appetite)'를 하길 기원하기 위해 다음의 표현들을 쓸 수는 있지만, 영어에는 정확한 표현이 없어서 프랑스어에서 빌려온 표현을 쓴다. 사실 영어권 국가에서는 식사 전에 어떤 말을 하는 것이 드문 일이다. 왜일까? 좋은 질문인데 이 책의 저자도 아직 그에 대한 적절한 대답을 찾지 못했다.

한편, 미국에서는 특히 기독교 가정에서 식사 전에 '감사 기도'를 하는 것이 일반적이다. 즉, 신에게 감사하고 신이 음식에 축복을 내려 주길 간구하는 것이다. 감사 기도를 하는 동안 식탁에 앉은 사람들은 고개를 숙이고 때로는 손을 잡고 기도하기도 한다.

- Bon appétit!
  많이 드세요!
- Enjoy your meal!
  맛있게 드세요!
- Have a nice meal / good lunch!
  식사 / 점심 식사 맛있게 하세요!

영어회화 표현사전 PERFECT PHRASES

## 주인에게 칭찬의 말 하기 Complimenting the Host

- That was some / a great meal!
  정말 훌륭한 식사였어요!
- I really enjoyed the meal!
  맛있게 잘 먹었습니다!
- You're a great / terrific cook!
  요리를 정말 잘하시네요!
- The food was really delicious!
  음식이 정말 맛있었어요!
- You went all out / really knocked yourself out!
  정말 수고 많으셨어요!

## 개인적인 메모 Personal Notes

당연히 가족, 친구, 반 친구, 동료, 그리고 지인들은 당신에게 매우 특별하다. 그래서 당신은 매일 친절하고 사려 깊은 말을 건넴으로써 그들에게 관심을 갖고 있음을 표현할 수 있다. 선물을 줄 때도 중요한 건 마음이다.

## 안부 전하기 Passing on Greetings

- Say hello / hi to your wife / husband / family for me.
  당신의 아내 / 남편 / 가족에게 대신 안부 전해 주세요.
- Give my regards / best wishes to your parents.
  당신의 부모님께 안부 전해 주세요.
- Pass on my best wishes to your sister.
  당신의 여동생[누나]에게 안부 전해 주세요.
- Remember me to Lasse.
  라쎄에게 안부 전해 주세요.

## 병환 Sickness

- I hope you recover / get better soon.
  곧 쾌차하시길 바랍니다.
- Take good care of yourself.
  몸조리 잘하세요.

- Get well / better soon!
  빨리 나으세요!

> ❗ 누군가 재채기를 하면 "Bless you(몸조심 하세요)"라고 말해 주는 것은 아마도 영어를 모국어로 사용하지 않는 사람들이 처음으로 배우는 건강과 관련된 표현들 중 하나일 것이다.

- Our thoughts / prayers are with you.
  당신이 잘 이겨내길 기도할게요.
- My heart goes out to you.
  당신의 심정을 이해해요.
- You'll be in our prayers.
  당신을 위해 기도할게요.

## 장례식과 가족 일원의 죽음 Funerals and a Death in the Family

- I'm sorry for your loss.
  삼가 조의를 표합니다.
- My sympathies / heartfelt condolences.
  애도와 위로의 마음을 전합니다.

영어회화 표현사전 PERFECT PHRASES

 **Happy Birthday!**

이번 챕터에서 배운 표현에 밑줄을 그어 보세요.

| | |
|---|---|
| ANDY | Okay, everybody. Here she comes. (He turns off light.) |
| ELLA | (She opens the door.) Hey, why's it so dark in here? (She turns on the light.) |
| TOGETHER | Surprise! Surprise! |
| ELLA | What— |
| TOGETHER | Happy Birthday, Ella! |
| ELLA | Oh, my goodness! |
| MAYA | Many happy returns! |
| ANDY | Happy Birthday, honey! |
| DAVE | All the best, Ella! |
| ELLA | I don't believe it! |
| DAVE | And here comes Maya with the birthday cake. (Everyone sings "Happy Birthday.") |
| ELLA | My, you shouldn't have gone to such trouble. |
| ANDY | Well, you only turn 40 once. |
| ELLA | I was hoping you'd all forget. |
| DAVE | Think of it this way, Ella: you're not getting older, you're getting better. |
| ELLA | Isn't that what they say on hair color commercials? |
| MAYA | Come on, Ella, blow out the candles, and don't forget to make a wish. |
| ELLA | Okay, I won't. Here goes. (She blows out the candles.) |
| ANDY | Good job! Now time for a toast! (He hands out glasses of champagne.) Here's to Ella! |
| DAVE | To your health and happiness! |
| MAYA | And to many more birthdays! |
| ELLA | Cheers! (Everyone drinks.) |
| ELLA | Wow, my favorite champagne! This can't get any better. |
| ANDY | Wait till you open this. |
| ELLA | You didn't! I don't know what to say. |

| | |
|---|---|
| ANDY | Don't say anything. Just open it. |
| ELLA | (She opens the envelope.) A spa certificate! I don't believe it! Honestly, this makes my day. |
| MAYA | And here's a little something from us to go with it. |
| ELLA | A bathrobe! You guys are too much. Thanks. (She gives everyone a hug and kiss.) |
| ANDY | So, what do you say we go out for dinner and celebrate in style? |
| ELLA | What about the cake? |
| ANDY | We can save it for later. |
| DAVE | So, what are we waiting for? |
| MAYA | Ella, I know you're not supposed to tell, but what did you wish for? |
| ELLA | To be 39 again. |

 **생일 축하해!**

| | |
|---|---|
| 앤디 | 자, 여러분. 그녀가 와요. (불을 끈다.) |
| 엘라 | (문을 연다.) 안녕, 여기 왜 이렇게 어두워? (불을 켠다.) |
| 모두 | 서프라이즈! 짜잔! |
| 엘라 | 어머…. |
| 모두 | 생일 축하해, 엘라! |
| 엘라 | 아, 맙소사! |
| 마야 | 생일 축하해! |
| 앤디 | 생일 축하해, 자기야! |
| 데이브 | 축하해, 엘라! |
| 엘라 | 이럴 수가! |
| 데이브 | 그리고 여기 생일 케이크를 든 마야가 옵니다. |
| | (모두 생일 축하 노래를 부른다.) |
| 엘라 | 어머, 이렇게까지 안 해 줘도 되는데. |
| 앤디 | 음, 40살이 되는 건 딱 한 번이잖아. |
| 엘라 | 너희들 모두 잊고 있길 바랐는데. |
| 데이브 | 이렇게 생각해 봐, 엘라. 점점 더 나이가 드는 게 아니라, 점점 더 괜찮아지고 있다고 말야. |

엘라  그거 머리 염색 광고에서 나오는 말 아니야?
메이  어서, 엘라, 촛불 꺼야지. 그리고 소원 비는 거 잊지 마.
엘라  알았어. 자, 한다. (촛불을 끈다.)
앤디  잘했어! 이제 건배할 시간이야! (샴페인 잔을 건넨다.) 엘라를 위하여!
데이브 너의 건강과 행복을 위해!
마야  그리고 앞으로 맞이할 더 많은 생일을 위해!
엘라  건배!
      (모두 마신다.)
엘라  와우, 내가 제일 좋아하는 샴페인이네! 정말 최고라니까.
앤디  이것 좀 열어 봐.
엘라  설마! 무슨 말을 해야 할지 모르겠어.
앤디  아무 말도 하지 마. 그냥 열어 봐.
엘라  (봉투를 연다.) 스파 상품권! 믿기지가 않아! 솔직히 말하면, 정말 최고야.
마야  그리고 이건 그것과 함께 우리가 준비한 작은 선물이야.
엘라  목욕 가운이네! 너희들 너무 많은 걸 해 줬어. 고마워. (모두에게 포옹과 뽀뽀를 해 준다.)
앤디  자, 우리 저녁 먹으러 나가서 거창하게 축하 파티 하는 거 어때?
엘라  케이크는 어떡하지?
앤디  나중에 먹으면 되지.
데이브 자, 우리 뭘 기다리고 있는 거야?
마야  엘라, 이런 거 물어보면 안 되는 거 아는데, 무슨 소원 빌었어?
엘라  다시 39살이 되게 해 달라고.

**영어회화 표현사전**

# 전화 통화를 위한 표현들

---

"The telephone is a good way to talk to people
without having to offer them a drink."
"전화 통화는 마실 것을 권하지 않으면서
사람들과 얘기 나눌 수 있는 좋은 방법이다."
- Fran Lebowitz

PERFECT PHRASES

PART 4

영어회화 표현사전 PERFECT PHRASES

# Telephone Basics
## 전화 통화에 대한 기본 사항

## Objectives 목표

- 전화 통화 시작하고 끝내기
- 전화 통화로 간단한 업무 수행하기

타오와 두옹 트란은 미국으로 이민을 가면서immigrated to America 베트남 음식점을 개업하는 것을 꿈꿨다. 하지만 음식점을 운영하게 되면, 전화로 많은 업무를 해야 한다. 그래서 타오는 보이지 않는 사람들을 상대해야 된다는 생각에 다소 위축되어 있다 feel somewhat intimidated. 그녀는 무슨 말을 해야 될지 알까? 만약 그녀가 상대하는 사람이 그녀의 말을 이해하지 못한다면 어떻게 될까? 혹은 그녀가 손님들의 말을 알아듣지 못한다면? 그녀는 필요한 서비스나 물품services or supplies은 어떻게 구하게 될까?

휴대 전화 가입자가 많아지면서 이제 전화기는 회전 다이얼식 전화기에서 휴대 전화와 스마트폰으로 발전했고, 전화는 상업용 통신에서뿐만 아니라 개인에게도 없어서는 안 되는 것이 되었다. 내용 면에서, 전화 대화는 얼굴을 마주보며 하는 대화와 많이 다르지 않다. 그러나 특히 공식적인 비즈니스 상황에서는, 전화 통화를 할 때 사용할 수 있는 특정 표현들이 있다. 어떤 말을 하고 그것을 어떻게 말하는지는 좋은 인상을 줄 뿐만 아니라 당신의 메시지를 전달하는 데 있어서도 중요하다.

# Phrases 표현

## 전화 걸기 | Making a Call

영어권 나라에서는 전화 통화를 할 때 성과 이름을 말하면서 자신의 신원을 밝히는 것이 관례다. 자신을 Mr., Mrs., Ms.와 같이 언급하는 것은 매우 드물다. (참고 자기 자신 소개하기, 18쪽) 공식적인 비즈니스 상황에서는 당신의 이름과 회사, 기관, 혹은 부서명을 밝혀야 한다. 당신이 전화한 사람이 당신을 모른다면, 당신의 성도 말하는 것이 좋다.

### 발신자로서 신원 밝히기 | Identifying Yourself as the Caller

- Good morning / good afternoon, **this is** Mary O'Reilly from Summit Publishing.
  안녕하세요, 저는 서밋 출판사의 메리 오릴리인데요.
- Hello, **my name is** Steven Nugent.
  안녕하세요, 제 이름은 스티븐 뉴젠트라고 합니다.
- Hi, **it's** Kim.
  안녕하세요, 저 김이에요.

당신이 다른 사람을 대신해서 전화를 한다면, 다음과 같이 말할 수 있다.

- Hello, I'm **calling on behalf of** Adam at Brightman Securities.
  안녕하세요, 저는 브라이트멘 증권의 아담을 대신해서 전화드려요.

### 누군가를 바꿔 달라고 요청하기 | Asking to Speak to Someone

- **I'd like to speak to** Margaret Burke.
  마가렛 버크와 통화하고 싶은데요.
- **Could / may I speak to / with** Bill?
  빌과 통화할 수 있을까요?
- **Would you put me through to** an agent / a salesperson?
  중개인 / 영업 사원 좀 바꿔 주시겠어요?
- **Can I talk to someone** in the insurance department?
  보험 부서 담당자와 얘기 좀 할 수 있을까요?
- **Is** Brenda **in / there**?
  브렌다 있나요?

## 전화한 이유 말하기 Stating the Reason for Calling

- **I'm calling about / concerning / regarding / in regard to** a loan application.
  대출 신청과 관련해서 전화했어요.
- **The reason I'm calling is to** inquire about your rates / make a complaint.
  요금을 문의하려고 / 항의할 게 있어서 전화했어요.
- **I just wanted to** touch base / reach out.
  그냥 연락해 보고 싶었어요.

## 전화 받는 사람이 누군지 확인하기 Checking to See Who's Answering

당신이 제대로 연락했는지 잘 모를 경우, 특히 상대방이 자신의 신원을 밝히지 않았다면, 그 사람을 확인해 봐야 할 것이다. 또한, 전화를 받을 때 전화한 사람의 이름을 알아듣거나 잘 듣지 못하는 경우도 있을 것이다.

- **To / with whom** am I speaking again?
  저와 통화하시는 분이 누구시죠?
- **Am I speaking to** Customer Service?
  고객 서비스 부서인가요?
- **Is this** Jane / the Ferguson residence?
  거기가 제인 / 퍼거슨 댁인가요?

## 영어 사용자 요청하기 Asking for an English Speaker

- I'd like to talk to an English speaker.
  영어로 말할 수 있는 사람과 얘기하고 싶은데요.
- Is there someone there who speaks English?
  영어로 말할 수 있는 사람이 있나요?
- Do you speak English?
  영어를 할 줄 아세요?

## 전화 받기  Receiving a Call

좀 더 격식 있거나 비즈니스 상황에서 전화를 받을 때는 다음과 같은 순서로 정보를 제공해야 한다.

- 회사, 부서 또는 사무실 이름과 인사말
- 말하는 사람의 이름
- 도움 제안하기

드물긴 하지만, 회사 전화번호를 말하면서 전화를 받는 경우도 있다. 집에 있는 것처럼 편안한 상황에서는 간단히 "Hello(여보세요)."로 전화를 받으면 된다. 좀 구식이긴 하지만, 예를 들면 "Smith residence(스미스의 집입니다)"라며 전화를 받는 사람들도 있다.

### 회사, 부서, 또는 사무실 이름 말하기와 인사하기
Giving the Company, Department, or Office Name and Greeting

- Good morning / good afternoon, Summit Publishing.
  안녕하세요, 서밋 출판사입니다.
- Hello, Customer Service.
  안녕하세요, 고객 서비스 부서입니다.
- Thank you for calling Brewster and Wyman.
  브루스터 앤드 와이먼에 전화 주셔서 감사합니다.

### 말하는 사람의 이름 말하기 Giving the Speaker's Name

- **This is** Erin Maguire.
  저는 에린 맥과이어입니다.
- Sean **speaking**.
  션입니다.
- Marjorie **here**.
  마저리입니다.

### 도움 제안하기 Offering to Help

- How may / can I direct your call?
  어디로 전화를 연결해 드릴까요?
- How may / can I help / assist you?
  무엇을 도와 드릴까요?
- Can I be of assistance?
  제가 도와 드릴까요?
- What can I do for you today?
  무엇을 도와 드릴까요?

세 가지 요소들을 모두 합치면 이렇게 들릴 것이다.

- Good morning, Summit Publishing. Erin speaking. How may I direct your call?
  안녕하세요, 서밋 출판사의 에린입니다. 어디로 전화를 연결해 드릴까요?
- Thank you for calling Brewster and Wyman. How can I be of assistance?
  브루스터 앤드 와이먼에 전화 주셔서 감사합니다. 무엇을 도와 드릴까요?
- Hello. Service Center. Sean speaking. What can I do for you?
  녕하세요. 고객 서비스 부서의 션입니다. 무엇을 도와 드릴까요?

### 전화를 받은 사람이 당신임을 확인시켜 주기
Confirming Yourself as the Person Answering a Call

전화를 받았는데 전화 건 사람이 당신과 통화하고자 할 때는 이렇게 답할 수 있다.

- This is she / he.
  저입니다.
- Speaking.
  접니다.

### 전화 건 목적 묻기 Asking Why the Person Is Calling

- May I ask what you're calling about / in regard to / in reference to?
  무슨 일로 전화하셨는지 여쭤 봐도 될까요?
- What is the nature of your call?
  어떤 일로 전화 주셨죠?
- And what is the call about / regarding / concerning?
  그런데 어떤 일로 전화 주셨나요?

### 세부 사항 확인하기 Checking Details

전화 통화를 할 때는 주변 소음, 혼선, 말하는 사람의 억양 혹은 당신이 긴장하는 등 여러 가지 이유로 정보를 잘못 이해하거나 놓칠 수도 있다.

### 전화 건 사람 확인하기 Checking to See Who's Calling

- May I ask who's calling?
  성함을 여쭤 봐도 될까요?
- What was your name again?
  성함을 한 번 더 말씀해 주시겠어요?
- And your name, please?
  성함이 어떻게 되시나요?

## 중단하기 | Interrupting

- Excuse me, you were saying?
  죄송하지만, 무슨 말씀을 하셨죠?
- Just a minute, I don't think I got / understood / caught that.
  잠시만요, 제가 제대로 듣지 못한 것 같아요.
- Sorry, I didn't catch that.
  죄송합니다, 제가 잘 못 들었어요.
- I beg your pardon.
  다시 한 번 말씀해 주세요.
- Pardon me.
  다시 한 번 말씀해 주세요.
- Come again.
  다시 한 번 말해 주세요.

## 나쁜 연결 상태 | A Bad Connection

- I'm sorry, we seem to have a bad connection.
  죄송하지만, 전화 연결 상태가 좋지 않은 것 같아요.
- There's something wrong with this line.
  전화에 뭔가 문제가 있는 것 같아요.
- Are you still there / on the line?
  듣고 계세요?
- Hello?
  여보세요?

## 세부 사항 반복 요청하기 | Asking the Person to Repeat Details

- I'm sorry to interrupt, but could you speak more slowly / repeat that?
  말씀 도중에 죄송한데요. 좀 더 천천히 / 다시 한 번 말씀해 주시겠어요?

- I'm afraid I'm having trouble understanding.
  죄송하지만 잘 알아듣지 못했어요.
- Would you repeat that more slowly this time?
  이번에는 좀 더 천천히 다시 말씀해 주시겠어요?
- You were saying?
  다시 한 번 말씀해 주시겠어요?

## 전화 연결하기 Connecting a Call

회사나 집에서, 당신이 통화하려는 사람 대신 비서, 접수원이나 친척이 전화를 받을 때가 있다. 비서나 접수원이라면, 통화 연결이 될 때까지 자동적으로 당신을 연결해 주거나 바꿔 주거나 혹은 대기 상태로 둘 것이다. 전화를 건 목적과 당신이 원하는 것을 얻었는지의 성공 여부에 따라 당신은 다른 사람과의 연결을 요청할 수도 있다.

### 전화 바꿔 주기 Putting a Call Through

- Just a moment, please. I'll put you through.
  잠시만 기다려 주세요. 바꿔 드릴게요.
- Just a minute. I'll connect / transfer your call to Customer Care.
  잠시만 기다려 주세요. 고객 서비스 부서로 연결해 드릴게요.
- Hold the line, please and I'll see if Bill's available / free / in.
  끊지 말고 기다려 주세요. 빌이 전화를 받을 수 있는지 알아볼게요.
- Let me transfer your call to an account manager.
  경리 부장님께 전화를 돌려 드릴게요.
- Hold on / hang on a sec'. I'll get her.
  잠시만 기다리세요. 바꿔 드릴게요.

### 전화 온 사람을 알려 주기 Announcing a Caller

- I have Veronica Gutierrez on the line.
  베로니카 구티에레스가 전화했습니다.
- I have a call for you from a Thomas Straub.
  토머스 스트로브에게서 온 전화예요.
- Bradley Jones is asking to speak to you.
  브래들리 존스가 당신과 통화하고 싶어 해요.

- It's your son.
  아드님이에요.

## 전화를 건 사람을 대기시키기 Putting a Caller on Hold

- I'm sorry, Michel's on another line. **Would you like to hold**?
  죄송하지만, 미셸이 통화 중이에요. 기다리시겠어요?
- Dr. Lennon'll be a couple of minutes. **Can I put you on hold**?
  레논 박사님은 몇 분 뒤면 오실 거예요. 대기하시겠어요?
- **Do you mind holding / waiting** while I pull up your information?
  당신의 정보를 확인하는 동안 기다려 주시겠어요?
- **Is it all right if I put you on hold** while I check your account?
  당신의 계좌를 확인하는 동안 대기해 주시겠어요?
- I'm sorry to interrupt, but **can you hold** while I take another call?
  말씀 도중에 죄송하지만, 다른 전화를 받는 동안 잠시 기다려 주시겠어요?
- Just hang on.
  끊지 말고 기다려 주세요.

## 대기시킨 후 다시 연결하기 Reconnecting after Putting a Caller on Hold

- Hello, I have Michel on the line now.
  여보세요, 지금 미셸과 연결되었어요.
- Hello, I'll put you through now.
  여보세요, 지금 연결해 드릴게요.
- Beth, are you still there?
  베스, 아직 계신가요?

# 정보와 서비스 Information and Services

전화 통화는 정보를 쉽고 빠르게 얻기 위해 사용하는 가장 흔한 방법이다.

## 정보 요청하기 Asking for Information

- **I'm calling to inquire about / ask about** your hours of operation.
  운영 시간에 대해서 여쭤 보려고 전화했어요.

- **I'd like to have** the extension for Ms. Puccini's office.
  푸치니 씨의 사무실 내선 번호를 알고 싶은데요.
- **Would you give me** Jorge's cell phone number, please?
  조르제의 휴대 전화 번호를 알 수 있을까요?
- **I was wondering if you could send** me your latest catalog.
  최신 카탈로그를 보내 주실 수 있는지 궁금해요.
- **Can you provide me with** an updated price list?
  최신 요금표를 보내 주실 수 있나요?
- **I need some information about** travel insurance.
  여행자 보험에 대한 정보가 필요한데요.
- **What can you tell me** about the apartment for rent?
  아파트 임대료에 대해 알려 주시겠어요?

## 전화 예절 Telephone Etiquette

비즈니스 상황에서는 통화 중에 공손하고 정중한 언어를 사용하는 것이 중요하다.
(참고) 직접적인 언어 vs. 간접적인 언어, 211쪽)

### 정중하게 말하기 Saying "Please"

- **Would it be possible to** speak to the manager?
  책임자와 통화를 좀 할 수 있을까요?
- **I'd appreciate it** if you'd put me through right away.
  지금 바로 연결해 주시면 감사하겠습니다.
- **If it's not any / too much trouble / bother.**
  만약 실례가 되지 않는다면요.
- **If you don't / wouldn't mind.**
  괜찮으시다면요.

### 감사 표현하기 Expressing Thanks

- **I appreciate** it / that / your help!
  도와주셔서 감사합니다.
- **I'm very grateful for** your assistance.
  도움을 주셔서 정말 감사합니다.

- **I'd like to thank you for** your efforts.
  수고해 주셔서 감사합니다.
- **Thank you** very much / a lot for your call / returning my call.
  전화해 주셔서 정말 감사합니다.
- **Thanks** a lot!
  감사합니다!

## 대답 Response

"Please"는 "thank you(감사합니다)"에 대한 응답이 아니라는 것을 기억하라. 누군가가 당신에게 고맙다고 할 때는 다음과 같이 대답하는 것이 관례다.

- You're welcome!
  천만에요! (영국보다 북미에서 더 흔함)
- My pleasure / The pleasure was all mine!
  도움이 돼서 저도 기뻐요!
- Don't mention it!
  별말씀을요!
- Not at all!
  별말씀을요!
- No problem!
  괜찮아요!
  (참고 감사와 고마움, 112쪽)

## 잘못 걸린 전화 Calling a Wrong Number

사람들이 이사하면서 연락처를 변경하는 걸 잊었거나, 전화를 걸 때 번호를 잘못 눌러서 실수로 당신에게 전화가 오는 경우가 있다. 혹은 똑같은 이유로, 당신이 전화를 잘못 걸 때도 있을 것이다.

- I'm sorry, I must have the wrong number.
  죄송하지만, 제가 잘못 걸었나 보네요.
- I seem to have the wrong number.
  제가 전화를 잘못 건 것 같네요.

## 잘못 걸린 전화를 받았을 때 Receiving a Call to the Wrong Number

- You've got / must have the wrong number.
  전화 잘못 거셨어요.

- There's no one here by that name.
  그런 사람은 없는데요.

## 원치 않는 전화 Unwanted Calls

때로는 텔레마케터, 여론 조사가 그리고 사기꾼에서 걸려오는 성가신 전화를 받게 될 때가 종종 있다.

- I'm sorry, but I'm not interested.
  죄송하지만, 관심 없어요.
- Please remove my number from your records.
  기록에서 제 전화번호를 없애 주세요.
- Don't call this number again.
  다시는 이 번호로 전화하지 마세요.

## 통화 끝내기 Ending a Call

일상적인 대화 끝에 "안녕히 계세요"라고 말하는 것 외에도, 전화나 그 사람의 도움에 대하여 고마움을 표현할 수 있다.

- It was nice / good / a pleasure talking to you.
  통화 즐거웠어요.
- I look forward to your next call / to talking to you again.
  다음에 / 다시 또 당신과 통화할 수 있기를 고대합니다.
- I appreciate your call / your assistance / the information.
  전화 주셔서 / 도움을 주셔서 / 정보를 알려 주셔서 감사합니다.
- Thank you for calling. Is there anything else I can help you with?
  전화 주셔서 감사합니다. 제가 더 도와 드릴 건 없을까요?
- Thanks for your call.
  전화 주셔서 감사합니다.
- Good-bye.
  안녕히 계세요.
- Bye now.
  안녕.
- Talk to you later / then.
  나중에 또 얘기 나누자.

▶ Take care now.
그럼 잘 지내.

▶ See you!
안녕!

## 담소 나누기 Making Small Talk

사람들은 바쁠 때 자신과 상관없거나 무의미한 얘기들로 시간을 낭비하고 싶어 하지 않는다. 하지만 때로는 상대방의 기분을 묻는 말로 대화를 시작해서 날씨, 최근에 있었던 회의나 출장, 스포츠 경기 또는 업무에 관한 말을 꺼내면서 의사소통의 길을 연다. 그리고 다른 사람이 하는 말에 관심을 보여 주는 것은 사려 깊은 행동이다. 다음과 같은 표현들이 유용할 것이다.

▲ 상대방의 안부 묻기, 32쪽
▲ 맞장구치는 말, 55쪽
▲ 관심 보이기, 18쪽

 **Touching Base**

이번 챕터에서 배운 표현에 밑줄을 그어 보세요.

| | |
|---|---|
| A | Good morning, Mountain Trekking. Jody speaking. How may I direct your call? |
| B | Hello, this is Tom Smith. I'd like to speak to Marcia Grant. |
| A | Oh, I'm sorry, Marcia's on another line. May I ask what you're calling about? |
| B | Well, I just wanted to touch base. |
| A | I see her line's still busy. Can I put you on hold? |
| B | Well, all right, if it's not too long. |
| A | It shouldn't be more than a minute.<br>(a minute later)<br>Marcia, I have Tom Smith on the line. |
| C | Go ahead, Jody. Put him through. Hi, Tom? |
| B | Hello, Marcia. How's it going? |
| C | Oh, things are pretty crazy as usual around here, but I can't complain. What's up with you? |
| B | Well, I've been on holiday for a couple of weeks. |
| C | Really? Where? |
| B | I was doing some skiing up at Whistler. |
| C | Whistler? Lucky you! I bet you had a great time. |
| B | I did, but now it's back to work. |
| C | So what can I do for you? |
| B | Actually, if you've got some time, I was just calling to touch base. It's been a while. |
| C | You aren't kidding. Time just seems to fly. Listen, Tom, I've got a meeting in half an hour to prepare for, so why don't I call you back? |
| B | Better yet, are you doing anything for lunch tomorrow? |
| C | As a matter of fact, I'm free. |
| B | Great, so how about I meet you at Las Palapas? Say, 12:30. My treat. |

| | |
|---|---|
| C | Sure, sounds good. |
| B | Okay, meet you there. |
| C | All right. And thanks for the invitation. |
| B | My pleasure. See you then. |
| C | Okay, bye now. |

 **연락하기**

| | |
|---|---|
| A | 안녕하세요, 마운틴 트레킹의 조디입니다. 어디로 연결해 드릴까요? |
| B | 안녕하세요, 저는 톰 스미스라고 합니다. 마샤 그랜트와 통화를 하고 싶은데요. |
| A | 아, 죄송하지만, 마샤는 통화 중이에요. 어떤 일로 전화하셨는지 여쭤 봐도 될까요? |
| B | 음, 그냥 연락해 보고 싶어서요. |
| A | 지금도 통화 중이네요. 대기하시겠어요? |
| B | 음, 그럴게요, 너무 오래 걸리지 않는다면요. |
| A | 1분 이상은 걸리지 않을 거예요.<br>(잠시 후)<br>마샤, 톰 스미스가 전화 상에서 대기하고 있어요. |
| C | 그래요, 조디. 연결해 주세요. 안녕, 톰? |
| B | 안녕, 마샤. 요즘 어떻게 지내? |
| C | 여기는 늘 그런 것처럼 정신 없긴 한데, 그럭저럭 괜찮아. 넌 무슨 일 있어? |
| B | 음, 난 몇 주간 휴가 다녀왔어. |
| C | 정말? 어디로? |
| B | 휘슬러에서 스키 탔어. |
| C | 휘슬러? 넌 운도 좋다! 정말 재미있었겠는걸. |
| B | 맞아, 그런데 지금은 다시 회사로 돌아왔어. |
| C | 뭐 도와줄 일이라도 있어? |
| B | 사실은, 네가 시간이 좀 있으면, 연락해 보고 싶어서 전화했어. 안 본 지 꽤 됐잖아. |
| C | 맞아. 시간이 정말 빨리 가는 것 같아. 톰, 있잖아. 나 30분 후에 있을 회의 준비를 해야 돼서 그러는데, 내가 나중에 다시 전화해도 될까? |
| B | 아니, 혹시 내일 점심에 뭐 할 일 있어? |
| C | 사실은, 나 한가해. |
| B | 좋아, 그럼 라스팔라파스에서 만나는 건 어때? 12시 30분. 내가 살게. |

| | |
|---|---|
| C | 그래, 그러자. |
| B | 응, 그럼 거기에서 만나자. |
| C | 알겠어. 그리고 초대해 줘서 고마워. |
| B | 천만에. 그때 보자. |
| C | 그래, 안녕. |

## Topics for Practice

Respond to the following.

1. Thanks for calling.
2. I'd like to speak to Manuela.
3. Can I put you on hold?
4. I'm sorry, Ariel's on another line.
5. How can I direct your call?
6. May I ask who's speaking?
7. Talk to you later.
8. I'm calling to inquire about your yoga classes.
9. I have a Susan Kellerman on the line.
10. Is this [your name]?

영어회화 표현사전 PERFECT PHRASES

# Telephone Messages
## 전화 메시지

## Objectives 목표

- 메시지 받고 남기기
- 중요한 세부 사항 말하고 확인하기

오늘날처럼 바쁜 세상에서는 당신이 편한 시간에 사람들과 전화로 연락하기 어려울 수 있다. 따라서 중요한 정보를 주고받기 위해 메시지에 의존하게 된다. 특정 표현들을 알고 기본적인 메모 관련 예절을 지킨다면 당신이 보내는 메시지는 잘 이해되고 전달될 것이다.

- 간결하게 요점만 말한다. 메시지는 15초가 넘지 않게 한다. 필요하다면, 전화를 걸기 전에 먼저 무슨 말을 할지 정확히 알고 있도록 준비한다.
- 특히 전화번호와 계좌번호 같은 중요한 정보를 알려 줄 때는 또박또박 느리게 말하거나, 메시지를 받는 사람이 당신의 메시지를 여러 번 다시 듣지 않도록 한 번 더 말한다.

## Phrases 표현

### 전화로 세부 사항 알려 주기 Giving Details over the Phone

전화 메시지는 중요한 정보를 담고 있어서 반드시 명료하게 말해야 메시지를 받는 쪽에서 누구에게 연락할지 그리고 어떻게 연락해야 할지 정확하게 알 수 있다.

##  숫자 Numbers

- 예를 들면, 604-659-3773처럼 북미의 전화번호에는 10개의 숫자가 포함된다. 처음 세 자리는 지역 번호이고 나머지 7자리는 각 주택이나 사무실에 속한다. 국제 전화를 할 때는 특정 국가 번호를 포함시켜야 한다.
- 회사와 기관은 수신자 부담 전화번호인, 1-800이라 불리는 전화번호를 갖고 있어서 장거리 요금을 내지 않고 전화를 걸 수 있다. 누군가에게 전화번호를 알려 줄 때는 6-0-4-3-5-6-8-2-1-4처럼 숫자를 하나씩 말하거나, 마지막 네 자리를 짝 지어 6-0-4-3-5-6-82-14라고도 한다. 33과 같이 반복되는 숫자들은 double-three 또는 thirty-three라고 말하고, 888의 경우에는 triple-eight이라고 말할 수도 있다.
- 숫자 0은 zero 또는 알파벳 O로 말한다. 전화번호에서는 어떤 것으로 말하든 상관없다. 하지만 숫자와 문자로 된 우편 번호를 말할 때는 둘을 구분해서 말해야 한다. 예를 들어, VOR은 V-zero-R로, 105는 1-oh-5로 읽는다.
- 국제 전화번호를 알려 줄 때는 국가와 도시 번호 그리고 전화번호를 알아듣기 쉬울 뿐만 아니라 받아 적거나 기록하기 쉬운 방법으로 말해 줘야 한다. 예를 들어, 49 911/55 29 16의 경우, forty-nine, nine-one-one, fifty-five, twentynine, sixteen과 같이 말한다.
- 계좌번호는 대개 숫자들로 이루어져 있다. 긴 계좌번호의 경우에는 천천히 말해 줘야 한다. 만약 당신이 누군가의 계좌번호를 받아 적고 있는 상황이라면, 전화를 건 사람이 말하는 대로 각각의 번호를 따라 말한다.

##  주소 Addresses

누군가에게 전화로 주소를 알려 줄 때는 숫자들을 완전수로 말하는 대신 일의 자리와 십의 자리로 나눠서 말할 수도 있다.

- 683 Hollywood Crescent: six-hundred-and-eighty-three Hollywood Crescent라고 말하는 대신 six, eighty-three Hollywood Crescent라고 말한다.
- 1142 Rose Street: eleven, forty-two Rose Street
- 아파트 호수 four, twenty-six, nine, sixty-four Heywood Avenue

영어회화 표현사전 PERFECT PHRASES

### 철자 Spelling

F와 S 또는 D와 T 같이 소리와 운율이 비슷한 글자들은 전화상에서는 오해할 소지가 있기 때문에 이름이나 단어의 철자를 말할 때 국제전기통신연합의 표준 음성 기호를 따르면 좋다.

**예 Examples**

Harper: H for Hotel, A for Alpha, R for Romeo, P for Papa, E for Echo, R for Romeo

| | | | | | |
|---|---|---|---|---|---|
| A — Alpha | | J — Juliet | | S — Sierra | |
| B — Bravo | | K — Kilo | | T — Tango | |
| C — Charlie | | L — Lima | | U — Uniform | |
| D — Delta | | M — Mike | | V — Victor | |
| E — Echo | | N — November | | W — Whisky | |
| F — Foxtrot | | O — Oscar | | X — X-ray | |
| G — Golf | | P — Papa | | Y — Yankee | |
| H — Hotel | | Q — Quebec | | Z — Zulu | |
| I — India | | R — Romeo | | | |

### 메시지 남기기 Leaving a Message

전화 메시지는 다음 항목들을 포함해야 한다.

- 당신의 이름과 회사나 부서
- 당신이 전화를 건 시간과 날짜
- 전화를 건 이유
- 당신의 전화번호와 이메일 주소와 같은 다른 연락처 정보, 그리고 당신이 여행 중이라면, 당신이 있는 곳 (예: 호텔 방 번호)

### 누군가에게 메시지를 남겨 달라고 부탁하기 Asking Someone to Take a Message

▶ Would you give Sandor a message?
  산드로에게 메시지 좀 전해 주시겠어요?

▶ Would you have Olga call / ring me back?
  올가에게 제게 전화하라고 해 주시겠어요?

▶ Could you take a message for Helga?
  헬가에게 말씀 좀 전해 주시겠어요?

▶ Could you tell Martine that I'll be a few minutes late?
  마틴에게 제가 몇 분 늦을 거라고 전해 주시겠어요?

▶ Please tell her I'm tied up in traffic.
그녀에게 제가 교통 체증에 묶여 있다고 전해 주세요.

## 중요성 말하기 | Stating Importance

▶ It's urgent / of utmost importance.
급한 / 아주 중요한 일인데요.
▶ It's an emergency situation.
긴급 상황이에요.
▶ I need to get this information to him right away.
지금 당장 이 정보를 그에게 전해야 해요.
▶ We're on a tight schedule.
우린 일정이 빡빡해요.
▶ It can't wait.
기다릴 수가 없어요.

## 메시지 받기 | Taking a Message

전화로 동료나 친구를 위한 메시지를 받을 때 당신은 전화한 사람에게 통화를 원하는 사람이 왜 전화를 받을 수 없는지 이유를 말해 줘야 한다. 또한 다음 사항에 대해 물어볼 필요가 있다.

▲ 전화를 건 목적   ▲ 전화를 건 사람이 전하고자 하는 특정 내용

전화한 사람이 당신에게 전화번호를 남기거나 이름 철자를 말해 줄 때 당신은 그 정보를 정확하게 받아 적고 있다는 것을 그 사람에게 확인시키기 위해 따라 말하는 것이 좋다.

## 전화를 받지 못한다고 말하기 | Stating Unavailability

▶ I'm sorry, but John's not available / free at the moment.
죄송하지만, 존은 지금 전화를 받을 수 없어요.
▶ I'm afraid Frieda won't be in until tomorrow morning.
죄송하지만, 프리다는 내일 아침까지 자리에 없을 거예요.
▶ Marin's tied up / out of town at the moment.
마린은 지금 바빠요 / 출장 중이에요.

## 메시지를 남겨 달라고 요청하기 | Asking to Take a Message

- Would you like me to give him a message?
  제가 그에게 메시지를 전해 드릴까요?
- If you'll give me your name and number, I'll have someone call you back / return your call.
  저에게 이름과 전화번호를 알려 주시면, 전화드리도록 할게요.
- Can / shall I take a message?
  메시지를 남기시겠어요?
- Is there something I can pass on to her?
  그녀에게 전할 말씀이라도 있으세요?

## 확신 주기 | Giving Assurance

메시지를 받을 때는, 전화한 사람에게 그의 메시지가 꼭 전달될 것임을 알려 주는 것이 중요하다. Will로 미래형을 쓰는 데 유념하자.

- I'll give him your message.
  제가 그에게 메시지를 전달할게요.
- I'll pass that on to her.
  제가 그녀에게 전달할게요.
- I'll see to it right away.
  제가 꼭 전달할게요.
- I'll let him know as soon as he gets back.
  그가 돌아오는 대로 전달할게요.
- I'll have her call you back / return your call right away / as soon as possible.
  그녀에게 바로 / 가능한 한 빨리 전화드리도록 할게요.
- I'll see what I can do.
  제가 알아볼게요.
- I'll do my best.
  최선을 다할게요.
- Will do.
  그렇게 하겠습니다.

## 메시지 남기는 것을 거절하기 | Declining to Leave a Message

당신이 개인적인 문제로 전화를 했거나 당신에게 연락하기가 어렵다면, 메시지 남기는 것을 거절할 수 있다.

- Thanks, but I'll call / check back later.
  감사하지만, 제가 나중에 다시 전화할게요.
- I'd prefer to try again another time.
  제가 나중에 다시 전화할게요.
- I'll try later.
  제가 나중에 전화할게요.

## 추가적인 도움 제안하기 | Offering Additional Help

- Do you need anything else / further help?
  더 도와 드릴 건 없을까요?
- Is there anything else I can help you with today?
  오늘 제가 더 도와 드릴 게 있을까요?

## 의사소통 확신시키기 | Ensuring Communication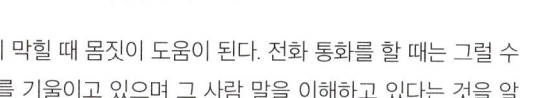

마주보고 나누는 대화에서는 말문이 막힐 때 몸짓이 도움이 된다. 전화 통화를 할 때는 그럴 수 없기 때문에 상대방에게 당신이 귀를 기울이고 있으며 그 사람 말을 이해하고 있다는 것을 알려 줄 필요가 있다. 이 경우, 짧은 말 몇 마디가 큰 차이를 만든다.

- Yes.
  네.
- Right.
  맞아요.
- Okay.
  좋아요.
- I see / understand.
  알겠어요.
- Go on.
  계속하세요.
  (참고 담화 표지, 40쪽)

## 설명 요청하기 | Asking for Clarification

- Would / do you mind repeating that / going over that once more?
  그걸 한 번 더 설명해 주시겠어요?

영어회화 표현사전 PERFECT PHRASES

- Could you walk me through that again?
  그걸 다시 한 번 설명해 주실 수 있나요?
- Could you repeat that, please?
  다시 한 번 말씀해 주시겠어요?
- Can you confirm / double-check / go over my directions?
  제 지시 사항들을 다시 한 번 확인해 주시겠어요?
- I'm sorry, I didn't catch your name.
  죄송하지만, 이름을 잘 듣지 못했어요.
- I'm sorry, what was your name again?
  죄송하지만, 성함을 한 번 더 말씀해 주시겠어요?

## 세부 사항 확인하기 | Confirming Details

- I'll repeat your e-mail address to verify it.
  당신의 이메일 주소를 제가 확인차 다시 말해 볼게요.
- I'll read that back to you.
  제가 그걸 다시 읽어 볼게요.
- Let me see if I've got that right.
  제가 올바로 이해했는지 한번 볼게요.
- Got it!
  알겠습니다!

## 추가 연락 정보 요청하기 | Asking for Additional Contact Information

- Does Eriko have your cell phone number / e-mail address?
  에리코가 당신의 휴대 전화번호 / 이메일 주소를 알고 있나요?
- Can we reach you at another number?
  연락할 수 있는 다른 전화번호가 있을까요?
- How can James get a hold of you in case there's a change in schedule?
  일정에 변경 사항이 있을 경우, 제임스가 당신에게 어떻게 연락할 수 있을까요?
- Is there anyone else we can call if there's a problem?
  문제가 있으면, 저희가 연락할 수 있는 다른 사람이 있을까요?

## 답신 전화하기 | Returning a Call

당신이 메시지를 받았다면, 다음 단계는 가능한 한 빨리 답신 전화를 하는 것이다.

- **I'm calling in response to** the message you left for me this morning.
  오늘 아침 당신이 제게 남겨 주신 메시지를 보고 전화드려요.
- Hello, **I'm following up on** your message of July 10th at 9:05.
  안녕하세요, 7월 10일 9시 5분에 메시지를 남겨 주셔서 전화드립니다.
- This is Silvia calling back / returning your call.
  저는 실비아인데요, 전화하셨다고 해서요.
- Hello, this is Jack. You called?
  안녕하세요, 저는 잭인데요. 전화하셨나요?
- Hi, I got your message.
  안녕, 네 메시지 들었어.

## 자동 응답기, 음성 메일 및 문자 메시지
Answering Machines, Voice Mail, and Text Messages

바쁜 일정 때문에 직접 메시지를 남기거나 받는 것이 쉽지 않은 경우에는 과학 기술이 도움이 된다. 개인 자동 응답기나 음성 메일에 메시지를 녹음할 때는 낯선 사람들에게 당신이 부재 중이라는 걸 알리는 것은 좋지 않다.

### 개인적인 녹음 Private Recordings

- You've reached 248-5792. Please leave a message after the tone / beep.
  당신은 248-5792번에 전화하셨습니다. 삐 소리가 나면 메시지를 남겨 주세요.
- Hello, this is Carly. Sorry, but I can't make it to the phone right now. Please leave a message and I'll get back to you as soon as possible.
  안녕하세요, 칼리입니다. 죄송하지만 지금은 전화를 받을 수 없어요. 메시지를 남겨 주시면 가능한 한 빨리 전화드리겠습니다.

### 사업상의 녹음 Business Recordings

- Hello, this is Mary Sullivan's voice mail. Please be advised that I'll be out of the office until next Monday morning. If you leave a message, I'll get back to you as soon as I can. Thank you.
  안녕하세요, 메리 설리번의 음성 메일입니다. 제가 다음 주 월요일 아침까지 사무실에 없음을 알려 드립니다. 메시지를 남겨 주시면, 가능한 한 빨리 전화드리겠습니다. 감사합니다.
- You've reached the desk of Won-Ho Park. At the moment I'm either busy with a customer or at a meeting, so if you'd leave your name, time and

date of call, your phone number and a short message, I'll get in touch as soon as possible. Thanks for calling and have a nice day.

박원호 자리에 전화하셨습니다. 지금 저는 고객 상대하는 중이거나 회의 중이오니, 성함과 전화 하신 시간 및 날짜, 전화번호, 그리고 짧은 메시지를 남겨 주시면 되도록 빨리 연락드리겠습니다. 전화 주셔서 감사합니다. 좋은 하루 보내세요.

## 문자 메시지 Text Messages

보통은 비서, 접수원, 직장 동료 그리고 친척에게 의존하여 용건을 전달하지만, 요즘에는 무선 통신기술로 문자 메시지의 사용이 대중화되었다. 문자는 매우 유용한 언어로 자연스럽게 진화 했지만, 다음 약자들이 문법에 맞는 영어를 대신할 수는 없다는 것을 꼭 기억하자.

| | | |
|---|---|---|
| ASAP | as soon as possible | 가능한 한 빨리 |
| ATB | all the best | 안녕(작별 인사) |
| ATM | at the moment | 지금 |
| B4N | before now | 지금까지 |
| BBS | be back soon | 곧 돌아올게 |
| BFN/B4N | bye for now | 그럼 이만 안녕 |
| BRT | be right there | 금방 갈게 |
| CM | call me | 나한테 전화해 |
| CU | see you | 또 만나 |
| DK | don't know | 몰라 |
| FAQ | frequently asked questions | 자주 묻는 질문 |
| FYI | for your information | 참고로 말해 주는데 |
| HAND | have a nice day | 좋은 하루 보내 |
| IC | I see | 알겠어 |
| IDK | I don't know | 몰라 |
| IMO | in my opinion | 내 생각에는 |
| KIT | keep in touch | 연락해 |
| L8R | later | 나중에 |
| NRN | no reply necessary | 대꾸할 필요 없어 |
| PCM | please call me | 나한테 전화해 줘 |
| PLMK | please let me know | 나한테 알려 줘 |
| SRY | sorry | 미안해 |
| T2Go | time to go | 갈 시간이야 |
| T2UL | talk to you later | 나중에 또 얘기하자 |
| THX | thanks | 고마워 |
| WRT | with respect to | ~에 관해 |

 **A Message**

이번 챕터에서 배운 표현에 밑줄을 그어 보세요.

A    Good morning, Picture Perfect Printing. Nikki speaking. How may I direct your call?
B    Good morning, I'd like to speak to Jack.
A    I'm sorry but he's in a meeting with a client right now. Can I take a message?
B    Yes, would you have him call Michelle back as soon as possible? My number's 250-653-8225 and he can reach me until 1:30.
A    Is there another number he can call in case he gets held up?
B    Yes, he can get me on my cell phone. It's 703-295-8840.
A    Okay, let me read those numbers back to you. 250-653-8225 and 703-295-8840.
B    That's correct.
A    And may I ask what you're calling about?
B    Yes, I have another project I'd like to discuss with him.
A    Okay, got it! I'll have him get back to you.
B    Thanks. Good-bye.
A    Good-bye and thanks for calling Picture Perfect Printing.
    (later)
B    Hello.
C    Hello, Michelle? It's Jack from Picture Perfect Printing. I just got your message. So what can I do for you?

 메시지

A  안녕하세요, 픽처 퍼펙트 프린팅의 니키입니다. 어디로 연결해 드릴까요?
B  안녕하세요, 잭과 통화하고 싶은데요.
A  죄송하지만, 지금 고객과 미팅 중이세요. 메시지를 남기시겠어요?
B  네, 그에게 되도록 빨리 미셸에게 전화 달라고 전해 주세요. 제 번호는 250-653-8255예요. 그리고 1시 30분까지 저한테 연락하면 돼요.
A  연결이 안 될 경우, 그가 연락할 수 있는 다른 번호가 있을까요?
B  네, 제 휴대 전화로 연락하면 돼요. 703-295-8840이에요.
B  네, 제가 전화번호를 다시 읽어 볼게요. 250-653-8225 그리고 703-295-8840이에요.
B  맞아요.
A  어떤 용무로 전화하셨는지 여쭤 봐도 될까요?
B  네, 그와 상의하고 싶은 다른 프로젝트가 있어서요.
A  네, 알겠습니다! 그에게 전화드리라고 할게요.
B  감사합니다. 안녕히 계세요.
A  안녕히 계세요. 그리고 픽처 퍼펙트 프린팅 에 전화 주셔서 감사합니다.
   (잠시 후)
B  여보세요.
C  여보세요, 미셸? 픽처 퍼펙트 프린팅의 잭이에요. 방금 당신의 메시지를 받았어요. 무엇을 도와 드릴까요?

## Practice

대화에서 나온 정보를 이용해서 다음 메모를 작성해 보세요.

**WHILE YOU WERE OUT**

To: _____

Date: _____  Time: _____  A.M. ☐  P.M. ☐

From: _____

Contact #: _____

☐ called        ☐ wants to see you        ☐ came to see you

Message: _____

_____

_____

영어회화 표현사전 PERFECT PHRASES

# Telephone Business
## 전화 용무

## Objectives 목표

▲ 약속 및 예약하기
▲ 주문하기
▲ 문제점 알리고 논의하기

"나는 내연기관, MTV, 그리고 쿠진아트 믹서기 없이는 살 수 있다. 하지만 전화기 없이는 못 산다."라고 미국 작가 writer 이자 홍보 전문가 Public relations expert 인 마이클 레빈이 쓴 바 있다. 실제로, 전화기가 없다면 대부분의 사람들은 약속을 잡거나 setting up appointments 사고나 응급 상황을 알리거나 reporting an accident or emergency 또는 피자를 주문하는 것 ordering a pizza 과 같은 일상적인 일 everyday business 을 하기가 매우 곤란하다는 걸 알게 될 것이다.

# Phrases 표현

## 약속 정하기 Making Appointments

약속이 병원, 치과, 미용실이나 재정 자문가를 만나는 것이든 아니면 회의, 학회 또는 프레젠테이션을 잡기 위한 것이든 간에 전화 통화에서 똑같은 기본적인 표현들을 사용할 수 있다.

### 약속 요청하기 Asking for an Appointment

약속을 잡을 때 당신은 다음과 같은 세부 사항을 알려 줄 필요가 있다.

- 약속의 목적 혹은 당신이 원하는 것
- 약속을 잡으려는 사람
- 약속 시간

▶ I'm calling **to make / set up an appointment for** a haircut / a checkup / an interview.
커트 / 검진 / 인터뷰 예약을 하려고 전화했어요.

▶ I'd like **to make an appointment with** Dr. Martin / a Member Service Representative.
마틴 의사 선생님과 / 회원 서비스 담당자와 약속을 잡고 싶은데요.

▶ Could you **set up an appointment to see** an insurance agent?
보험 중개인과 만날 수 있게 약속을 잡을 수 있을까요?

▶ I need to **make an appointment for** next Tuesday / three o'clock.
다음 주 화요일로 / 세 시로 예약을 하고 싶은데요.

▶ When / how soon can you **get me in** for a haircut?
언제로 / 언제쯤으로 커트 예약을 해 주실 수 있나요?

▶ I need **to see Marion about** some urgent business.
급한 용무가 있어 매리언 씨를 만나야 하는데요.

### 날짜 말하기 Stating the Date

날짜를 말하는 방법에는 두 가지가 있다.

- February the second (2월 2일)
- the second of February (2월 2일)

날짜를 말할 때는 서수(first, second, third, fourth, fifth…)를 사용한다. 1(first), 2(second), 3(third), 21(twenty-first), 32(thirty-second), 53(fifty-third)이지만, 11(the eleventh), 12(twelfth) 그리고 13(thirteenth)이라는 것에 유념한다.

## 시간 말하기 Stating the Time

▶ 시간을 말할 때, 자정과 정오 사이의 시간에는 a.m.(ante-meridian)을 쓰고 정오와 자정 사이의 시간에는 p.m.(postmeridian)을 사용한다. 예를 들어, 9 a.m.은 아침 시간이고 9 p.m.은 저녁 시간이다. 혼동을 피하는 또 다른 방법은 nine in the morning(아침 9시) 또는 six in the evening(저녁 6시)이라고 말하는 것이다. 만일 2시 회의에 대해 말한다면, 한밤중에 회의 일정을 잡지는 않았다는 것은 자명하다.

▶ 북미에서는 일정표나 시간표에서 1400(fourteen hundred hours)과 같은 시간 표현을 볼 수 있다. 하지만 대화에서 사용하는 경우는 거의 없다.

▶ 대륙 건너편으로 전화하거나 국제 전화를 할 때는 시간대를 고려해야 한다. 예를 들어, 동부 시간으로 6:00 p.m.은 당신의 시간으로 아침 8시이다.
(**참고** 시간 말하기, 44쪽)

## 예약 시간 묻기 Asking for the Time of the Appointment

▶ When / what time would you like to come in?
언제 / 몇 시에 오고 싶으세요?

▶ What day / time would work for you / suit you?
무슨 요일이 / 몇 시가 좋으세요?

▶ What would be the best / most convenient time?
가장 편한 시간이 언제세요?

▶ What time shall I put you down for?
몇 시로 예약해 드릴까요?

▶ Would 10:00 tomorrow work for you?
내일 10시 괜찮으세요?

▶ What's a good time / day for you?
몇 시가 / 무슨 요일이 좋으세요?

▶ How about Tuesday morning at 8:30?
화요일 아침 8시 30분은 어떠세요?

## 발신자 입장에서 시간 정하기 Setting a Time as the Caller

- Is anything available / free in the late afternoon?
  늦은 오후 시간으로 예약 가능할까요?
- Do you have an opening Friday morning?
  금요일 아침에 빈자리 있나요?
- What's the earliest available opening?
  가장 빠른 시간이 언제일까요?
- How soon can you get me in?
  예약할 수 있는 가장 빠른 시간이 언제인가요?
- How about 4:00?
  4시 괜찮나요?

## 가능성 확인하기 | Checking Availability

- Let me check / see / take a look at the schedule.
  일정을 한번 확인해 볼게요.
- Just a second, I'll see what's available / free.
  잠시만요, 언제 시간이 가능한지 볼게요.
- I'll see / check when there's an opening.
  빈자리가 있는지 확인해 볼게요.

## 시간과 날짜 확정하기 | Confirming the Time and Date

- 3:00 on October the 27th is not a problem.
  10월 27일 3시 괜찮아요.
- 10:00 on Monday morning it is!
  월요일 아침 10시예요!
- 1:00 sounds good / great / fine.
  1시 좋아요.
- That'll be 4:00 on Tuesday.
  화요일 4시예요.
- We'll see you then.
  그때 뵐게요.

## 다른 시간 제안하기 | Suggesting an Alternative Time

- I'm sorry, Asha's booked up all morning. May I suggest the afternoon?
  죄송하지만, 아샤는 오전 시간 예약이 다 찼네요. 오후는 어떠세요?

- I can try and get you in to see Jochen's assistant, if that works for you.
  혹시 괜찮으시다면, 요헨의 조수를 만날 수 있게 예약해 드릴 수 있어요.
- Would you rather come in early?
  좀 더 일찍 오시겠어요?
- How about 9:00 instead?
  대신 9시는 어떠세요?

## 예약하기 | Making Bookings and Reservations

항공편을 예약하거나 숙소를 예약할 때 사용하는 표현들은 285쪽에서 다룬 표현들과 세부적인 면에서 다르다.

- I'd like to book / reserve a double room for two nights.
  이틀 밤 묵을 2인실을 예약하고 싶은데요.
- I'm planning to go to Paris for eight days and need to book a flight.
  8일간 파리에 갈 계획인데, 항공편을 예약하고 싶어요.
- Do you have a table for four for this coming Saturday?
  이번 주 토요일에 4명이 앉을 자리가 있나요?

## 예약 받기 | Taking Reservations

- When are you looking / planning to fly?
  언제 비행기를 타실 예정이세요?
- What day / time / time frame are you considering / thinking of?
  무슨 요일을 / 몇 시를 / 기간은 얼마나 생각하고 계신가요?
- How many nights are you planning to stay?
  며칠간 머물 계획이세요?

## 가격과 요금에 대해 질문하기 | Asking Questions About Prices and Rates

- Do you have any special rates or discounts?
  혹시 할인 되나요?
- How much is the fare / the daily rate?
  요금은 / 하루에 얼마예요?
  (참고 가격과 가치, 78쪽)

## 변경 및 취소 Changes and Cancellations

당신의 바쁜 삶만큼이나, 약속과 예약은 당신의 계획과 일정을 뒤집는 사건들의 영향을 받는다.

### 약속 또는 예약 변경하기 | Changing an Appointment, Booking, or Reservation

- I'd like to change my appointment with Helen from 3:00 to 4:00, if that's possible.
  가능하다면, 헬렌과의 약속 시간을 3시에서 4시로 변경하고 싶은데요.
- Could you move my appointment to next week?
  제 약속 시간을 다음 주로 바꿀 수 있을까요?
- I'm sorry, but I won't be able to make it to my appointment with James. Could you give me another time?
  죄송하지만, 제임스와의 약속을 못 지킬 것 같아요. 다른 시간 좀 알려 주시겠어요?
- I need to change my reservation for tomorrow.
  내일 예약을 변경하고 싶어요.

### 약속 또는 예약 취소하기 | Canceling an Appointment, Booking, or Reservation

- I'm sorry, but I'm afraid I have to cancel / postpone / call off my 3:00 appointment.
  죄송하지만, 3시에 한 약속을 취소해야 / 연기해야 할 것 같아요.
- Unfortunately I won't be able to make it to my appointment with Einar.
  안타깝게도 에이나와의 약속을 지키지 못할 것 같아요.
- Sorry, but I can't keep my dental appointment.
  죄송하지만, 치과 진료 예약을 못 지킬 것 같아요.

## 주문 및 서비스 Orders and Services

요즘에는 많은 제품과 서비스를 온라인으로 주문할 수 있다. 그럼에도 불구하고, 당신은 좀 더 직접적으로 그리고 개인적으로 전화로 주문하는 것을 선택할 수도 있다.

### 음식 주문하기 | Ordering Food

테이크아웃 서비스를 제공하는 음식점에서 주문을 하는 것은 꽤 간단하다. 더 편리하게는, 전화번호부에서 다양한 종류의 메뉴를 고를 수도 있다. 그리고 만약 주문한 것을 찾으러 가는 걸 좋아하지 않는다면, 대부분의 가게에서는 약간의 배달료를 내거나, 주문 금액이 최소 한도를 넘으면 무료로 배달해 준다. 당신이 아파트에 산다면, 배달하는 사람이 건물 안으로 들어올 수 있도록 주문받는 사람에게 출입문 비밀번호를 알려 줘야 할 수도 있다.

- **I'd like to order** a large pizza supreme for delivery.
  슈프림 피자 라지 사이즈로 배달 주문할게요.
- **Could I have / get** a family-size order of fried chicken for pickup?
  찾으러 갈 건데, 프라이드 치킨 패밀리 사이즈 주문될까요?

## 세부 사항 묻기 | Asking About Details

- Do you deliver?
  배달되나요?
- Is there a minimum order for delivery?
  배달을 위한 최소 주문량이 있나요?
- How much do you charge for delivery / extra salami?
  배달비가 / 살라미 추가 요금이 얼마인가요?
- How long will it take to get here?
  배달되는 데 얼마나 걸릴까요?
- What time can I expect delivery?
  언제쯤 배달될까요?
- What are your daily specials?
  오늘의 특별 요리는 뭐예요?
- Which dishes are gluten-free / lactose-free / vegetarian / vegan?
  글루텐을 함유하지 않은 / 무유당 / 채식주의자용 / 극단적 채식주의자용 메뉴는 어떤 건가요?

## 음식 주문 받기 | Taking an Order for Food

- Will that be pickup or delivery?
  찾아가실 건가요, 아니면 배달시키실 건가요?
- Would you like any side dishes / extra sauces / beverages to go with your order?
  주문하신 것과 함께 사이드 메뉴 / 소스 추가 / 음료 필요하세요?
- What time would you like that to be ready?
  몇 시로 준비해 드리면 될까요?

- We'll have that ready in about twenty minutes.
  약 20분 후면 준비될 거예요.

## 제품과 서비스 주문하기 | Ordering Products and Services

- I'd like to order a product / to reserve tickets / to cancel a subscription.
  제품을 주문하고 / 표를 예매하고 / 구독을 취소하고 싶어요.
- Could I put in an order for a product / reserve seats on a flight?
  제품을 주문할 / 비행기 좌석을 예약할 수 있을까요?
- Would it be possible to open / set up / apply for an account?
  계좌를 개설할 수 있을까요?

## 공공 서비스 신청하기 | Arranging Utility Services

- I'd like to have my phone / cable / Internet hooked up / suspended / disconnected.
  제 전화기를 / 케이블을 / 인터넷을 연결하고 / 일시 정지하고 / 연결을 끊고 싶은데요.
- Would you see that my phone / cable / Internet is hooked up as of the first of the month?
  다음 달 1일부터 제 전화기를 / 케이블을 / 인터넷을 연결할 수 있을까요?
- I need telephone / cable service at my new address.
  새로 이사한 곳에 전화기 / 케이블 서비스가 필요해요.

## 차편 신청하기 | Arranging Transportation

- Could you send a taxi to 54 River Road?
  리버로드 54번지로 택시를 보내 주시겠어요?
- I need a taxi / a shuttle to the airport tomorrow morning at 6:30.
  내일 아침 6시 30분에 공항으로 타고 갈 택시 / 셔틀 버스가 필요해요.
- I'm registered at your hotel and need a ride / a pickup.
  당신의 호텔에 투숙하고 있는데, 픽업 좀 부탁드려요.
- Please have a taxi pick me up at the Four Seasons Hotel.
  포시즌스 호텔에서 저를 픽업해 줄 택시 좀 불러 주세요.

## 문제점에 대해 이야기하기 Discussing a Problem

전화로 문제점을 이야기할 때는 배경 정보를 알려 주는 것이 중요하다.

- 계좌가 있을 경우, 계좌 번호
- 특정 기계에 문제가 있는 경우, 모델과 일련번호
- 회사나 사람에게 처음 연락했던 방법
- 마지막으로 연락했던 때

### 문제점 말하기 | Stating the Problem

- **I was wondering if** you could explain the charges on my bank statement.
  제 입출금 내역서에 있는 요금에 대해 설명해 주실 수 있는지 궁금해요.
- **It appears that** my subscription to your magazine has been renewed by mistake.
  제 잡지 구독이 실수로 갱신된 것 같아요.
- **I have a question about** this month's credit card statement.
  이번 달 신용카드 명세서에 대해 궁금한 게 있는데요.
- **There's a problem with** my Internet service.
  제 인터넷 서비스에 문제가 있어요.
- **We've been having some issues with** our copy machines.
  저희 복사기에 문제가 좀 있어요.
- **Can't you do something about** the ongoing noise?
  계속되는 소음에 대해 어떻게 해 주실 수 없나요?

### 문제점 쪽 / 방향으로 관심 끌기 | Drawing Attention to a Problem

불만 사항에 대해 도움이 되는 답변을 얻지 못했다면, 당신은 문제를 처리하는 사람이 관심을 갖도록 좀 더 강한 말을 사용하게 될 수도 있다.

- **Here's the thing**: the shipping delay is holding up production.
  그게 말이죠. 선적이 지연돼서 생산이 중단된 상태예요.
- **It's like this**: we need the parts urgently.
  이런 거예요. 우리는 부품이 급히 필요해요.
- **Listen here**: this is just not acceptable.
  들어보세요. 이건 도무지 용납이 안 돼요.

- **Wait a minute**, that's not what I said.
  잠깐만요, 그건 제가 말한 게 아닌데요.
- **Now**, I have an important question.
  저기요, 중요하게 물어볼 게 있어요.

## 도움 요청하기 Asking for Assistance

- **How do I go about** renewing / suspending / canceling my cable subscription?
  케이블 가입을 갱신하려면 / 일시 정지하려면 / 취소하려면 어떻게 해야 하나요?
- **Could you explain how** I can apply for a credit card?
  신용 카드를 어떻게 신청해야 하는지 알려 주시겠어요?
- **You wouldn't happen to know** where / how I can take out a membership?
  혹시 어디서 / 어떻게 회원 신청을 할 수 있는지 아시나요?

## 긴급한 문제 알리기 Reporting an Urgent Problem

- I need to report a stolen credit card / an accident / a break-in.
  신용 카드 도난 / 사고 / 주거 침입 신고를 하려고 하는데요.
- Can someone help me right away?
  지금 당장 누가 저 좀 도와주실래요?
- This is an emergency!
  긴급 상황이에요!

## 문제 처리하기 Dealing with a Problem

- What seems to be the problem / trouble?
  무슨 문제가 있나요?
- What can I do to help?
  무엇을 도와 드릴까요?
- How can I assist / help you?
  무엇을 도와 드릴까요?

## 이해와 공감 표현하기 Showing Understanding and Sympathy

- I understand where you're coming from.
  당신의 입장을 충분히 이해해요.

- I see the problem / issue.
  뭐가 문제인지 알겠어요.
- I know what you mean.
  무슨 말씀이신지 알겠어요.
- That's unfortunate / too bad.
  그것 참 안타깝네요.
  (**참고** 공감과 이해, 104쪽)

## 조치를 취할 것을 약속하기 | Promising Action

- I'll see that's taken care of as soon as possible.
  가능한 한 조속히 해결될 것입니다.
- I'll get on that / follow up on that right away.
  제가 지금 바로 처리하겠습니다.
- Don't worry, I'll deal with it.
  걱정 마세요. 제가 처리하겠습니다.
- I'll do my best.
  최선을 다하겠습니다.
- I'm on it!
  제가 처리할게요!

## 추후의 연락 권고하기 | Encouraging Further Contact

- We look forward to doing business with you again.
  또다시 귀사와 거래할 수 있게 되기를 바랍니다.
- Don't hesitate to call / reach out if you need anything else.
  필요한 게 있으시면 바로 전화 / 연락 주세요.
- We're happy to be of service.
  저희는 기꺼이 도움이 되고 싶습니다.
- Call anytime.
  언제든지 전화 주세요.

 **Making an appointment**

이번 챕터에서 배운 표현에 밑줄을 그어 보세요.

A    Good afternoon. Community Clinic. Renée speaking. How can I help you?
B    Hello, this is Will Jameson. I'm calling to make an appointment to see Dr. Winter. It's about a checkup.
A    All right, what day would you like to come in?
B    Tuesday or Wednesday would be good, and I'd prefer late afternoon if you have an opening.
A    Let me see. Wednesday's pretty full. How does 3:30 on Tuesday suit you?
B    Yes, 3:30 works for me.
A    All right, I'll put you down. And the name was?
B    Will Jameson.
A    And it was for a checkup, you said?
B    That's right.
A    Okay then, Will. We'll see you on Tuesday at 3:30.
B    Thanks a lot!
A    No problem. Is there anything else I can help you with?
B    No, thanks. That'll be it. Good-bye now.
A    Good-bye.

영어회화 표현사전 PERFECT PHRASES

 **예약하기**

- A 안녕하세요. 커뮤니티 클리닉의 레니입니다. 무엇을 도와드릴까요?
- B 안녕하세요, 저는 윌 제임슨인데요. 윈터 선생님과 약속을 잡으려고 전화했어요. 검진 때문에요.
- A 네, 무슨 요일에 오고 싶으세요?
- B 화요일이나 수요일이 좋아요. 빈자리가 있다면, 늦은 오후 시간이 더 좋아요.
- A 어디 볼게요. 수요일은 예약이 꽉 찼네요. 화요일 3시 30분은 어떠세요?
- B 네, 3시 30분 좋아요.
- A 네, 예약해 놓을게요. 성함이 어떻게 되셨죠?
- B 윌 제임슨이에요.
- A 그리고 검진 때문이라고 하셨죠?
- B 맞아요.
- A 알겠습니다, 윌. 화요일 3시 30분에 뵐게요.
- B 감사합니다!
- A 별말씀을요. 더 필요하신 건 없으세요?
- B 아니요, 괜찮습니다. 그거면 돼요. 그럼 안녕히 계세요.
- A 안녕히 계세요.

## Topics for Practice

What phrases would you use to…

1. book a flight to New York
2. order a subscription to a local newspaper
3. cancel a hotel reservation
4. check your availability for a meeting
5. make an appointment for a haircut
6. call for a taxi
7. confirm an appointment
8. suggest an alternative time for an appointment
9. ask about a car rental agency's weekly rate
10. change your appointment to next week

## 영어회화 표현사전
**PERFECT PHRASES**

**초판 1쇄** 인쇄 2018년 4월 10일
**초판 1쇄** 발행 2018년 4월 20일

**지은이** Diane Engelhardt
**옮긴이** 임나윤
**감수** 라이언 강
**발행인** 홍성은
**발행처** 바이링구얼
**디자인** 렐리시, 르마

**출판등록** 2011년 1월 12일
**주소** 서울 마포구 월드컵로31길 58-5, 102호
**전화** (02) 6015-8835
**팩스** (02) 6455-8835
**메일** nick0413@gmail.com
www.bilingualpub.com

**ISBN** 979-11-85980-21-8 13740

---

PERFECT PHRASES FOR ESL: CONVERSATION SKILLS, 2/E by D. Engelhardt
Copyright © 2017 by Diane Engelhardt
All rights reserved.
This Korean edition was published by Bilingual in 2018 by arrangement with McGraw-Hill Global Education Holdings, LLC through KCC(Korea Copyright Center Inc.), Seoul.
이 책은 (주)한국저작권센터(KCC)를 통한 저작권자와의 독점계약으로 바이링구얼에서 출간되었습니다.
저작권법에 의해 한국 내에서 보호를 받는 저작물이므로 무단전재와 복제를 금합니다.

# 영어회화
# 표현사전
**PERFECT PHRASES**